U0946961

时间哲学简史

关于本真的时间的考察

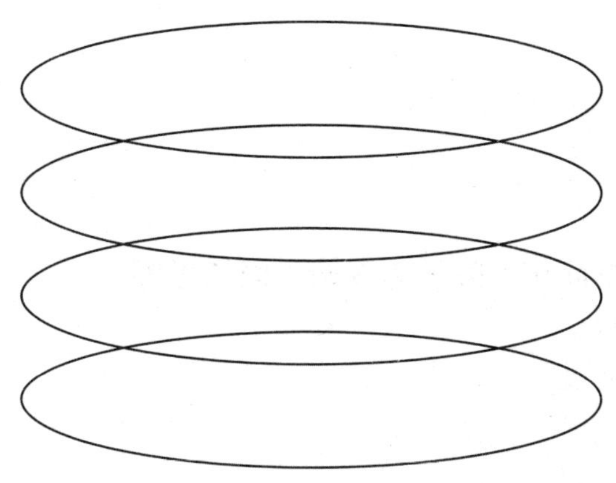

楚人 著

中国华侨出版社
北京

图书在版编目（CIP）数据

时间哲学简史：关于本真的时间的考察 / 楚人著
. -- 北京：中国华侨出版社，2018.12
ISBN 978-7-5113-7783-8

Ⅰ. ①时… Ⅱ. ①楚… Ⅲ. ①时间哲学—研究 Ⅳ.
① B016.9

中国版本图书馆 CIP 数据核字 (2018) 第 246140 号

时间哲学简史：关于本真的时间的考察

著　　者：楚人
出 版 人：刘凤珍
责任编辑：刘雪涛
特约编辑：谢小谢
装帧设计：COMPUS · 汐和
经　　销：新华书店
开　　本：880mm × 1240mm　1/32　　印　　张：10.125　　字　　数：202 千字
印　　刷：山东临沂新华印刷物流集团有限责任公司
版　　次：2019 年 3 月第 1 版　2019 年 3 月第 1 次印刷
书　　号：ISBN 978-7-5113-7783-8
定　　价：52.00 元

中国华侨出版社　　北京市朝阳区静安里 26 号通成达大厦 3 层　　邮编：100028
法律顾问：陈鹰律师事务所
发 行 部：（021）64679493-816　　传　　真：（021）64679493-808
网　　址：www.oveaschin.com　　E-mail：oveaschin@sina.com

目 录

序言

> 夸父与日逐走，入日；渴，欲得饮，饮于河渭，河渭不足，北饮大泽。未至，道渴而死。弃其杖，化为邓林。
>
> ——《山海经》

时间是什么？谁能简单明了地给它一个解释？关于时间，谁能有一个清晰的观念？可是在我们的谈话中，时间的观念不是最熟悉的一个观念么？我们谈时间，自然懂得什么是时间，当另一个人谈时间，我们也同样能领会。那么“时间究竟是什么？假使人家不问我，我像很明了；假使要我解释起来，我就茫无头绪”[①]。中世纪的思想家奥古斯丁所说的这段话至今仍然没有失却它的现实意义。我们能看见容纳万物的空间，能摸着物体自身占有的空间，但时间有所不同，它似乎是看不见、摸不着的。尽管每个人都知道什么是时间，例如知道“列车九时到站”的“九时”是时间，“烽火连三月”

① 奥古斯丁《忏悔录》，应枫译，（长春）时代文艺出版社，2004 年版，第 226 页。

的“三月”也是时间，但如果问题不是“什么是时间”，而是“时间是什么”，那么即便在今天，恐怕与奥古斯丁有同感之人亦不在少数，因为历史虽然为这个问题准备了诸多答案，却没有准备一个公认的时间概念。太阳钟能给出“时”，机械钟能给出“秒”，原子钟甚至能以 10^{-14} 秒为单位计时，但以研究存在与时间著称于世的哲学家海德格尔却说道：“我们在指给我们时间的钟表那里找不到时间，无论是在钟表表面上，还是在钟表器具之中都找不到。同样我们也不能在现代技术的计时器中找到时间。”这位当代智者由此发问：“时间在哪里？时间到底存在吗？时间有它的栖居之地吗？”②

“夸父追日”是中国古时的神话，讲述夸父如何追逐太阳，最后渴死在途中。现实中的人们前赴后继地追逐时间，其中的艰辛不亚于夸父追日，其历程更为漫长曲折。

古语云：“在天成象，在地成形。”原始的时间意识产生于对天象的观察。先民仰观苍穹，从日月星辰有规律的循环运动中感觉到了时间的存在，并借助这些天然钟表得到了“年”“月”“日”，而这就是“历象日月星辰，敬授人时”，即观象授时。在人类寻找时间的过程中，观象授时具有十分重要的意义，因为它是原始时间意识所达到的高峰（见本书第一章）。

二千五百年前，孔子曾望河兴叹：“逝者如斯夫，不舍昼夜。”在这位儒家圣人的话中含有对时间如流水，一去而不复返的体悟。不过他没有深入阐释时间是什么，也没有分析时

---

② 海德格尔《时间与存在》，转自《海德格尔选集》，孙周兴选编，生活·读书·新知三联书店，1996年版，第673页。

间的产生原因。由于这两个问题涉及时间的本质和本源,即涉及时间的原本所是,所以孔子感觉到的时间依旧隐于具体的事物运动或人生变化中。

追问原因和本质乃是划分原始时间意识和现代时间意识的界限。在地球其他地域的人们将精力和兴趣集中于计时和纪时,因而停滞了深入探索时间本源和本质的步伐时,古希腊的先哲扬起了探索的风帆,他们的启航点正是观象授时。古希腊人提出了时间的开端和本质问题,在时间问题上准备了现代人的思维方式,因为一个"开端"就意味着一个"原因",而追究事物的生成原因和本质便是现代思维的基础。

它存在吗?它是什么?它是怎样的?这是古希腊人在讨论事物时设置的三个问题,对他们而言,"只有在认识了它的本因、本原直至元素时,我们才认为是了解了这一事物了"③。按照这样的传统思维方式,柏拉图和亚里士多德展开了他们的时间探索。柏拉图提出,时间是一个由造物主创造出来的非物质性存在者,他把这个时间定义为"依数运行的永恒的影像",由此开辟了一条朝向"存在者"的逐时之路。亚里士多德认为,时间与运动相关,他把这个时间定义为"就先后而言的运动的数目",由此开辟了一条朝向"存在"的逐时之路。亚里士多德建立了世界上第一个时间理论体系,这个体系的重要性在于它的基础意义。可以说不了解亚里士多德的时间论,就入不了时间之门(见本书第二章)。

---

③　亚里士多德《物理学》,张竹明译,商务印书馆,1982年版,第15页。

后人寻找时间的道路大体上是沿循"存在者"和"存在"这两个方向展开的,因为时间之所在原有两种可能性:如果不在"存在者"那里,便应在"存在"那里;如果不在"存在"那里,便应在"存在者"那里。

在存在者的方向上,牛顿提出一个绝对时间的概念,按照这个概念,时间是自在自为的,它的流逝与一切外在事物无关而绝对均匀(见第四章);霍金把时间和空间当作一个完整的四维客体,万物因此都在这个时空客体中(见第九章)。牛顿、霍金与柏拉图实际上有前后相继的关系,所以是把时间理解为客观存在者的代表。

奥古斯丁相信时间不是外在的东西,因为过去、现在和将来只能存在于人的意识中,所以时间无非是"心灵的延长"(见第三章);马赫也相信时间不可能是独立的存在者,所以把时间理解为"我们的感觉"(见第八章)。奥古斯丁和马赫可谓把时间当作主观存在者理解的代表。

胡塞尔做了一种调和,他在承认自然时间和主观时间真实存在的前提下,把这两类时间"悬置",存而不论,再根据现象学的原理提出一个"内在时间"的概念,这个时间在我们的意识内构造起自身,所以也称作"内时间意识"。胡塞尔强调这个时间的主客同体特征,因为它是一个"内在的客体"(见第十章)。

在"存在"的方向上,莱布尼茨把时间理解为事物在意识中的"延续秩序"(见第四章);康德把时间理解为人的"内直观的形式",即主体的一种将杂多表象有序结合起来的方式或关系(见第五章);柏格森把"纯绵延"认作真正的时间,这个纯绵延无非是过去的意识在心灵中“相互渗透,陆续出现”的状态(见第十章)。莱布尼茨、康德和柏格森可以说是把时间理解为主观存在的代表。

休谟认为时间与存在者的接续或变化相关(见第五章);黑格尔把时间理解为“变易”,这个变易的内容是“产生和消亡”,所以时间是一种否定性的存在形式,一切事物俱以这种形式存在(见第六章);辩证唯物论者把时间定义为“运动着的物质的存在形式”,这个存在形式可以通过事物的伸张性和顺序性得到解释(见第七章);爱因斯坦按照他的相对论提出“时间不是可以脱离物质而独立存在的东西”,并由此得出“时间与物质相关”的结论(见第八章)。休谟、黑格尔、辩证唯物论者、爱因斯坦等因而是把时间理解为客观存在的代表。

海德格尔根据其基础存在论把时间分为本真的时间和非本真的时间。本真的时间构成人的存在状态,它具有绽出性,因此称作“源始时间性”。通常所说的时间(自然的或物理学上的时间)是从这个源始时间性中绽出的,所以可理解为非本真的时间。依海德格尔之见,本真的时间既不是主观存在,也不是客观存在,它是前存在的,因而是本源的存在(见第十一章)。

马克思曾提出:“时间实际上是人的积极的存在,它不仅是人的生命的尺度,而且是人的发展空间。”④只可惜这个天才的思想萌芽没有在他那里开花结果。

在前人寻找时间的历程中,亚里士多德、黑格尔、海德格

---

④ 《马克思恩格斯全集》第47卷,人民出版社,1980年版,第532页。

尔实际上是一脉相承的，他们在同一个方向上，即在“存在”的方向上相继对时间进行了本质还原，遮蔽时间的外壳随之被层次剥离，时间的可能所在范围因而被渐次缩小，可以说，时间已经临近开显自身（见第十二章“逐时之路”）。

自然科学家寻找时间的道路也不是平直的，牛顿把时间和空间理解为独立的存在者，爱因斯坦把时间和空间理解为物质的存在形式，霍金的时空客体又返回到存在者。从牛顿到爱因斯坦，再从爱因斯坦到霍金，自然科学家们很有意思地走了个“之”字（见第十二章“逐时之路”）。

时间问题既古老，又年轻。在某种程度上，先行者们的逐时之路体现了人类文明的诞生和发展的脉络。就哲学而言，亚里士多德、康德、黑格尔、海德格尔等的思想体系都有专门讨论时间的部分，时间研究因此同步于哲学发展，成为支持哲学发展的基础。在科学方面，牛顿的经典力学植根于绝对的时间，爱因斯坦的相对论建基于相对的时间，霍金的宇宙论立足于四维的时空客体，时间研究因此也同步于科学发展，成为支持科学进步的基础。“我们正越来越多地觉察到这样的事实，即在所有的层次上，从基本粒子到宇宙学，随机性和不可逆性起着越来越大的作用。科学正在重新发现时间。”⑤人们的兴趣“正从‘实体’转移到‘关系’，转移到‘信息’，转移到‘时间’上”。⑥

---

⑤ 普里戈金、斯唐热《从混沌到有序》，曾庆宏 沈小峰译，上海译文出版社，1987年版，第27页。

⑥ 同上书，第41页。

人类在探索宇宙和人本身的奥妙方面所取得的阶段性进步往往伴随着对时间本质的层次性深入，或者哲学与科学的革命性发展带来新的时间观，或者新的时间观推动哲学与科学的革命性发展，要探索宇宙和人生的未知领域，时间总是首当其冲的基础话题。

千百年来人们慨叹时间像流水，去而不返，“曾不知老之将至”。我们今天依旧在思索，时间为什么是连续不断的？万物为什么只能向着未来前进，而不能向着过去前进？时间之矢又是如何产生的？科学工作者认为，时间是神奇的宇宙最不可思议的方面之一，他们猜想时间的方向问题很可能牵涉到深刻的物理定律。科幻家则希望找到可以回到过去的时间隧道，他们还想乘坐一艘飞船，以大于光速的速度离开地球，这样就能追上光信号，从而跑到自己的过去的前面去。这些问题其实是在不明白时间的本源与本质的情况下生出的，因此会随着时间的本源与本质的开显而自然消解。

事实上，单凭测量、计算和公式产生不了牛顿、爱因斯坦和霍金的时间观，因为这些时间观无非是对时间的本源及本质进行思索的结果，而这种思索恰恰是“哲学的”。科学不会摒弃哲学，它的发展趋势还在继续佐证这一点，越是前沿的科学，越是需要思辨。海森堡（量子力学创始人之一）曾指出：“一个人没有希腊自然哲学的知识，就很难在现代原子物理中做出进展。”⑦另一方面，哲学也不应闭关自守，单凭“哲

---

⑦ 海森堡《物理学家的自然观》，转自海森堡《物理学和哲学》，第 221 页“译后记”。

学的"冥思苦想恐怕会生出无源之水、无本之木。哲学需要从自然科学的前沿知识那儿得到启示和支持,需要以最新的科学成就作为根据,或许可以说,越前沿的哲学就越应是"科学的"。古人云:"泰山不让土壤,故能成其大,河海不择细流,故能就其深。"哲学和科学应当是互补的,相辅而相成。科学在深入揭示时间,哲学也在深入揭示时间,它们在这个过程中显示出一种殊途同归的趋势。"正在科学的心脏之处,我们发现了关于时间的问题。演化和不可逆性,这是几代哲学家也为之付出了毕生精力的问题。"⑧

哲学的本义是"爱智慧",人类的天职是寻找真理,求知的欲望是人类进步的原动力,"对于天真纯朴的人,真理永远是一个伟大的名词,可以激励他的心灵"⑨。新的发现或认识往往产生于"再想一想"和"转念一想"之中。担心走弯路而拒绝走路可以说是真正的大问题,因为"不能自圆其说的哲学决不会完全正确,但是自圆其说的哲学满可以全盘错误。最富有结果的各派哲学向来包含着显眼的自相矛盾,但是正为了这个缘故才部分正确"⑩。

黑格尔提出:"每一个哲学系统即是一个范畴,但它并不因此就与别的范畴互相排斥。这些范畴有不可逃避的命运,

⑧ 普里戈金、斯唐热《从混沌到有序》,曾庆宏 沈小峰译,上海译文出版社,1987 年版,第 53 页。

⑨ 黑格尔《哲学史讲演录》,第一卷,贺麟、王太庆译,商务印书馆,1959 年版,第 20 页。

⑩ 罗素《西方哲学史》,下卷,何兆武、李约瑟译,商务印书馆,1963 年版,第 143 页。

这就是它们必然要被结合在一起，并被降为一个整体中的诸环节。”[⑪]在时间研究方面也存在类似情况。以往的时间观或时间概念见仁见智，有不合理的地方，也有合理的部分。鉴于这些合理的部分实际上同属一体，即同为一个时间链上的环节，所以我们有可能在把它们整理归位的基础上通过新增环节完整化这个时间链，由此发现本真的时间和揭示非本真的时间，并由此让时间的真面目显现出来（见第十三章“时间”）。

门捷列夫化学元素周期表按照原子量的大小排列元素，并留下了一些空位。这位伟大的俄国化学家预言，每个空位上都应有一个未知的元素。门捷列夫化学周期表由于未知元素的相继发现而得到世界的公认。类似的情况也发生于寻找时间的路上，只是结果恰好相反，不是最后填满所有的空位，而是在寻遍所有可能藏有时间的位置后，最终察觉时间的原本所在与原本所是。

时间的问题既是过去的，也是现在的，还会是将来的。或者人类文明的发展带来新的时间认知，或者新的时间认知促进人类文明的发展，探索时间的道路总在与前沿的哲学和科学同步延伸，因为时间与人的存在，由此与宇宙的存在是相关的。

---

⑪ 黑格尔《哲学史讲演录》，第一卷，贺麟、王太庆译，商务印书馆，1959年版，第38页。

第一章

原始的时间意识

（尧）乃命羲和，钦若昊天，历象日月星辰，敬授人时。

——《尚书·尧典》

相传，在我们生于斯长于斯的土地上，古人曾经“结绳记事”“契木记时”，主张返璞归真的老子就有“使民复结绳而用之”的说法。但究竟如何结绳记事，又如何契木记时，现在已无法详考。

日出日落，月圆月缺，寒来暑往，斗转星移，日月星辰的循环运动和昼夜季节的交替变化是很容易感受到的自然现象。春种夏耘秋收冬藏，古人出于生存的需要，开始观测物候天象，也由此开始关注时间。

认识与安排时间是人类主动规划自然的行为。作为古人生存基础的牧业与农业，尤其是农业必须以把握时间为条件，而这种基本需要也为人本身具有的认知能力提供了用武之地和发展空间。事实上，动物对于时间的感觉也很明显，它们可以根据昼夜作息，依照季节繁育，甚至借助星象决定迁徙的行程和日期，但这些行为都属于本能范畴，与人类主动认知与实践的行为有着本质的区别。

原始的时间意识是构筑古代知识体系的基础，了解了它的生成过程，也就在一定程度上把握了文明诞生和发展的脉络。

一、时间意识的产生

“在天成象，在地成形”，天空中的日月星辰统称为“天象”。古人在对天象的长期观察中体悟到了时间。从这个角度讲,人类观察天象的意识可谓产生时间意识的始源。

1987 年在河南濮阳西水坡发现了一个墓葬,它的年代经碳 14 测定为公元前 4500 年。在那里发现了一个由蚌壳和人的胫骨组成的北斗图[①]。这是我们所能见到的最古老的星图,它表明距今 6500 年前我们的先辈就已经在夜观天象了。

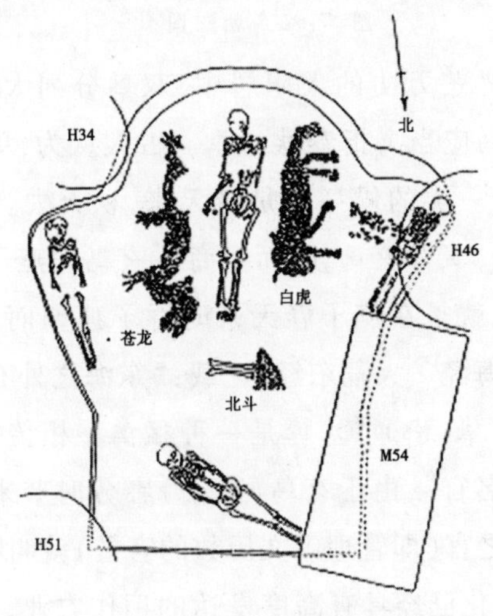

图一:濮阳西水坡墓葬中的北斗图

长江下游的河姆渡文化遗址(约为公元前 5000 年到公元前 3300 年)出土了一个绘有双鸟朝阳图案的象牙蝶形器:

① 图一来源:冯时《中国古代的天文与人文》,中国社会科学出版社,2006 年版,第 112 页。

图二：双鸟朝阳图[②]

上图中，光芒万丈的太阳居中，双鸟分列太阳两侧。依专家所见，双鸟应当寓指春秋二季。古人认为，鸟知天时，他们观察到燕子一类的候鸟总是春天来，秋天去。《诗经·商颂·玄鸟》云："天命玄鸟，降而生商。"玄鸟即燕子，相传有娀氏的女儿简狄就是在燕子春天来时吞了燕卵而生下殷商的始祖契。《山海经·大荒东经》记载："东海之外有大壑，少昊之国。"少昊名挚，挚通鸷，鸷是一种猛禽。相传少昊在他的国家里"以鸟名官"，由于玄鸟（燕子）春分时节来，秋分时节去，所以司分之官（即管理天文历数的官员）就叫"玄鸟氏"。

河姆渡文化已经具有高度发达的稻作农业，这在不知时令节气的远古是不能想象的。春季和秋季是一年中最重要的播种和收获时间，双鸟代表春秋，恰好反映出人类在时间意识上的发蒙，他们已经开始关注农时了。

地球围绕太阳公转，由此产生春夏秋冬。先古居民不明其中道理，他们只知天圆地方，只见太阳东升西落，但他们已

② 图二来源：浙江省博物馆编著《浙江省博物馆》，文物出版社，2006年版，第51页。

经觉察到季节与太阳密切相关，从太阳居中央、双鸟列两旁的位置安排中可以清楚地看到这一点。

成都金沙遗址距今3000年左右，在那里出现的太阳神鸟纹金箔饰提供了更有说服力的物证，反映出较高一级的时间意识水准。

图三：太阳神鸟纹金箔饰③

在这幅美轮美奂的图案中，太阳喷射出十二道金色的光芒，四鸟盘旋在它的东西南北方。这十二道光芒形状相同，间距相等，且取一样的倾斜角度，显示太阳本身处于旋转运动状态。四只鸟也是同形等距，它们围绕太阳飞翔，也呈旋转运动状态。我们知道，在现实中有四个随太阳之动而动，且间距相等，并在循环交替其位的东西，这四个东西不是别的，正是春夏秋冬。如果将春夏秋冬的不同表象（如暖、热、凉、寒）去除，那么余下来便是同质的四季或四时，而这便应是四鸟同形的寓意所在。

③　图三来源：冯时《中国古代的天文与人文》，中国社会科学出版社，2006年版，图版二。

四鸟旋转一圈是一年，太阳旋转一圈也就是一年。如将太阳旋转一圈的过程分为十二等分，那就等于将一年分为十二个月。由于这十二个等分恰好与十二道相同的光芒相合，所以图中十二道光芒应当象征十二个太阳月。

太阳在旋转运动，四鸟在相继飞翔，这里面还蕴含着岁月交替、循环不已的意思。显然，太阳神鸟图已具有指建时间的意义。

在世界其他地域也发现类似的日鸟图，如美国田纳西州萨姆纳县印地安贝刻盘的太阳和四鸟图(1)，美国印地安普韦布洛陶盘的四鸟代表四个节气图(2)，东北亚雅库特银鞭柄的太阳及四鸟图(3)和东北亚图瓦皮壶上的太阳及四个类似的鸟头图(4)。

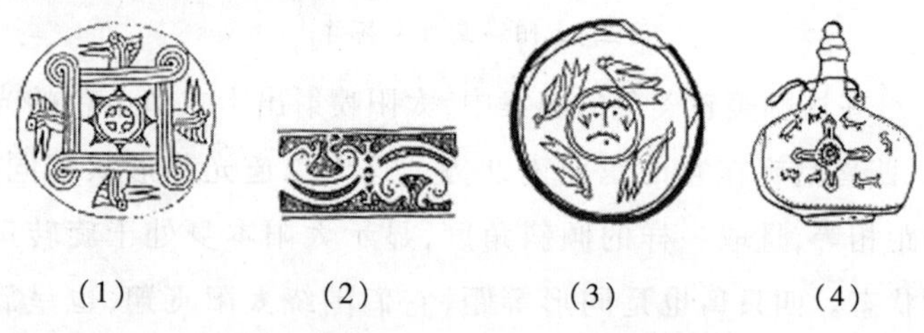

(1)　(2)　(3)　(4)

图四：发现于世界其他地域的日鸟图④

山东大汶口文化距今5000年左右，在其莒县陵阳河遗址出土的陶器上发现有二十多个图像。这些图像具有二个鲜明特点，一是构型简单，如同草图；二是重复出现，类似有特指的符号，所以被认作一种处于图画与文字中间的原始文字，并被称为“图像文字”。

---

④ 图四来源：冯时《中国古代的天文与人文》，第111页。

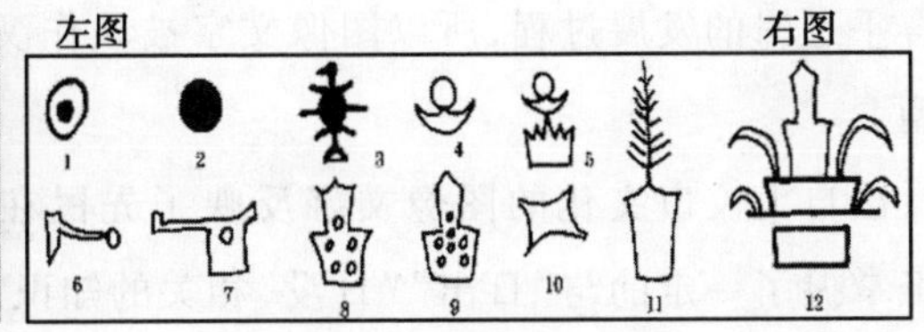

图五:大汶口文化出土的图像文字⑤

我们来观察一下左图和右图上排第5个图像:这二幅图像都是圆形之日居上,锯齿形之山居下,中间为云层,且呈凹曲状,似为下坠之日所压,所以显现为傍晚景象。中国古代有“日落西山”之说,这同“山云日”图恰好相合,两者可以互作说明。

我们再来看右图上排第4个图像:这幅图像为下云上日构型,下方的云气有一个尖状凸起,似为初升旭日所沾连,显现为太阳跃离云层的瞬间,所以是早晨景象。有趣的是,这些图像不仅在形状上酷似“旦”字,而且在表意上也接近“旦”字,因为“旦”字的本义正是“天明”,而其引申义则为“早晨”(如“枕戈待旦”)。就此而言,“云日”图像应与“旦”字有一脉相承的关系。

人的意识是一个由简单到复杂的发展过程。殷商甲骨文是目前所知中国最古老的文字,作为一种系统成熟文字,它应该有一个发展过程。“文字权舆,始于图象”,记事图象可为一切文字的本源,而“图象→图像文字→象形文字”则可

⑤　图五来源:左图取自南京紫金山天文台天文历史陈列馆;右图摘自逄振镐《从图像文字到甲骨文》,原载于《中原文物》,2002年第2期。

为合乎逻辑的发展过程，所以图像文字被认作汉字的萌芽或祖型。

出自大汶口文化的图像文字反映了先民在新石器时代已经掌握了一定的与“日出”“日没”相关的知识，而这实际上就是时间概念的启蒙。

二、时间概念的产生

在华夏区域，时间概念的真实形成应当同“时”字的产生相关。就目前所知，“时”字最早出现于甲骨文。[⑥] 作为公元前 14 世纪中期到前 11 世纪（商王盘庚到纣）的遗物，甲骨文埋在地下已经有 3000 多年了。甲骨文中的“时”字如下所示：

这个“旹”字的下半部分是个“日”，代表太阳；它的上半部分是个“㞢”，这个“㞢”是“之”字的古体，而“之”的本义为“往”、“到……去”。“日”上加“之”的意义因此是：日之所往，即太阳的定向移动。

这个“旹”字在与我们对话，它分明在告诉我们：古人从太阳周而复始的运行过程中意识到了时间的存在。他们通过对这种循环运动的观察得到了初始的时间概念。这恐怕也

---

⑥ 见马如森《殷墟甲骨学》，上海大学出版社，2007 年版。该书在解说“时”字时注明该字在甲骨文中的三个出处：a.“……益……时允……鱼八月”；b.“卜，吏……羽王☒燕时……叀吉”；c.“丁卯不其[illegible]时允不”。本书所用甲骨文“时”字摘自熊国英《释古汉字》，齐鲁书社，2006 年版，第 195 页。

是后人以“光阴”专指时间的一个主要原因。

人们现在都明白，地球自转一圈为一天，围绕太阳公转一圈为一年，并且明白地球自转轴是倾斜的，在赤道面和公转轨道面之间有一个23°26′的夹角，所以地球公转一圈会产生春夏秋冬四季。但古人不明白这个自转和公转，自然也不会知道他们察觉到的太阳运动现象其实是由地球运动引起的视觉效果，即是“太阳视运动”。古人可以在想象中“抟扶摇而上者九万里”，却不能在现实中“背负青天而视下”。当他们站在地面仰望苍穹时，地球的自转便显现为太阳的横向移动，东升为旦，西落为暮；而地球的公转则显现为太阳的纵向移动，即太阳高度的周期性变化（太阳高度：太阳光线与地平线的交角），达到最高位时为夏季，达到最低位时为冬季，移动在高低之间则为春季和秋季。

太阳周行不已，时间不断流逝，太阳不会逆转，时间不会倒流，太阳的循环运动遂成为时间概念的发源。古代智者借助可见的太阳移动过程意识到了不可见的时间，所以创造了一个“旹”字，以此把时间同其他事物区别开来。

我们知道，语词和概念之间有着密切的联系，概念是反映事物的范围和本质的思维形式，而语词是概念的物质承担者或物质外壳，即是概念的表达方式，所以概念是通过语词来表达的。距今6000年的古埃及文字起始于象形文字（如“日”写成“⊙”，“山”写成“⌓⌓”），两河流域的苏美尔人所用的楔形文字起初也是象形的（如“鱼”写成“⊰⊃”，“足”写成“⌊”），只是它们后来都演变成拼音文字。世界上唯独象形汉字延续下来，并且在象形字的基础上发展出会意字和指事字。由于汉字的字形结构同它们所记录的词的本义(最早的意义)是有联系的,所以早期汉语的语词以单音节居多,一个汉字就是一个语词,也就是说,一个汉字可表达一个概念,或者说,一个概念可通过一个汉字表述。相对于象形字和指事字,会意字表达出的概念更为复杂深刻,甲骨文中的“旹”便是一个会意字。

“旹”字的出现标志着时间概念的真实形成,而时间概念的形成又意味着古人已在开始思考时间的本质。同月亮、星辰等其他天象相比,太阳在时间概念的形成上无疑占据重要的优先地位。

“旹”字以后演变为“旹”,仍然是“日”与“之”的合成(见许慎《说文解字》:“旹,古文时,从之日。”)。大约在周初至春秋时期,这个“旹”字演变为“時”,在《尚书·尧典》中就有“以闰月定四時成岁”的说法。《尚书》是中国现存最早的官方档案文献之一,相传孔子曾对它删减整理,而孔子即生活于春秋末期。

关于“時”,东汉人许慎在《说文解字》中解释道:“時,四時也。从日,寺声。”这是中国古代罕见的一次对“时”的正面解释。不过,许慎的解释只是他自己的体会,因为“時”字在他之前已然是多义的,在他之后依旧是多义的,并未沿循他的解释而单义化(此点放在下面详述)。我们说,四时与四季相近,但两者并不完全重合,因为四时是去除了暖热凉冷等表象的四季,具体而言,就是去除春夏秋冬的不同之处而只留下它们的相同之处,即只把它们视为四个相等的纯过程,由此得到的结果便是四时。此即所谓“积月为时,积时为岁”

（见王充《论衡·讕时》）。由于这四个等长过程前后相继、循环不已，而这种延续恰好体现了时间特性，所以把“时”当作“四时”的理解表明古人的时间意识又上了一个台阶。另一方面，由于“季”是一个时间单位，如同年、月、日一样，所以将“时”当作四时的理解也表明古人已将“数”或“量”应用到时间上，并因此有了“时间尺度”这样的意识。他们已经意识到，时间可按照一种单位量值划分为若干均等部分，而这正是测时和计时的基础。《淮南子·天文训》中所载“天有四时，以制十二月”讲的便是这个道理。

作为“四時之时”的“时”既指向时间本身，又指向时间单位，既指向时间之质，又指向时间之量。由于时间本身不是时间单位，就像电压本身不是伏特、重量本身不是公斤一样，又由于时间之质不同于时间之量，所以“四時”严格说来还不能作为“时”的正解，用它来诠释“时”会导致歧见。事实上，炎黄的后人把探索时间的方向定在了如何计时和纪时上，并且在这个方向上取得了辉煌的成就，但他们却把时间本身当作已知概念而不再追问，因而停滞了在这个方向上的继续求索。

古语云：“四方上下曰宇，往古来今曰宙。”（见《尸子》）有人据此认为，“宇”和“宙”是经过抽象思维而形成的空间和时间概念。但实际上，“四方上下”仅是空间总和的形象表示，与空间的本质并无关联，而“往古来今”只是时间总和的形象表示，与时间的本质也无关联。或许正因为没有深究“四方上下”和“往古来今”的原义，“宇”和“宙”才会在汉字的演变过程中合成一个仅与空间相关的“宇宙”。

三、观象授时——原始时间意识的高峰

“天设日月，列星辰，调阴阳，张四时。”(《淮南子·泰族训》)太阳和月亮的运动显现为一种有规律的、均匀的循环变化过程，对这类过程的观察和领会导致了最初的计时行为。

太阳有规律地和均匀地横向移动，东升西落，“日夜一周，圆道也”(《吕氏春秋·季春纪》)。人们于是把一个昼夜的延续过程规定为“日”，并以日为尺度测量和计算时间，即以日为单位测时和计时。

太阳有规律地和均匀地纵向移动，带来四季交替，循环不已，人们于是把一个四季的延续过程规定为“年”⑦，并以年为尺度测量和计算时间，即以年为单位测时和计时。

月亮有规律地和均匀地围绕地球旋转，时圆时缺，时盈时亏，周而复始，人们于是把一次盈亏的延续过程规定为“月”，并以月为尺度测量和计算时间，即以月为单位测时和计时。

年、月、日是天然的时间尺度，比较粗疏，一旦需要更为精确的计时系统，就必须借助人工制作的尺度，这样便有了“立表测影”：日光照物而生影，影随太阳的移动而改变方向和长度。人们发现，日影的方向变化和长度变化可用来指示时间。“表”就是用来测度日影变化的原始天文仪器。早期

---

⑦ “年”古称“岁”，《尚书·尧典》：“以闰月定四时成岁。”夏商时一年一祀，均要杀人做牲品。“岁”原为刖刑，以后借岁作为祭礼名称，转为年的意思。

的表叫作“髀”(bì),实际上是一根直立于平地的杆子。人们以杆为中心在地上画圆,并将该圆分为十二个等份。当太阳在空中转动时,杆影随之同步转动,每经过一个等份所需的时间相当于一日的十二分之一。这个时间段被规定为“时辰”,一日便有十二个时辰。通过对日影方向变化的测量,古人得到了一个比较精细的时间尺度。时辰与年、月、日一起,像四根柱子撑起了计时大厦,所以被誉为“四柱”。

《周髀算经》是中国最早的有体系的天文学理论著作,成书于公元前 1 世纪。该书是这样解释“髀”的:“周髀,长八尺。髀者,股也,髀者,表也。”据此而言,“髀”既是人的腿骨,也是测量日影的表。这种双重含义表明人体曾充当最早的观象工具(回顾一下前文所述由蚌壳和人的腿骨构成的北斗图),所以时间单位与度量衡单位的最初建立是一致的。古人“布指知寸”“步手知尺”“舒肘知寻”“迈步定亩”“掬手成升”,这些寸、尺、寻、亩、升等都是以人体的某个部分作为单位量值的。《史记》中有大禹治水以“身为度”的记载(见《史记·夏本纪》),而“身为度”的做法在世界各地均有记载。

“髀”是测量日影方向变化的表,“土圭”则是测量日影长度变化的表。《周礼·地官·大司徒》记载:“以土圭之法测土深,正日景,以求地中。”土圭的结构也较简单,它由一根依照南北方向平放于地的标尺和一根垂直固定于标尺南端的木杆组成。每日正午时刻,杆影便会投到标尺上。根据标尺所示影长便可确定四季和节气:杆影最长时为“夏至”,最短时为“冬至”,在当中则为“春分”或“秋分”。

“节气”具有鲜明的中华文明特色,它更多地用于指导农耕，所以构成一个农时系统。我国在春秋时期就定出仲春、仲夏、仲秋、仲冬四个节气（见《尚书·尧典》），到战国后期已细分为立春、春分、立夏、夏至、立秋、秋分、立冬、冬至等八个节气，清楚地分出四季（见《吕氏春秋》），至秦汉年间，二十四节气已完全确立，《太初历》正式把二十四节气编入历法，并规定太阳沿黄道每前进15°所经历的时日为1个节气，每年运行360°，共经历24个节气，每个节气15天：

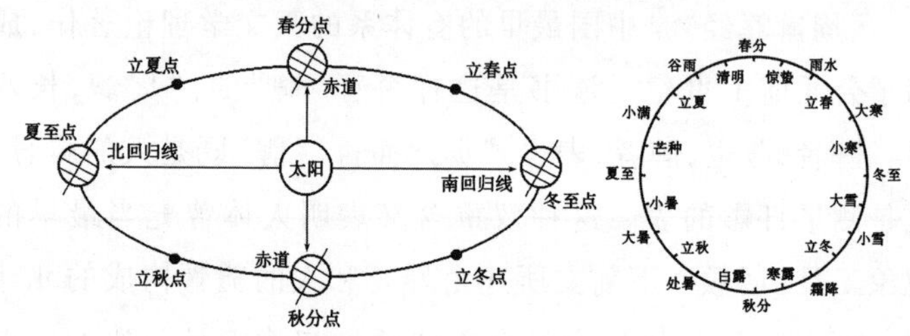

图七：中国的二十四节气

用"立表测影"的方法可以测得白天的时间，但在夜间就不能靠它测时和计时，先民于是把注意力转向灿烂美丽的星空。他们发现，视域中的天体在围绕由北极星与北斗星构成的天轴旋转运动，这个北极星"居其所而众星共之"，所以"斗为帝车，运于中央，临制四乡。分阴阳，建四时，均五行，移节度，定诸纪，皆系于斗"。（见《史记·天官书》）中国古天文学由于受观测者所处位置的局限而具有鲜明的特点：观测者必须把注意力投注到北天区，重视观测北斗及其周围的拱极星。北斗常显不隐，所以十分容易观测。

"斗转参横欲三更"，北斗在一昼夜中随着地球的自转以

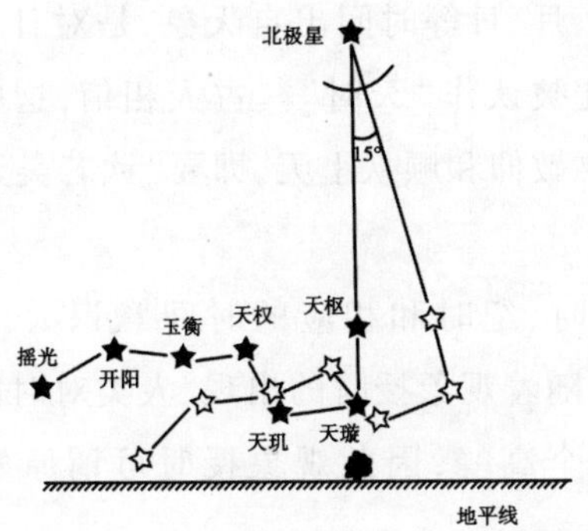

图六：一小时内北斗移动约15度。

反时针方向围绕北极星旋转一周，犹如表盘上的指针，古人据此可确定时间在夜间的推移。另外，北斗的斗柄（即连接北极星与天枢、天璇两颗星的直线）随着地球的公转而围绕北极星做周年旋转，“斗柄指东，天下皆春；斗柄指南，天下皆夏；斗柄指西，天下皆秋；斗柄指北，天下皆冬”，据此可确定四时的更替。古人利用北斗的上述特点建立起最初的夜间计时系统。

“（尧）乃命羲和，钦若昊天，历象日月星辰，敬授人时。”（《尚书·尧典》）观察日、月、星辰等天象及其运动，这类活动就叫作“历象日月星辰”（历：察视）；将观察天象及其运动所得到的时间通告国人，这类活动就叫作“敬授人时”。两类活动合起来便是“观象授时”。

相传，颛顼时有一位叫作“重”的司天官和一位叫作“黎”的司地官，他们的后人羲氏与和氏接受尧帝的任命，共掌天地四时之职，即共同管理天文地理方面的工作，所以有尧命羲和之说。年、月、日等时间出自天象，是对日、月、星辰的运动的记录，因此被认作“天时”。古人相信，这些时间是上天赐予的，所以要敬仰和顺从上天，即要“钦若昊天”（钦：恭敬；若：顺从）。

早期的计时、纪时和相应的时间意识大体上可概括为“观象授时”。随着观象授时的出现，人类对时间的认识和实际应用达到一个高峰，因此观象授时可谓原始时间意识的精华。

原始的髀后来发展为日晷，木制土圭后来发展为石制和铜制圭表，但它们的基础依旧是观象授时。

日晷

圭表

《周易》云：“观乎天文，以察时变。”不过，日月星辰并不总是明晰可见，天朗气清可以观象授时，但阴雨天、下雪天就不行了，而“淫雨霏霏，连月不开”就更糟糕了。所以观象授时有其局限性，达不到全天候授时的要求。为此，人们开始思考不依赖天象的计时工具，并成功地研制出一种利用物质流动特性的计时工具“漏刻”。漏刻一般由漏水容器、贮水容器和标尺构成。将水注入漏水容器后,水便通过底部小孔均匀滴漏,贮水容器收集滴漏之水,根据水位所达到的标尺刻度即可读出时刻。现存于北京故宫博物院的铜壶漏刻(造于1745年)能以一刻钟为单位计时。由于水的滴漏量是根据测度天象所得时间确定和校正的,所以漏刻仍然没有超出观象授时的范围。历史上,漏刻不仅在中国使用,在古埃及、古巴比伦等都使用过,它们与晷表相互配合,组成了一个能满足政治、经济和军事等方面需要的完整计时体系。

四、纪时与历法

古人在计时的框架内制定出历法。所谓历法,就是人为了生活和生产的需要而创立的纪时系统,也就是对年、月、日的安排。

埃及人发明了最早的太阳历,他们把1年定为365天,将1年划分为3季(洪水季、冬季和夏季),每季4个月,每月30天,年终加5天作为节日,同时将天狼星与太阳同时升起之日定为一年的开端。

苏美尔人创造了一种阴阳历,他们将1年定为12个月,每月以刚露出月牙之日为开端,以月亮最圆之日为月中,以月亮又变成月牙之日为终端。12个月中的6个月定为每月30天,另6个月定为每月29天,这样全年共计354天。每过2年或3年加上一个闰月,放在六月和七月之间。

中国较完整的早期历法发现于商代。商代历法也是阴阳合历:阳历以地球绕太阳一周(即一个四时周期)所需的时间为 1 年,1 年分为 $365\frac{1}{4}$日,所以也称“四分历”。阴历将月亮的一个周期算作 1 个月,大月 30 日,小月 29 日,12 个月为 1 年,1 年分为 354 天。月亏之日称作“朔”,定为每月初一,月盈之日称作“望”,定为每月十五,所以阴历月亦称“朔望月”。由于阳历年的天数多于阴历年,所以将多余天数归入一个月,每过若干年设置一年为十三个月(即“归余于终”),这第十三个月就叫作“闰月”(如《尚书·尧典》:“期三百有六旬有六日,以闰月定四时成岁。”)。以后人们再将 1 日分为 12 个时辰,《周礼》中就有:“掌十有二岁,十有二月,十有二辰”之说。《左传·昭公五年》中有“日之数十,故有十时,亦当十位”的记载,这说明古代还曾有将一日分为 10 个时辰的历史。秦统一后下令施行颛顼历,汉承秦制,仍用颛顼历,到了汉武帝时改为太初历。大体而言,古代历法都是基于商代历法,并加以充实、完善的。在这个演变过程中,历法的精度越来越高。

五、从“时”到“时间”的进步

从观察天象到立表测影,从粗陋的髀到精细的圭表,从计时系统到纪时系统,从天文授时到机械授时,人们在不断开拓,不断进步,并取得了辉煌的成就和达到了高度的认识水准。但是,不管成就有多大,不管水准有多高,其在解答“时间是什么”这个问题上都无所作为、无所裨益,因为“时间是什么”的问题涉及时间的本质和本源,而测量和计算只是人对自然物质或现象予以量的掌握，并通过这个量化过程达到对“多少”或“大小”的准确认识及描述，尚不可能达到对本质或本源的理解与把握。

国际单位制有七个基本单位，分别为长度（米）、质量（千克）、时间（秒）、电流（安培）、热力学温度（开尔文）、物质的量（摩尔）和发光强度（坎德拉），其中时间单位的定义与测量是历史最悠久、目前测量精度最高的一个基本单位。20 世纪 50 年代后，新兴的原子时间计量标准取代了天文学时间标准，标志着时间测量进入一个新时代。机械钟能以秒为单位计时，即其计时精度可达到秒。现代原子钟甚至能以 10^{-14} 秒为单位计时，即其计时精度甚至可达到 10^{-14} 这样的量级。但其在解答“时间是什么”的问题上却依然无寸功可建。

甲骨文的“旹”叩响了时间的本质之门，它代表造字者回答了两个问题，一个为“时间是什么”，另一个为“时间在哪里”。它告诉我们，时间与太阳的循环运动相关，并且告诉我们，时间在太阳的运动过程中。“旹”字的构型和含义指示了一条通往时间的本质之路。可是人们并没有把主要精力放在这个方向上，他们的重心总在“观乎天文，以察时变”（《周易》）上，即在如何完善计时和纪时上，并在这个方向上获得了巨大的成就和效益，而时间本身则一直被当作不言而喻的东西。人们只知其然，却不知其所以然，也无意知其所以然，所以停滞了在这个方向上的求索。

孔子的“逝者如斯夫，不舍昼夜”中含有对时间如流水的体悟，但他未曾直接阐释时间是什么。庄子在《齐物论》中提出：“有始也者，有未始有始也者，有未始有夫未始有始也者。”这句话的大意为：有开端，就有开端之前；有“开端之前”，也就有这个阶段之前的阶段；如此类推，以至无穷。这位道家哲人的思想已经触及到了时间的无限性问题，但他没有提出理由或根据，也没有将“时间有无开端”同“事物有无开端”区别开来，所以还停留在一个天才的猜想上。“天何所沓？十二焉分？日月安属？列星安陈？”诗人屈原在其不朽诗篇《天问》中曾提出如此发聋振聩的问题。文学家柳宗元在其《天对》中却这样应答：“折篿剡筳，午施旁竖，鞠明究曛，自取十二。非余之为，焉以告汝。”（十二时辰是从事占卜和研究太阳出没的人规定的，不是天规定的，天怎么能告诉你。）[8]除了用词艰涩生僻外，柳宗元没有带来些许新见解，他没搞清楚，也不想搞清楚天象与时间的渊源关系。屈原生于战国，柳宗元躬逢盛唐，两者相距1000余年，可在认识时间方面却不见有所进步，反而有所退步。“宇”和“宙”原指全部空间和全部时间的集合。庄子曾说过：“有实而无乎处者，宇也；有长而无本剽者，宙也。”[9]但到了汉初的《淮南子·天文训》便只剩下“虚廓生宇宙”，时间已然不见了。

“时”字本身的多义性也从一个侧面说明时间的本质尚未揭示，远非不言而喻。我们可将“时”的主要字义例举如下：

---

⑧ 篿(zhuān)：结草折竹用来占卜称“篿”。剡(yǎn)：削。筳(tíng)：占卜用的小竹片。午施旁竖：纵横交错，这里指占卜时小竹片摆成的各种样子。鞠：寻根究底。曛：太阳落山时的余辉。鞠明究曛：研究日出日没。

⑨ 见《庄子·庚桑楚》。剽：末梢。

1. 表示"时间",如《尚书·尧典》:"历象日月星辰,敬授人时。"

2. 表示"季节",如《尚书·尧典》:"以闰月定四时成岁。"

3. 表示"时辰",如《左传·昭公五年》:"日之数十,故有十时,亦当十位。"

4. 表示"时代",如《韩非子·心度》:"时移而治不易者乱。"

5. 表示"经常",如《论语》:"学而时习之。"

6. 表示"适时",如《周易·蒙·彖》:"蒙,亨。以亨行时中也。"

7. 表示"时势",如《孟子·公孙丑下》:"以其时考之,则可矣。"

8. 表示"时机",如《礼记·檀弓》:"时亦不可失也。"

9. 表示"现时",如《诗经·小雅·頍弁》:"尔肴既时。"引伸义为"鲜美"。

10. 表示"按时",如《庄子·秋水》:"秋水时止。"

11. 表示"时尚",如朱庆馀《闺意》诗:"画眉深浅入时无?"

12. 表示"等待",如《论语·阳货》:"孔子时其亡也。"

一个"时"字在不同的场合或语境中竟然可以表达如此多的意义,并且此种现象不仅原始地存在于东汉的《说文解字》之前,而且持续地沿用于《说文解字》之后。这种长期混用的状况真实地表明了古人在时间问题上的模糊认识和对时间本质的不理解。

重视实际应用,忽略本质研究的传统思想甚至影响到今天。2001年出版的《天文学名词》(Chinese Terms in Astronomy)是由中国的天文学名词审定委员会编著,并由全国科学技术审定委员会公布的。该书面面俱到,凡是天体星象,均有确切解释,但唯独两个名词项下的解释是空白的,这二个词一个是"空间"(space),另一个便是"时间"(time)。

这里需要说明一点:文言文时期也有将"时"与"间"连用的实例,如:宋代晁端礼《朝中措·短亭杨柳接长亭》中有"何须苦计,时间利禄,身后功名";元代王实甫的《西厢记》第四本中有"虽然久后成佳配,奈时间怎不悲啼";《水浒传》第六回中有"原来是本管高太尉的衙内,不认得荆妇,时间无礼"⑩。但此类"时"与"间"的连用只是作为时间状语,或者表示"一时之间",或者表示"现在"和"目前",它们并未组成一个名词,因此还都不是指时间本身。

西学东渐和文言文向白话文的过渡应该是汉语采用"时间"一词的两个前提。19世纪的西学东渐带来了科学和哲学方面的新思想、新知识,其中就有关于时间和空间的理论。白话文在20世纪初的新文化运动中取代了文言文,国人到此时才有可能用单义的"时间"取代多义的"时"。

真正具有现代时间意义的术语"时间"应是从日语而来的。根据何华珍所著《日本汉字和汉字词研究》,"时间"与

⑩ 摘自台湾《"教育部"国语辞典》。

“哲学”“资本”等一样都是一些汉字的复合词，它们在日语中被用来翻译欧洲的现代词语，以后又被重新引入现代汉语。在《汉语外来语词典》中，“时间”就被确定为日语借词。[11]

从甲骨文的“昔”字发展到现代汉语的名词“时间”，其间跨度居然达3000年之久！

结语

原始的时间意识发源于古人对天空的好奇和对日月星辰及其循环运动的观察，形成于时间的发现和时间概念的产生，而在观象授时过程中达到了高峰。

炎黄子孙的时间意识扎根于经济上和政治上的实用观念。中国传统以农为本，农耕是古代社会的经济基础，所以统治者的首要政令必须围绕农时来颁行，“不违农时”成为中国古代政治的一条铁律，天子也须“亲率三公九卿诸侯大夫以迎春于东郊”，并“亲载耒耜”（《吕氏春秋·孟春纪》）。历代君王知道，谁能把时间准确地告诉人民，谁就能使人民敬仰和服从，而这便是早期王权的基础。正因为天文历数直接关涉经济与政治，所以计时和纪时能得到国家的重视，人力和物力都放在如何得到和利用时间上。相比之下，追索时间本质的工作对农耕没有直接的实用价值，对王权也没有直接

⑪　见何华珍《日本汉字和汉字词研究》，中国社会出版社，2004年版，第277页上的“现代汉语从日语借来的词汇”，第289、290页上的“回归的书写形式外来语”，第266页上的“《汉语外来语词典》日语借词一览”。

的实用价值,并且不能带来可靠的收入维持生计,所以不仅得不到国家的扶持,而且得不到研究者本人的认同。由此造成的结果便是千百年来对时间本身研究的停滞不前。我们的先辈早已发现时间,但他们却始终不去思考时间究竟是什么,尽管此项工作对于揭示时间的本质是至关重要的。

托夫勒(Toffler)是现今世界最具影响力的社会思想家之一,他曾指出:“当代西方文明中得到最高发展的技巧之一就是拆零,即把问题分解成尽可能小的一些部分。我们非常擅长此技,以至于我们竟时常忘记把这些细部重新装到一起。”[⑫]东方文化的特点与之恰好相反,“天人合一”的传统观念使我们既善于,也习惯于从整体或宏观角度看问题,却不善于也不习惯于“拆零”。一个没有细部的整体往往是笼统的或混沌的,对时间的认识也是这样,古人忽略了对时间的细致分析和层次揭示,因而终究未能跨进时间的本质之门。

诺贝尔化学奖获得者,比利时科学家普里戈金(Prigogine)在其所著《从混沌到有序》中写道:“中国的思想对于那些想扩大西方科学的范围和意义的哲学家和科学家来说,始终是个启迪的源泉。”[⑬]这里或可尝试描述一下这个思想在时间问题方面给我们的启迪:a. 时间与运动相关,它存在于日月星辰的周而复始、循环不已的运动中。时间的量值因此可通过测度天象的位移得到;b. 天体的循环运动是连续不断的,

---

⑫ 引自普里戈金《从混沌到有序》中的“前言:科学和变化”,上海译文出版社,1987年版,第5页。

⑬ 同上书,第1页。

时间因此也是连续不断的,能够日复一日,年复一年,长流不息;c.时间具有不可逆性,就像河水不会倒流一样。

我们的前人因为滞留于观象授时而未能深入探究时间的奥秘。埃及人和苏美尔人在发现和利用时间方面比华夏民族还要早,但他们同样没有追问"时间是什么",因此同样在寻找时间的路上裹足不前。

古希腊的先哲柏拉图提出:"凡是生成的东西必定由于某种原因方才产生,因为若无原因,没有任何东西能被创造出来。"⑭他的学生亚里士多德进而提出:"只有在认识了它的本因、本原直至元素时,我们才认为是了解了这一事物了。"⑮追问本源与本质是划分原始意识和现代意识的界限,因而也是划分原始时间意识和现代时间意识的界限。古希腊的先哲扬起了探索的风帆,他们的启航处正是观象授时。

---

⑭　《柏拉图全集》,第三卷"蒂迈欧篇",王晓朝译,人民出版社,2003 年版,第 279 页。

⑮　亚里士多德《物理学》,张竹明译,商务印书馆,1982 年版,第 15 页。

第二章

柏拉图和亚里士多德的时间观

天之高也，星辰之远也，苟求其故，千岁之日至，可坐而致也。

——孟子

中国和希腊几乎同时走上哲学之路。公元前6世纪，中国的老子从神话和卜筮中走出，开始探索万物起源，古希腊人也在这一时期从荷马的英雄诗篇和赫西俄德关于诸神谱系的故事走出，开始追究宇宙万物之本原。

对古希腊人而言，哲学的本义（即最早的意义）就是爱智慧，而“智慧就是有关某些原理和原因的知识”①，因此古希腊哲学不限于今天的哲学范畴，它还包括逻辑、数学、天文、地理、生物、心理、社会和政治等学科。这个传统在西方延续了很长的时间，2000年后的牛顿还将其作为经典力学基石的代表作冠名为《自然哲学的数学原理》。

古希腊哲学是西方哲学发展的最初形态，向来被认作理论思维和思辨哲学的发源，所以黑格尔由衷地说道：“一提到希腊这个名字，在有教养的欧洲人心中，尤其是在我们德国人心中，自然会引起一种家园之感。”②

古希腊人对本原的探索出自对宇宙万物的好奇，古希腊哲学因此有服务于政治和经济的一面，但同时也有保持自身独立性的另一面。亚里士多德曾提出，人本自由，他不是为别人的生存而生存的，“在人生的必需品以及使人快乐安适的种种事物几乎全都获得了以后”，人便“为求知而从事学

---

① 亚里士多德《形而上学》，商务印书馆，1959年版，第3页。

② 黑格尔《哲学讲演录》第1卷，三联书店，1959年版，第157页。

术,并无任何实用目的”,所以哲学是“为学术自身而成立的唯一学术”。③ 古希腊哲学的这些特点同依附王权、崇尚实用的中国传统文化有着相当大的区别。

米利都学派是古希腊哲学的先驱,泰勒斯(Thales)是该学派的代表人物,被认作第一个观察和研究星象的人。据说泰勒斯在仰望夜空时不慎跌落井内,一个侍女嘲笑他,说他急于知道天上的东西,却忽视了身旁脚边的一切。

德谟克利特(Democritus)是一个百科全书式的学者,他曾有同其唯物论相应的时间说。按照他的观点,时间是原在的,而不是被造出来的。可惜他的著作大多散失,保存下来的资料(连同别人的记载在内)只能让人对其著作的主要概念进行假设性的重构。

柏拉图(Plato)有专门论说时间的著作,且其著作留存于世。他把时间理解为一个独立的存在者,从而开辟了一条沿循存在者方向寻找时间的道路。

亚里士多德(Aristotle)是柏拉图的学生,他对老师既有继承,又有改造,由此建立了世界上第一个时间理论体系。亚里士多德把时间理解为存在者的存在状态,从而开辟了一条沿循存在方向寻找时间的道路。

泰勒斯活动于公元前 6 世纪初,柏拉图出生于公元前 427 年,亚里士多德生于公元前 384 年。从泰勒斯观测天象到亚里士多德建立时间理论体系,其间仅经历了 200 余年。此种发展速度使其他任何古文明相形见绌,个中原因恐怕还

---

③ 亚里士多德《形而上学》,商务印书馆,1959 年版,第 5 页。

要归溯到古希腊哲学追究原理及原因的传统和自由的学术精神。

对时间的本源和本质的追问标示着现代时间意识的开端。历史把寻找时间的接力棒交给了古希腊的先哲。

一、柏拉图的时间观

柏拉图的时间观集中反映在他的《蒂迈欧篇》中。在这篇被认作自然论的文章里,柏拉图借蒂迈欧之口表述了他对时间的认识:

1. 时间是有开端的,因为它是被造出来的

造物主、元素和空间是永恒的,其中,造物主是原始创造者,元素是原料,空间是存在场所。至于造物主是谁,柏拉图认为是不可言说的,“要找出这位宇宙之父和宇宙的创造者是一件难事,即使我们能够找到他,也难以把他告诉所有人”。④

造物主首先以自身为原型,并用“相同”“相异”和“存在”三种元素为原料造出一个灵魂。由于这三种原料是非物质性的,所以灵魂是非物质性存在者,它是“不可见的”、分有造物主的“理性与和谐”,并且“具有永恒的性质”。⑤

---

④ 《柏拉图全集》,第三卷“蒂迈欧篇”,王晓朝译,人民出版社,2003 年版,第 280 页。

⑤ 同上书,第 288 页。

造物主接着以灵魂为原型，并用火、土、水、气等四种元素为原料造出宇宙（亦称“天”），并让空间成为它的存在场所。由于这四种原料是物质性的，所以宇宙是一个物质性存在者。造物主“也试着尽其所能使宇宙永恒”。⑥

宇宙具有体现完美的圆球形状，灵魂自宇宙中心扩散到各处，又从宇宙的外缘包裹宇宙，这种“灵魂-宇宙”的结构使宇宙成为“有理性的生命”。⑦

在创造宇宙的同时，造物主创造出时间，因此“时间和天在同一瞬间生成，一起被创造”。由于永恒是一种理想性质，只能属于造物主，所以造物主打算另外造一个类似永恒的东西，即创造一个“永恒的影像”。于是他在“整饬天宇的时候，为那留止于一的永恒造了依数运行的永恒影像，这个影像我们称为时间”。⑧

造物主创造时间的目的：使宇宙“在过去、现在、将来的一切时间中都存在”，从而达到永恒。如果宇宙和时间“也有解体的时候”，那么“它们也会一起分解”。宇宙在时间中得以延续自身的生命，换句话说，时间就是宇宙延续自身生命的条件。没有时间，宇宙就不能永恒存在。⑨

有了宇宙和时间后，造物主开始创造万物：他先用纯度较低的元素造出星辰及不太纯的灵魂；再把这些灵魂分配给

---

⑥ 《柏拉图全集》，第三卷“蒂迈欧篇”，王晓朝译，人民出版社，2003年版，第288页。

⑦ 同上书，第287页。

⑧ 同上书，第288页。

⑨ 同上书，第289页。

这些星辰,让它们像“战车上的驭手”一样指挥星辰运动;最后造物主吩咐这些星辰的后裔(即诸神,如大地女神该亚,天空之神乌拉诺斯、宙斯、赫拉)同其配合,造出鸟类、水族和陆地生物(包括人),并将不太纯的灵魂植入人体,使其有“心灵和理性”。由于万物是由次等原料和次等灵魂制成的,所以他们自身的生命可以在时间中延续,但不能在一切时间中延续,因而在时间上是有限的。[10]

造物主在创造了灵魂、宇宙、时间和万物后便“按以往的习惯的方式过日子去了”。[11]

2. 时间是依数运行的永恒影像

时间是什么?柏拉图认为,时间是“依数运行的永恒影像”。对柏拉图给出的这个时间定义,我们可做具体分析如下:

永恒影像:永恒者没有时间,不去也不来。影像与摹本同义,都是仿制品。按照柏拉图的观点,仿制而成的东西总不如原型那么理想和完美,所以永恒的影像就不如永恒本身。造物主的永恒是无始无终的,而永恒的影像却是有始无终的,它曾经不存在,因此只能算是“类永恒”。

时间和灵魂、宇宙及万物一样,都是造物主的产物,即都是相对独立的存在者。灵魂由非物质性元素制成,所以是非物质性存在者;宇宙和万物由物质性元素制成,所以是物质

---

⑩ 《柏拉图全集》,第三卷“蒂迈欧篇”,王晓朝译,人民出版社,2003 年版,第 290—293 页。

⑪ 同上书,第 294 页。

性存在者;相对而言,永恒影像是一个模糊的概念。这个永恒影像是由什么元素制成的,柏拉图没有说,它似乎是造物主凭空变出来的,所以既不能确定为物质性存在者,也不能确定为非物质性存在者。为方便理解,我们可以把它近似地认作物体的影子,例如可以把它想象为在圭表上移动的日影,但它实质上又不是影子,因为影子可见,而影像却不可见。更重要的是,影子不能自在,必须依附于物体与光线,而永恒影像却是独立存在的。

依数运行:"依数运行"是针对"留止于一"而言的。古希腊人认为,一不是数,而是数的最小单位,二以上才是数,亚里士多德就讲过:"所谓数者乃是'一'的多数,就是一定数量的'一'。"[12]这就意味着,一表示有,但不表示无,也不表示多,恰如老子所言:"一者,其上不攸,其下不忽。"(帛书《老子》)"留止于一"因此代表一种保持原状而绝对不变的静态,造物主的恒在便可谓"留止于一"。

"依数运行"与"留止于一"相对立,这里面既有一与多的对立,又有静与动的对立。"一"代表起始,依数而行的数因而是一个以"一"为首项,由一到二、由二到三,依序递增、趋向无穷大的数列。由于这个数列是以"一"为公差递增的,下一项的数总比上一项的数大一,所以"依数运行"包含着对时间在匀速移动的认识;其次,由于数列中的数是按从小到大的顺序排列的,所以"依数运行"还包含着对时间具有连续性和方向性(或不可逆性)的认识;再次,这个数列起始于"一"

⑫ 亚里士多德《物理学》,张竹明译,商务印书馆,1982 年版,第 89 页。

而有开端,趋向于“多”而无终端,所以“依数运行”还包含着时间在无限延伸的特性,而时间的永恒性就体现在这里。

老子曰:“道生一,一生二,二生三,三生万物。”在他看来,万物生成的过程也是依数进行的。巴门尼德说:“存在的东西无生无灭,它完整,不动,无始无终。它既不是过去,也不是将来,而是整个在现在作为‘单一’和连续性。”[13]巴门尼德的这段话也可用来理解“留止于一”和“依数运行”之间的区别。

“数”在古希腊哲学中具有特殊的意义,毕达哥拉斯学派甚至认为,一切事物的本性都是对数的模仿。在柏拉图的思想中也可找到“数”的影响。他所说的时间,就其运动本性而言,正是对数的效仿。后人关于时间有数学性的观点,其源头恐怕就在柏拉图的“依数运行”这里。

时间的本质:将“依数运行”与“永恒影像”结合起来就是“依数运行的永恒影像”。按照柏拉图给时间下的这个定义,时间曾经不存在,它是被造物主造出而存在的,所以时间在本质上是一个存在者。这个存在者是无形的和不可见的,但却是真实的,只是不能确定为物质性的,也不能确定为非物质性的。这个作为时间的存在者外在于其他一切存在者,包括外在于宇宙、万物和灵魂。由于它和宇宙同时生成,所以不仅先于人,而且外在于人,自然也就先于和外在于人的心灵或意识。造物者赋予这个存在者永不枯竭的动力,让它朝一个方向连续匀速移动,永无止歇。作为这样的特殊存在

⑬ 苗力田主编《古希腊哲学》,中国人民大学出版社,1989年版,第94页。

者，时间构成其他存在者赖以延续自身的条件，或者说，其他存在者就是在时间中得以延续生命的：宇宙在一切时间中生存，所以达到永恒；万物在部分的时间中生存，所以其自身的延续是相对短暂的和有限的。

时间的存在形式：按照时间在依数运行的认识，柏拉图提出，过去和将来是“时间的生成形式”。这里，“过去”表示时间曾是怎样的，但现在已不是那样，这与时间以往经历的位置相关；“将来”表示时间会是怎样的，但现在还不是那样，这与时间以后要到达的位置相关。由于“‘过去是’和‘将来是’都表示运动”，所以时间总处于动态。在柏拉图看来，“不动的永恒自持者”只有现在，因为不能说它“过去曾是怎样、现在变成怎样、以后将会怎样”，所以把过去和将来“用于永恒的存在”是错误的。⑭

3. 时间部分与时间工具

柏拉图提出，造物主造出星辰，并让它们做旋转运动：太阳走完自己的轨道，这就有了“年”；月亮循其轨道周行一圈，这就形成“月”；位于中心的大地围绕“纵贯宇宙的枢纽”旋转一圈产生“昼”和“夜”。星辰运动不已，于是昼夜交替，岁月更迭，日复一日，月复一月，年复一年。对柏拉图而言，昼、夜、月、年都是“时间的部分”。⑮由于它们产生于星辰的运动，所以星辰可称作“时间工具”。⑯

---

⑭⑮ 《柏拉图全集》，第三卷“蒂迈欧篇”，第 288 页。

⑯ 《柏拉图全集》，第三卷“蒂迈欧篇”，第 292 页。

这些时间的部分可用来丈量和计算时间，所以是天然的时间单位或时间尺度。有了这些时间部分，就有了确定和保持时间的条件，也就是有了“观测天象，敬授人时”的可能。在柏拉图看来，用时间部分确定和保持的时间就叫作“时间方面的数”[17]，例如10年、120个月、3600个昼夜等。

时间方面的数不同于时间运行所依之数，因为前一类数出自星辰运动，并与星辰的运动相关，所以具有相对性，人们可以借助它们测度时间。但后一类数却与星辰及其运动无关，它们只是绝对匀速运动的数学表示，所以具有绝对性。在柏拉图的论述中可以看到两类数的区别，但其界限还不甚清楚。他的学生亚里士多德后来用“数数的数”和“被数的数”对这两类数及其意义做了比较明确的划分和说明（见本章第二节）。

4. 时间与时间观念

柏拉图说：“在我看来，视觉乃是我们最大利益的源泉，因为我们若是从来不曾见过星辰、太阳、月亮，那么我们有关宇宙的谈论一句也说不出来。而现在我们看到了白天与黑夜，看到了月份和年岁的流转，这种运动创造了数，给了我们时间观念和研究宇宙性质的能力。”[18]按照这样的提法，时间与时间观念就不是一回事，时间是造物主的产物，而时间观念则是人在观测天象时产生的时间意识，对日月星辰及其运

---

⑰ 《柏拉图全集》，第三卷“蒂迈欧篇”，第288页。

⑱ 同上书，第298页。

动的观测使人意识到时间的存在,对年月日的循环出现的观测则使人意识到计时的尺度。

5. 意义与问题

古希腊人为哲学留下了三个传统问题,一为"它存在吗",二为"它是什么",三为"它是怎样的"。这三个问题涉及事物的本源、本质和现象。柏拉图对时间的阐述便是围绕这三个问题展开的。他提出时间不是永恒存在的,它是被造出来的,所以时间自身的生存有始而无终(有关"它存在吗");他提出时间是一个存在者,这个存在者是独立存在的,不能确定它是物质性的,也不能确定它是非物质性的,但它却是宇宙和万物赖以延续自身生存的条件(有关"它是什么");柏拉图还提出时间是无形的、不可见的,它在连续不断地匀速行进,并永远保持这种运动状态(有关"它是怎样的")。

柏拉图提出了时间的开端问题,在时间问题上准备了现代人的思维方式,因为一个"开端"就意味着一个"原因",而追究事物生成的原因就是现代思维的基础。

当柏拉图追究时间的终极原因时,他自然会联想到"时间原本是什么",而这个问题就涉及时间的本质。在其他古文明偏重于测时和计时的情况下,古希腊人却作为先行者启动了对时间的本源和本质的思考,他们在这方面的开拓性工作恰好是对"观象授时"的承继,所以古希腊人可被视为原始时间意识的终结者和现代时间意识的开创者。

柏拉图把时间定义为"依数运行的永恒影像",这里面包含着对时间具有连续性、不可逆性、无限性的认识,虽然他未能明确地提出这些概念。柏拉图还将时间本身和时间尺度，将时间的作用和时间尺度的作用进行了区分，虽然这种区分也不很明确。亚里士多德就是在这样的基础上建立了第一个时间理论体系。后人可以自认为发现了时间的这种或那种性质，但他们的认识或许早就开显于柏拉图的深邃思想中。

问题讨论：

依照柏拉图之见，时间是被造物主创造出来的，所以是一个存在者。过去和将来是这个存在者的生成形式，或者说，时间显现为过去和将来这二个部分的组合。

问题在于，时间的这两个部分其实都不存在。“过去”这个部分已经过去，因此不再存在；“将来”这个部分有待产生，因此尚不存在。由于过去和将来都不是存在的事物，而由不存在的事物所合成的事物是不可能属于存在事物的，所以时间不是一个存在者。

亚里士多德首先用上述论证方法否定时间是个存在者（详见本章第二节“亚里士多德的时间观”）。奥古斯丁后来进一步提出，过去已经过去而不存在，将来尚未到来而不存在，现在刚来便成为过去，它没有延长，而时间本身是种延长，所以现在也不能作为时间存在（详见第三章“奥古斯丁的时间观”）。

牛顿与柏拉图之间实际上有一脉相承的关系，牛顿也把时间理解为独立的存在者，在他看来，时间的流逝与其他外在之物无关而绝对匀速（详见第四章“牛顿和莱布尼茨的时间观”）。爱因斯坦通过他的相对论否定了牛顿的绝对时间，按照他的观点,时间原本与事物相关而属于事物的存在范畴,所以不能是一个存在者(详见第八章"爱因斯坦的时间观")。

柏拉图把时间当作存在者的观点是以造物主创造时间为根据的。如果时间真的是造物主的产品,那么它就可以是一个存在者。但由于当时的科学水平有限,柏拉图的造物主创造灵魂、宇宙、时间和万物的说法只能是原始素朴的猜想,并不足信,而根据这个创世说产生的时间因此也不足信。亚里士多德就曾这样批评道:"所有的学者都一致认为它(时间)不是产生得来的。德谟克利特也正是以此为根据证明,不可能所有的事物都是产生而成的,因为时间就不是产生得来的。只有柏拉图一个人主张时间是产生得来的,他认为宇宙是产生得来的,时间和宇宙同时生成。"⑲

柏拉图的时间观代表了原始时间意识的结束和现代时间意识的开始,并展现了一条沿循存在者方向寻找时间的道路。

二、亚里士多德的时间观

亚里士多德是古希腊哲学的集大成者,他的思想对世界文化、科学的发展产生了巨大的影响。在时间问题上,亚里士多德以批判的态度综合了前人(包括他的老师柏拉图)的认识,并将寻找时间的方向由存在者改为存在,从而建立了世界上第一个时间理论体系。当代最有影响力的德国哲学家海德格尔曾高度评价亚里士多德在时间研究方面的贡献,

---

⑲ 亚里士多德《物理学》,张竹明译,商务印书馆,1982 年版,第 220 页。

他说:"亚里士多德的时间论著是流传至今的,对时间这一现象的第一部详细解释。它基本上规定了后世所有人对时间的看法(包括柏格森的看法)。"[20]

亚里士多德的时间理论体系是后人研究时间的基础,可以说,要研究时间,首先要研究亚里士多德的时间理论,不了解他的时间理论,就入不了时间之门。

1. 时间的本质

时间不是一个存在者。

亚里士多德首先批判了柏拉图关于时间是一个存在者的观点,他提出,过去(过去的时间)和将来(将来的时间)是时间的组成部分,"无论是无限的时间之长流,还是随便挑取的其中任何一段,都是由这两部分合成的"。但时间的这两个组成部分其实都是不存在的,因为"它的一部分已经存在过,现在已不再存在,它的另一部分有待产生,现在尚未存在"。由于过去和将来都不是存在的事物,"而由不存在的事物所合成的事物是不可能属于存在的事物之列的",[21]所以时间不是一个存在者。

时间与运动相关。

在亚里士多德所处的时代,古希腊人"最流行的说法还是把时间当作一种运动和变化"。[22] 亚里士多德对此持批判

---

⑳ 海德格尔著《存在与时间》,陈嘉映、王庆节合译,生活·读书·新知三联书店,修订译本,2006 年 4 月北京第三版,第 31 页。

㉑ 亚里士多德著《物理学》,张竹明译,商务印书馆,1982 年版,第 121 页。

㉒ 亚里士多德著《物理学》,张竹明译,商务印书馆,1982 年版,第 123 页。

态度,他认为,时间不是运动,一则因为运动总有快慢之分,而时间总在匀速流动;二则因为运动存在于运动着的事物自身和该事物正巧所在的地方,而时间却同等地出现在一切地方,并与一切事物同在。

他进一步提出,时间虽然不是运动,但却总与运动相联系:每当我们感觉到运动,我们就会说有时间过去了;每当我们感觉不到运动时,我们就不会认为有时间过去了。由此可见,时间不能脱离运动。运动完成了多少,时间就过去了多少,所以"时间是通过运动体现的"。㉓

按照亚里士多德逻辑,时间有两种可能,或者是"运动",或者是"运动的某某"。既然它不是运动,那它就只能是"运动的某某",即是属于运动的东西。㉔

时间是就先后而言的运动的数目。

时间是运动的什么呢?亚里士多德认为,时间是"运动得以计量的数目",准确点说,"时间乃是就先后而言的运动的数目"。㉕ 我们来分析一下这个时间定义。

先后:按照亚里士多德的观点,先和后的区别首先体现在空间方面,用来表示空间的位置;其次体现在运动方面,用来表示连续性和由此产生的次序;再次体现在时间方面,因为时间和运动总是相联的,所以时间里也有先和后。亚里士

㉓㉔ 亚里士多德《物理学》,张竹明译,商务印书馆,1982 年版,第 124 页。

㉕ 亚里士多德《物理学》,摘自苗力田主编《古希腊哲学》,中国人民大学出版社,1989 年版,第 437 页。在张竹明所译《物理学》中,"就先后而言的运动的数目"被译成"关于前后运动的数"(见第 125 页)。两种译本相比,还是前一种较为贴近亚里士多德的原意。

多德强调:“时间里的前后和运动中的前后,两者的存在基础是运动,但是在定义上有别于运动。就是说,不是运动”。[26]

运动:亚里士多德提出:“运动乃是能运动事物作为能运动者的潜能的实现”[27],所以事物总是能运动的,而运动总是事物的运动,“离开了事物就没有运动”[28]。按照这个认识,亚里士多德把运动分为四大类:产生和灭亡、性质的变化、数量的变化、空间的变化(位移)。这里,“产生和灭亡”属于实体的变化,而性质、数量和空间的变化属于非实体的变化。亚里士多德特别指出,空间方面的变化即位移是运动的基本形式。

由于每一个运动都是由前一个运动推动的,而前一个运动又是由更前一个运动推动的。如此推演下去,最后定然导致一个假设,即存在一个原始推动者。依据这个因果逻辑,亚里士多德提出:“既然运动是永恒的,那么,第一推动者(如果只有一个的话)就也应是永恒的……它是永恒的,先于其他而自身不动的推动者,可以作所有其他事物运动的根源。[29]

亚里士多德为运动的生成找到了一个终极原因,他在这方面其实与柏拉图是相通的,只是柏拉图把终极原因推给了造物主。

数(数目):亚里士多德提出,数本身分为无名数和名数两类,无名数是纯粹的数(如“5”),名数由数和计量单位两部

㉖ 亚里士多德《物理学》,第124—125页。

㉗ 同上书,第218页。

㉘ 同上书,第69页。

㉙ 同上书,第243页。

分组成(如“5 公里”)。

就无名数而言,最小的数是“2”,因为“1”不是数,而是数的基础,即数的单位,2 和 2 以上的数都是由一派生出来的(“所谓数者乃是‘1’的多数,就是一定数量的‘1’”),“多些”是可以永远不断地想出更多的数,无限的数则是所取之数总能超过任何已定之数。[30]

就名数而言,名数一方面有最小,另一方面又没有最小。它在数的方面有最小(如“一条线”,无论怎样短,它都是一条),但在量的方面却没有最小(如“每一条线都是永远可以分得更小的”[31])。

亚里士多德继而提出:“时间的情况也相同:在数的方面最小是 1 或 2,而在量方面没有最小。”[32]按照这样的提法,作为时间的数包含数和量两个方面,所以应当属于名数。

运动的数目:按照亚里士多德的观点,这个运动的数目应当指计量运动的名数。就不同类的运动而言,这种名数可以代表不同的变量:a. 空间变化方面,如有个学生从家到学校走了 3 公里路,这里的“3 公里”便是计量空间变化的名数;b. 数量变化方面,如一头牛增长了 20 公斤,这里的“20 公斤”便是计量数量变化的名数;c. 性质变化方面,如氧气在温度降至 -183℃时变为液态氧,在 -218.8℃时变为固态氧,气态、液态和固态是氧气在其物理性质变化过程中的三种状态,这里

---

[30] 亚里士多德《物理学》,第 89 页。

[31] 同上书,第 128 页。

[32] 同上书,第 128 页,第 136 页。

的“三种状态”便是计量性质变化的名数;d.“产生和灭亡”方面,如人从诞生到死亡要经历幼年、青年、壮年和老年四个成长阶段,这里的“四个成长阶段”便是计量“产生和灭亡”的名数。

亚里士多德明了各类名数自身的局限性,因此预计到:“也可能有人要问:时间是哪一种运动的数?是各种运动的数吗?”对于这类问题,他的答复是,由于“产生、灭亡和生长都是在时间里”,而“性质变化和位置移动也是在时间里的”,所以时间与一切运动相关,它必然是“一切这类运动的数”,而不仅仅是“某一特殊运动的数”。[33]

就先后而言的运动的数目:“3 公里”“20 公斤”“三种状态”“四个成长阶段”,这些名数可适用于特殊的运动或变化,却不适用于一切运动。例如:“3 公里”不能计量性质的变化,“20 公斤”不能计量空间的变化,“三种状态”不能计量事物的产生和灭亡,“四个成长阶段”不能计量空间的变化。

那么,什么数目可以使一切运动得到计量呢?亚里士多德认为,就先后而言的运动的数目可以计量一切运动。由于时间本质上就是这类数目,所以他把时间定义为“就先后而言的运动的数目”。

依亚里士多德之见,运动中有先与后的区别,这种区别表示运动的连续性和由此产生的次序。我们知道,任何运动总可以分解为若干个分运动(例如三级跳远可分解为助跑、单脚跳、跨步跳、跳跃和落坑等六组动作),而这些分运动的

㉝　亚里士多德《物理学》,第 136 页。

先后相继就体现了运动中的先与后。不过，某类特殊运动的分运动数目只适用于计量该类运动（例如三级跳远的六组动作只适用于计量三级跳远），却不能用来计量其他各类运动，也就是说，不能作为计量一切运动的时间。

“就先后而言的运动的数目”允许做这样的解释：如果把运动的类别及内容悉数去除，那么余下来的便是一个共同的东西，这个共同的东西就是过程。任何运动或变化都是一个过程。如果再把经过如此“提纯”的过程均匀分割为若干部分（例如五个部分），那么这些部分的区别便只在于发生的先后次序：第一个部分先发生，第二个部分后发生，接着是第三个部分、第四个部分，最后出现的是第五部分。这些部分的先后相继体现了运动的先与后。由于这样的数（如“五个部分”）属于名数，能够计量任何运动过程，并且因为过程有无限分割可能而在量上没有最小，即可以是“n个部分”，所以适用于一切运动，即可称作“就先后而言的运动的数目”。

按照这种理解，时间与其说同运动相关，毋宁说同运动的过程相关，而这恰好说明时间既不是运动，又不能脱离运动。

事实上，“就先后而言的运动的数目”究竟是什么样的数目，亚里士多德并没有做出具体的解释。正因为他没有具体解释，所以他把时间的本质放在了一个比较宽泛的范围，留待后人去精确定位。

时间是运动的一种影响。

时间既然是运动的数目，那么运动便是时间存在的条件，而时间则通过运动体现出来：位置移动，体现为时间的流逝;重量增加,体现为时间的耗费;生命的运动催人老,体现为时间去而不返。亚里士多德为此提出:"时间事实上不过是运动的一种影响而已。"[34]

具体地说,从表面上看,时间在毁灭一切,所以"主要是一个破坏性的因素"。但由于时间只是运动的数,而此数的大小不过是运动的影响大小,所以透过表象看,却是"运动危害着事物的现状"。[35] 如此而言,亚里士多德实际上把时间理解为运动对事物的否定性影响。由于运动是事物的存在方式,所以按照亚里士多德的观点,时间归根结底不过是事物存在方式的影响。事物在时间中,其实是事物在自身运动的影响中,即在自身的存在方式的影响中。

时间是运动的一种影响,这是亚里士多德对时间的本质认识。当他这样揭示时间本质时,他实际上已经同柏拉图分道扬镳了,因为他已经把寻找时间的方向由存在者改换成存在。

过去和将来是时间的组成部分,现在是划分过去和将来的界限。

关于时间的结构,亚里士多德提出,时间是由"过去"和"将来"二个部分组成的,"现在"不是时间的组成部分,而是划分这二个组成部分的界限。

在他看来,"现在"一出现,便已成为过去,而在此之前则只有将来,所以"现在"只是时间点,它不是时间的部分,"就

[34] 亚里士多德《物理学》,第220页。

[35] 同上书,第130页。

像点不是线的部分一样,因为一条线的部分是两个线段"[36]。无论多少个"现在"都不能合成哪怕是最短的时间,"没有任何事物能在'现在'里运动",自然"也没有任何事物能在'现在'里静止"。[37]

亚里士多德进而言之,本义的或狭义的现在只是划分过去和将来的界限,它不是时间,而是"属于时间"[38],体现在两个方面:a. 这个现在是"时间的一个环节,连接着过去的时间和将来的时间",所以时间因有现在而得以延续;b. 这个现在又是"时间的一个界限:将来时间的开始,过去时间的终结",所以时间因有现在而得以划分。[39] 既然现在不是时间,那么这个时间便只能是过去的时间或将来的时间,因此时间是由过去和将来二大部分组成的。

通过狭义的现在,亚里士多德间接地为广义的现在预留了一个待充填的空位。我们在现象学的创立者胡塞尔那儿看到了关于有宽度的现在的描述,但离亚里士多德已经有2000 多年了(见第十章第二节"胡塞尔的时间观")。

时间的作用:时间是运动和运动存在的尺度,同时也是静止的尺度。

亚里士多德提出:"时间是运动和运动存在的尺度。"[40]一方面,"我们以数判断多或少,以时间判断运动的多或少"[41],

---

[36][38] 亚里士多德《物理学》,第 127 页。

[37] 同上书,第 172 页。

[39] 同上书,第 121 页。

[40] 同上书,第 129 页。

[41] 同上书,第 125 页。

时间是运动的数目,这个数目的大小同运动过程的长短是对应的,时间过去了多少就表明运动完成了多少,因此时间是运动的尺度;另一方面,时间不过是运动的一种影响。这种影响如果是存在的,那就表明运动是存在的,所以时间也是运动存在的尺度。

亚里士多德进而提出,时间附带地“也应是静止的尺度”,因为“一切静止都是在时间里的”,所以静止的事物也可以用时间计量。亚里士多德认为,此处所说的“在时间里”其实就是“由时间来计量”。[42]

永恒的事物不在时间里。

亚里士多德提出,“永恒的事物不存在于时间里”,一则因为它们的存在是无始无终的,所以“不被时间所包括”;二则因为永恒事物不是从无到有的,也不会从有到无,即其存在本身永远没有变化,而时间只是计量运动或变化的数目,它不能计量绝对没有运动或变化的存在,所以“它们的存在也不是由时间计量的。可以证明这一点的是:这种事物没有一个会受到时间的影响”[43]。

在他看来,永恒的事物所以是永恒的,就在于它们的存在本身永远没有变化。由于时间只是计量运动或变化的数目,它不能计量永远没有运动或变化的存在,所以不能作为这种存在的尺度,永恒的事物因此不在时间中。

㊷ 亚里士多德《物理学》,第131页。

㊸ 同上书,第130—131页。

2. 时间的特性

亚里士多德提出,时间具有连续性、单向性、匀速性、同一性、数学性等特性。由于时间是有开端的,所以时间是有限的;由于时间是没有终端的,所以时间又可以说是无限的。

连续性:亚里士多德认为,运动着的事物是由一点运动到另一点的(例如,从家走到学校、由50公斤增长到70公斤、自0℃上升到100℃、出生而入死等),这两点之间的距离就是一个量。由于此量的变化是连续的,所以运动也是连续的,由于时间"就一般地为连续性运动的数"[44],所以它本身必然是连续不断的。

不可逆性:亚里士多德认为,时间既然是不停地继续着的数,它就应当是沿着一个方向延伸的,就是说,时间是一维的,它不会倒流。后人所说的"时间之维"和"时间之矢"其实可以在亚里士多德那里找到根源。

亚里士多德继而认为,从运动之数不断更新和持续增长的角度看,时间延伸的方向是前进的(例如,从1945年进至2007年);但从现在不断地过去,渐行渐远的角度看,这个方向又是后退的(例如,现在总会成为过去,过去总会成为远古)。这倒应了古希腊人的一句名言:向上的路和朝下的路是同一条。这种辩证现象其实产生于不同的观察角度。

匀速性:亚里士多德提出,运动总是时快时慢,而时间没有快慢,因为"快慢是用时间确定的:所谓快就是时间短而变

---

[44] 亚里士多德《物理学》,第136页。

化大，所谓慢就是时间长而变化小”，但是“时间不能由时间确定”，所以时间总在匀速延伸或流逝，原本没有快慢。[45]

数学性：柏拉图已经提到了时间的数学性问题，在他看来，时间是依数运行的。亚里士多德受到了他的老师的影响，所以提出时间是运动的数。由于他所说的数和柏拉图所说的数都具有等差数列的特征，体现的都是时间的运行，所以时间的数学性其实就是时间的连续性、不可逆性和匀速性在数学上的统一表示。

同一性：亚里士多德认为，时间同等地出现在一切地方，并且与一切事物同在，因此“所有同时的时间是同一个”。如果同时的时间是同一的，那么它们的前后相继也是同一的。产生这种同一性的原因在于：“‘现在’的本质是同一个”[46]，一个“现在”与所有一同到场的“现在”是同一的，这个“现在”的前后相继与所有一同到场的“现在”的前后相继也是同一的。这就意味着，世界上只有一条时间之河。

无限性和有限性：亚里士多德认为，“无限”的真正涵义不是“此外全无”，而是“此外永有”，所以“一个可以永远不断地在已取得的部分之外再取出点什么来的量才是无限的”。[47]亚里士多德据此提出：“时间和运动是无限的。”[48]在他看来，时间之所以是无限的，就因为运动是无限的。时间是运动的数目，运动无穷无尽而无终端，时间自然也无穷无尽而无

---

[45] 亚里士多德《物理学》，第123页。

[46] 同上书，第125页。

[47] 同上书，第88页。

[48] 同上书，第91页。

终端。

另一方面,亚里士多德认为,时间是有本源的,即是有开端的,所以又可以说是有限的。时间不过是运动的一种影响,有运动,才有时间,所以运动是时间之源。至于运动本身有没有开端,亚里士多德认为,每一个运动都是由前一个运动推动的,而前一个运动又是由更前一个运动推动的,如此推演下去,最后只能假设存在一个原始推动者。

为此,亚里士多德提出:"既然运动是永恒的,那么,第一推动者(如果只有一个的话)就也应是永恒的……它是永恒的,先于其他而自身不动的推动者,可以做所有其他事物运动的根源。"[49]按照这个提法,运动原本是有开端的。运动起始于第一推动者的推动,时间不过是运动的影响,所以时间亦源自第一推动者的推动。至于第一推动者是谁,亚里士多德没有作出具体解释,就像他的老师认为造物主不可言说一样。

亚里士多德认为,时间就其无终端而言是无限的,但就其有开端而言却是有限的,所以时间的无限性可以表示为一种无限数列,这种无限数列总是从"一"开始,即从数列的第一项开始。

3. 时间单位

亚里士多德提出:"整体就是许多个计量单位。"[50]同时他

㊾ 亚里士多德《物理学》,第243页。

㊿ 同上书,第137页。

还提出:“如果一个基本事物是与之同类的所有事物的计量单位的话,整齐划一的循环运动最适于作为单位,因为它的数最容易为人所认识。”[51]时间单位就是这样产生的。

太阳、月亮和地球的旋转运动造成春夏秋冬、月圆月缺和白昼黑夜,并相应地产生“年”“月”“日”。太阳、月亮和地球一圈接一圈地旋转而无止息,于是年复一年,月复一月,日复一日,如此循环,以至无穷。这些循环运动的现象最直观,也最容易被认识。借助此种认识,人们将太阳、月亮和地球旋转一圈的运动作为“用以计量整个运动的运动”,即作为运动单位,同时将这些运动单位(如年、月、日等)作为计量时间的天然尺度。

其他地域的人们把日月星辰的循环运动当作计时单位或尺度使用,并不追问它们能够作为计时单位或尺度的原因。古希腊人却不仅要知其然,而且还要知其所以然。亚里士多德便在日月星辰的不同运动中发现了它们的共相,并由此找到了原因:整齐划一的循环运动最适于作为计量时间的单位。

在亚里士多德看来,时间是数,时间单位也是数,但二者是有区别的。时间单位是“用以计数的数”,而“时间呢,是被数的数,不是用以计数的数”。[52] 柏拉图未能明确时间运行所依之数是被数的数,还是用以计数的数。与柏拉图不同,亚里士多德明确表示时间是“被计数的数”。[53]

---

[51] 亚里士多德《物理学》,第137页。

[52] 同上书,第125页。

[53] 同上书,第128页。

人起初用年、月、日这样的天然单位计量时间,以后发展到用时、分、秒这样的人造单位计量时间。显然,这些时间单位是“用以计数的数”,而时间则是“被计数的数”。在时间问题上将被计数的数与计数的数区别开来,就意味着将时间与时间单位区别开来。

4. 时间与意识

亚里士多德说:“如果没有计数者,也就不能有任何事物的被数,因此显然不能有任何数,因为数是已经被数者或能被数者。如果除了意识或意识的理性而外没有别的事物能进行计数的行动,那么,如果没有意识的话,也就不可能有时间,而只有作为时间存在基础的运动存在了(我们想象运动是能脱离意识而存在的)。”[54]

亚里士多德在这里表述了这样几层意思:

a. 时间是被计数的数,没有计算,就不会有数。唯有意识能计算,因此没有意识,就不会有被计数的数,也就不会有时间;

b. 一方面,没有运动,就不会有运动的数,也就不会有时间;另一方面,没有意识,就不会有被计数的数,也就不会有时间;

c. 所以时间有二个发源,一个是事物的运动,另一个是意识。

---

[54] 亚里士多德《物理学》,第136页。

5. 亚里士多德的时间理论体系

亚里士多德系统地阐述了时间的各个方面和各个层面，主要有：

时间的本质：时间是就先后而言的运动的数目，从本质上讲，时间不过是运动的一种影响，并作为这种影响而现实存在。由于运动是事物的存在方式，所以时间不是相对独立的存在者，而是存在者的存在方式的影响。从表面上看，时间在毁灭一切，所以主要是一个破坏性的因素，但由于时间只是运动的影响，所以从根本上讲，却是事物本身的运动在危害事物本身。

时间的性质：时间具有连续性、匀速性、不可逆性、数学性、同一性。由于运动有开端而无终端，所以时间亦有开端而无终端，就是说，时间既是有限的，又是无限的。

时间的构成：时间是由“过去”和“将来”这二个部分组成的。“现在”不是时间的组成部分，但它属于时间，因为它是划分过去和将来的界限。

时间的本源：运动和意识是时间的两个源头，所以时间出自意识对运动的计数。产生运动的终极原因则归于第一推动者。

时间的作用：作为运动和运动存在的尺度，时间不过是运动的一种影响。事物在时间里，只表明它们在被时间计量。永恒的事物不在时间里，所以时间不能计量永恒。

时间单位：时间是“被数的数”，时间单位是“用以计数的数”。时间单位源自均匀的循环运动，它们使时间得以测量和计算。年、月、日等可谓天然的计时单位。

亚里士多德对时间的论述广及时间各个方面,细及时间各个部分,由此构筑了一个完整的时间理论体系。

6. 意义与问题

亚里士多德的时间理论体系达到了古希腊人认知时间的高峰。这个体系中关于时间的连续性、匀速性、不可逆性、数学性、同一性、无限性和有限性的阐述,关于过去、将来和现在的阐述,关于计时单位的阐述,关于时间是运动和运动存在的尺度的观点,关于人的意识与事物的运动同为时间之源的观点等至今还具有生命力和引领作用。一些后人以为新发现的东西其实早就存在于他的理论体系中。正因为这样,海德格尔才会认为亚里士多德的时间论是对时间现象的第一次详细解释,才会认为亚里士多德的时间观基本上规定了后世所有人对时间的看法。从这个意义上讲,不理解亚里士多德的时间观,就谈不上理解时间。

亚里士多德在寻找时间方面的主要贡献是确定了时间的本质所在范围,因为他把时间的本质同运动联系起来,即同事物的存在方式联系起来,并且天才地提出时间是运动的一种影响,归根结底是事物自身的存在对事物的影响,由此开辟了一条朝向"存在"的逐时之路。

英国哲学家罗素(Russell)指出,"亚里士多德的优点是极其巨大的;就后一方面说,则他的缺点也同样是极其巨大的",因此"自起17世纪的初夜以来,几乎每种认真的知识进步都必定是从攻击某种亚里士多德的学说开始的”。[55] 罗素的评论也适用于亚里士多德的时间学说。

问题讨论:

当亚里士多德把时间定义为“就先后而言的运动的数目”时,他实际上已经意识到了时间的本质所在范围。但亚里士多德没有讲清楚这个运动的数究竟是什么数,实际上也就没有讲清楚时间究竟是什么,即没有讲清楚时间的本质是什么。

亚里士多德所说的这个数应当不是无名数,即不是单纯的“1、2、3、4……”,它应当是一种名数,但究竟是什么名数,他没有给出具体答案。就名数而言,“一段线”便是个名数,这“一段线”的累积就是一条直线,可表述为“一段线、二段线、三段线……”。不断流逝的时间就像一条无限延伸的直线,但它却不是“一个运动”的无限累积,即不能把它表述为“一个运动、二个运动、三个运动……”。由于运动的数目本身不是名数,所以亚里士多德要讲清楚时间究竟是什么,就必须具体讲明这些运动的数目究竟是什么名数。

即便用一般运动过程中的先后相继的部分来解释“就先后而言的运动的数目”,也仍然会遇到麻烦。因为这些部分可以是时间的表示,也可以是空间的表示(如马拉松长跑可以分解为若干个先后相继的时间段,也可以分解为若干个先

---

[55] 罗素《西方哲学史》,何兆武、李约瑟译,商务印书馆,1963年版,第208—209页。

后相继的路段),还可以是其他方面的表示(如次序上的先进与落后)。由于先后并非绝对是时间性的,所以要理解亚里士多德所说的先后,就需要加上定语“时间的”,以此区别其他方面的先后。但这样做有落入循环论证之嫌:如果时间是就先后而言的运动的数,那么要解释时间,就需要先解释什么是“先后”。而因为这个“先后”是时间的先后,所以要解释它们,又必须先解释什么是时间。问题于是绕回来了。

亚里士多德未能讲清楚运动的数目究竟是什么。这里面的一个重要原因在于他对时间出自一切运动的认识。亚里士多德所说的一切运动包括“空间的变化”“数量的变化”“性质的变化”与“产生和灭亡”四大类。经验告诉我们,空间的变化里固然有时间流逝,但在空间变化暂停的情况下,时间却不会随之暂停流逝(如静坐打禅时);数量的变化里固然有时间流逝,但在数量停止变化的情况下,时间也不会停流(如我们保持体重不变时);性质的变化里固然有时间流逝,但在性质稳定不变的情况下,时间也不会随之停流(如把铁器放入真空容器而防止氧化反应时)。倘若时间可脱离空间的变化而在,那它就并非出自空间的变化;倘若时间可脱离数量的变化而在,那么它也并非出自数量的变化;倘若时间还可脱离性质变化而在,那么它还并非出自性质的变化。倘若时间是否流动与这三类运动无关,或者说,时间的存在与否与这三类运动无关,那么把一切运动当作时间之源的认识就大半落空了。这样的笼统认识因此可以给出时间的本质所在范围,却给不出准确的定位。

时间具有持续不断、总无止歇的特征,它应当出自这样一类运动，这类运动同样具有持续不断、永无止歇的特征，就像一条长流不息的无形之河，所有的存在物都在河中随波逐流，同步而行。任何一物在空间上的（或数量上的、或性质上的）变化都必然开始于河道的某一点，结束于河道的下一点，并因此有了长度，即有了时间。而当这个事物转入空间上的、数量上的或性质上的静止状态时，它自身依旧在这条河中随波逐流，而其静止状态也因此开始于河道的某一点，结束于河道的下一点，并因此有了长度，即有了时间（“时间是静止的尺度”的根据应在这里）。

在亚里士多德所说的四类运动中，唯有“产生与灭亡”具有持续不断、总无止歇的特征。一个生命体始终处于从生到死的变化中，不会有瞬间止息，“逝者如斯夫，不舍昼夜”。只要它存在着，那么无论它是处于空间的、数量的或性质的变化中，还是处于空间的、数量的或性质的静止状态中，它都必然在不停息地走向死亡，因此必然在生命之河中随波逐流，同步而行，开始于该河道的某一点，结束于该河道的下一点，并由此记录下自身的延续长度。

亚里士多德应当想到了运动是一个延续过程，他所说的“就先后而言的运动的数目”可理解为一个数列，含有表述一个延续过程的意图。但他同等地对待一切运动，所以忽略了这个数列可能只与“产生与灭亡”相关的实际情况。他没有注意到，除了“产生与灭亡”外，其他的运动都有可能停息或中断，因而形成不了连续性的数列。鉴于此，后来的黑格尔便把时间限定为一类运动。在他看来，时间称作“变易”，而此变易正是“产生和灭亡”，即万物自身的否定性存在形式

（见第六章“黑格尔的时间观”）。再后来的海德格尔继续把时间的本质范围缩小到一个存在者的“产生和灭亡”，即缩小到人的“向死存在”（见第十一章“海德格尔的时间观”）。

结语

柏拉图把时间当作一个存在者理解，由此在存在者的方向上开辟了一条寻找时间本源的道路。亚里士多德把时间当作存在者的存在理解，由此在存在的方向上开辟了一条寻找时间的道路：

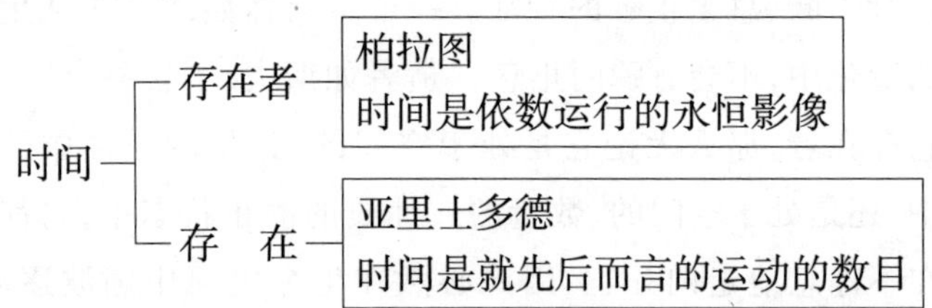

柏拉图和亚里士多德所辟之路基本上规定了后人探索时间的方向，就是说，后人不是在存在者的方向上寻找时间，便是在存在的方向上寻找时间，虽则他们的时间观见仁见智，莫衷一是，但都不出这两个大方向，各类新辟之路无非是这二条大道上的分岔而已。

古希腊人对时间的本质和现象的研究经过柏拉图，在亚里士多德那里达到了巅峰，并随着希腊文化走出本土疆界而成为照亮世界的智慧之光。古希腊先哲在 2000 多年前就达到了如此高的认知水准，这是非常了不起的。但物壮而老，盛极则衰，古希腊人在亚里士多德之后逐渐进入沿袭前人而无创造力的时代。随着外族和宗教的入侵与征服,他们也停滞了深入探索时间的步伐。直至奥古斯丁才又出现了寻觅时间的火炬,此时距亚里士多德已有 700 年余年。作为基督教哲学家的奥古斯丁在柏拉图倡导的存在者方向上另辟蹊径,对时间的理解从此有了主客之分。

第三章

奥古斯丁的时间观

每一个想探讨时间问题的人都应该仔细地研读《忏悔录》第11篇的第14-28章。因为，与这位伟大的、殚精竭虑的思想家相比，以知识为自豪的近代并没有能够在这些问题上做出更为辉煌、更为显著的进步。

——胡塞尔

奥古斯丁(Augustinus,354—430)是中世纪第一流的思想家,他在古罗马传经布道时将宗教的教义与古希腊哲学有机融合在一起,所以他的学说被认作基督教哲学,而英国哲学家罗素则称之为“纯粹的哲学”。①

奥古斯丁在其所著《忏悔录》中阐述了自己对时间的理解。他写道:“我听得人家说,我们论一样东西,问题可分三种:它存在么?它是什么?它是怎样的?”②奥古斯丁所听说的应当是古希腊人的传统思维方式,他的时间论便是循此传统思维方式展开的。

一、奥古斯丁理解的时间

“时间究竟是什么?假使人家不问我,我像很明了;假使要我解释起来,我就茫无头绪。”③奥古斯丁的这个时间之问或许比他的时间论还要出名,因为这个问题一方面道出了时间为常人所熟知的事实,但另一方面也道出了哲人在探索时间本质时的困惑。

---

① 罗素《西方哲学史》,商务印书馆,1963 年版,上卷,第 434 页。

② 奥古斯丁《忏悔录》,应枫译,时代文艺出版社,2004 年版,第 174 页。

③ 同上书,第 226 页。

1. 天主创造时间。永恒存在者没有时间，时间不是永恒存在者

站在基督教的立场上，奥古斯丁首先提出，天主先于时间而存在，因为天主是永恒的，而永恒者没有时间，他的岁月总是现在，不去也不来，“这是个永远的今天，这是个没有明天的今天，这是个没有昨天的今天”[④]。

奥古斯丁继而提出，天主创造万物，包括创造时间。天主不仅是“一切时间的创造者”[⑤]，而且是时间的控制者。他“控制将来的时间”，让它们“来了之后，就成为过去”[⑥]，所以时间“且去且来”，不是永恒存在的。“假使时间永远存在，时间就不是时间了。”[⑦]

2. 过去、现在和将来是三种时间，但这三种时间都不是客观存在

奥古斯丁认为，时间有三种：过去、现在、将来。由于过去无非是过去了的现在，将来无非是将来而未来的现在，所以说得准确些，这三种时间是：过去的现在、现在的现在和将来的现在。[⑧] 他是这样展开论说的：

过去如果是存在的，那么它可以是一个长的过去（比方100 年前），也可以是一个短的过去（比方 10 天前）。但事物

---

④⑥　奥古斯丁《忏悔录》，应枫译，时代文艺出版社，2004 年版，第 225 页。

⑤　同上书，第 244 页。

⑦　同上书，第 226 页。

⑧　同上书，第 233 页。

只在存在的时候才可以称长道短,“它一过去,就没有了。绝对乌有的东西怎能是长的”[9]。所以“长的过去”只能理解为早已不存在的过去,“短的过去”只能理解为现已不存在的过去。由此而言,过去已经不存在,在客观世界中找不到现存的过去。

将来如果是存在的,那么它可以是一个长的将来(比方100年后),也可以是一个短的将来(比方10天后)。但事物只在存在的时候才可称长道短,将来既然未来,它就还不存在,不存在的东西是零,而零没有长短可言。所以“长的将来”只能被理解为终将存在而远未存在的将来,“短的将来”只能理解为即将存在而尚不存在的将来。由此而言,将来并不存在,在客观世界中也找不到现存的将来。[10]

现在如果是存在的,那么它可以是一个长的现在(比方现在的一年),也可以是一个短的现在(比方现在的一分钟)。但一年中只有其中一个月是现在的,而其余十一个月要么已过去,要么还未来。这就表明,现在的年不是整体存在的,因此不能算是现在的。同样,一分钟里只有一秒钟是现在的,其余五十九秒要么已过去,要么还未来。由于现在的分钟不是整体存在的,所以也不能算是现在的。如此细推下去,只要是可分的时间都不能算是现在的。所以说,现在没有长短,准确点说,现在“是没有过程的”,它只是不可分的点。假使现在是个过程,那么它自身就应当可以划分为过去和将来两个部分,但这样一来,现在就不成其为现在了。假使现在

---

⑨⑩　奥古斯丁《忏悔录》,应枫译,时代文艺出版社,2004年版,第227页。

永远是现在而不流入过去,那它就是永远了,但永远并非时间。[11]

"现在"只是时间的一个点,它没有过程,刚来便成为过去,因此是"没有延长的"[12],而"时间是种延长"[13],所以现在本身还不能算是时间。亚里士多德也认为现在是个点,它属于时间,但却不是时间的部分,就像点不是线的部分一样。在这方面,奥古斯丁的观点与亚里士多德相近,可以互为解释。

在否定时间是一个独立的客观存在者方面,奥古斯丁做了精辟的论述,这也是他在时间研究方面做出的主要贡献。奥古斯丁的这个论述具有极强的说服力,如果仔细读之,就不能不为之折服。但他的基本观点早就由亚里士多德提出来了,所以奥古斯丁在这方面其实是做了一件继承和完善亚里士多德思想的事情。

3. 过去存在于记忆中

奥古斯丁认为,人能看见的不过是存在的东西。过去和将来不存在,所以是不可见的,即是不可感觉的。可是我们分明感觉到了过去,也就是说,我们能够看到过去。只是这个过去不在客观世界里,而在主观世界中,即人的意识中。奥古斯丁以"童年"为例加以论证:

---

⑪ 奥古斯丁《忏悔录》,第227、242页。

⑫ 同上书,第238页。

⑬ 同上书,第233页。

我的童年已经过去，它不再存在，就像所有的过去一样，可是我在记忆它，在谈论它，“我现在看到它的影像，因为这个影像还存在我记忆中”。⑭

他再以“声音”为例进行说明：

“天主，万物的创造者”这句话是由八个长短不同的声音组成的，一、三、五、七是短的，二、四、六、八是长的。这是我的口耳报告我的。我用短的去量长的，我觉得长的声音比短的长一倍。可是声音的发出是一个接一个的，假使短的先来，长的后来，我就不能留下短的，并以它为单位测量那个长的。而且我测量长的声音，只在它的声波停止之后，可是它停止后已不存在，我无法测量它。但是，我在测量，我晓得长音是短音的二倍，而这是在它们过去后才能得到的结果，所以“我测量的其实不是现在直觉的声音，而是这些声音深留于我记忆中的印象”。⑮

奥古斯丁由此认为，过去已不存在，它是零，无法测量，所以我们测量的不是过去本身，而是过去之物还留存于心灵的印象，“我的心灵，我的测量时间是在你那里进行的”。⑯

---

⑭ 奥古斯丁《忏悔录》，第231页。
⑮ 同上书，第240。
⑯ 同上书，第240—241页。

奥古斯丁进而言之,当我们谈论过去时,那个从我们记忆中出来的东西并不是已经过去的事实,而是关于事实的观念,是事实经过我们的五官而在我们的心里留下的相关印象。而我们的心里留下了关于过去事实的印象,同时也就留下了与这个事实的过去发生相应的"过去"印象。每当我回想某个过去的事实时,我就会回想与该事实相关联的"过去"。这个关于"过去"的印象是真实存在的,但不在我的心外,而在我的心内。所以说,客观的过去不存在,但主观的过去却是存在的,它作为印象存在于人的记忆中。

奥古斯丁由此建立了第一个作为主观存在者的时间部分:在记忆中的过去。

4. 将来存在于等待中

奥古斯丁提出,人不能预先看见不存在的东西,将来还不存在,因而是不可预先看见的。但是,我们实际上却在预见将来的事件。就此而言,将来又应当是存在的,只是它不在客观世界里,而在主观世界中,即在我们的意识中。奥古斯丁以"日出"为例证:

> 黎明是旭日东升的先驱现象,我看到黎明,于是预报太阳将东升。我看到的是现在的,预报的是将来的。假使在我脑海里没有关于东升的印象,我就不能作预报。[17]

---

⑰ 奥古斯丁《忏悔录》,第231页。

他进而言之,“预见将来”不是已经看见将来而未来之物,而是已经看见未来之物的产生原因或者先行现象。这个先行现象与后继现象早已在心灵中留下了相互关联的印象,“预言者已在自己的心里一一看到”,由此生出对将来的事实的等待。⑱

等待是人的主观活动,在等待中的将来不是将来本身,而是关于将来事实的观念。当这个关于将来事实的观念形成时,同时也就形成了与这个事实的将来相应的“将来”意识。这个关于将来的意识因此是真实存在的,但它不在我们心外,而在我们心内。奥古斯丁为此提出,主观的将来是存在的,它存在于现在的等待中,因此实质上不是将来,而是现在。客观的将来尚未来到,但“根据现在的和可见的将来,人能为它预先做报告”,即人能根据主观的将来预期客观的将来。⑲

奥古斯丁由此建立了第二个作为主观存在者的时间部分:在等待中的将来。

5. 现在存在于注意中

奥古斯丁认为,现在没有过程,刚来就成为过去,而时间却是种延长,所以作为时间的现在应该是另外一种现在。

在这个认识基础上,他进一步提出,现在的事实在我的直觉中,即在我的注意中。当我注意一个现在的事实时,便会产生一个与该事实的现在发生相应的“现在”印象。这个关于“现在”的印象不会立即消失,它会留存在注意中,因为

---

⑱⑲　奥古斯丁《忏悔录》,第231页。

注意是一种意识活动，或长或短总是一个过程，“继续的注意力使行将过去的东西走入乌有之乡”[20]。随着现在的事实一个接一个地流入过去，在注意中就会一个接一个地产生关于这些现在事实的印象，并且会一个接一个地产生关于现在的印象。这些印象会在持续的注意中组成一个印象序列，一个连贯的“现在”印象序列。在注意中的印象序列因此是一种延长。在奥古斯丁看来，这种延长可谓心灵的延长，因为延长者是主观的现在。客观的现在只是一个点，而主观的现在却是一个线段，即是有“宽度”的。

奥古斯丁由此建立了第三个作为主观存在者的时间部分：在注意中的现在。

6. 时间是心灵的延长

按照奥古斯丁的说法，过去已不存在，“可是过去的印象还存在记忆中”；将来还不存在，“可是将来的等候早在心灵中”；现在刚来就成为过去，可是对现在的印象保持在注意中。奥古斯丁据此认为，时间是主观的存在者，因为能够存在的过去、将来和现在无非是“我们思维中三种不同的现象，别的地方是找不到的”。[21]

对过去的印象像电影的画面一样先后相继地出现在记忆中。此种先后相继状态就是一种延长。只要我在记忆，过去的印象就在延长，直至记忆行为结束。因此依奥古斯丁之

[20] 奥古斯丁《忏悔录》，第 242 页。

[21] 同上书，第 239 页。

见，长久者不是过去本身，一个长久的过去其实是“一个长久的纪念过去”㉒。正因为记忆是个过程，所以主观的过去能够在记忆中先后相继。

未来者的先驱现象也像电影的画面一样先后相继地出现在等待中。此种先后相继也是一种延长。只要我在等待，将来的先驱现象就在延长，直至等待行为结束。因此在奥古斯丁看来，长久者也不是将来本身，一个长久的将来其实是“一个长久的等候将来”㉓。正因为等待是个过程，所以主观的将来可以在等待中先后相继。

对现在的印象同样像电影的画面一样先后相继地出现在注意中，这种先后相继状态也是种延长。只要我在记忆，现在的印象就在延长，直至注意行为结束。因此在奥古斯丁看来，长久者原非现在本身，一个长久的现在其实是一个长久的注意现在。正因为注意是个过程，所以主观的现在可以在注意中先后相继。

过去在记忆中先后相继，将来在等待中先后相继，现在在注意中先后相继。奥古斯丁据此认为，时间是种延长，这种延长就本质而言无非是“心灵的延长”㉔，用现在的话说，就是主体的延长。

记忆、等待和注意是意识的形式，在记忆中的过去、在等待中的将来和在注意中的现在则是意识的质料，即是关于过去的意识、关于现在的意识和关于将来的意识。这三部分意

㉒㉓　奥古斯丁《忏悔录》，第242页。

㉔　奥古斯丁《忏悔录》，第233页。

识不是固定不变的，它们会随着人们的阅历的增加而增加，所以心灵的延长其实就是这三部分意识的总和。奥古斯丁理解的时间无非是这样的意识统一体，因此本质上是一个主观的存在者。

这里需要指出："现在"在奥古斯丁看来具有特殊的意义，它维系着主观和客观两个世界，可以说是奥古斯丁时间论的支撑点。依他之见，主观的过去和将来其实是现在，所以都是存在的。奥古斯丁为此解释道：我在记忆过去的事实，于是有了主观的过去；我在等待将来的事实，于是有了主观的将来；我在注意现在的事实，于是有了主观的现在。由于"过去的事情于现在是记忆，现在的事情于现在是直觉，将来的事情于现在是等待"㉕，所以"假使将来和过去都存在的话"，那么"不论它们在哪里，它们也不是将来，也不是过去，而是现在"㉖。

7. 时间不是事物的运动，但与事物相关，没有事物，就没有时间

基于对主观时间的认识，奥古斯丁提出，时间不是事物的运动（无论是"日月星辰的运动"，还是"陶匠的轮子转动"），但却与事物相关，"假使什么都没有，那么也就没有现在的时间"。㉗ 在他看来，思维总是对事物的思维：记忆是对

㉕　奥古斯丁《忏悔录》，第233页。

㉖　同上书，第231页。

㉗　同上书，第226页。

过去事物的记忆，等待是对将来事物的等待，注意是对现在事物的注意。假使没有事物，就不会有这些思维发生，也就不可能有内在于思维的时间，所以"在万物创造之前，没有时间可言"。[28]

二、意义与问题

奥古斯丁将时间规定为过去、现在和将来。通过对过去已不存在，将来尚不存在和现在刚来就成为过去的阐述，他合理地和有效地证明了时间不是一个存在的客体。而证明时间不能作为客体存在，这是奥古斯丁在探究时间本质方面的主要贡献，也是以后继续在主观世界里寻找时间者的共同业绩。

德国哲学家文德尔班（Windelband）在其《哲学史教程》中指出，奥古斯丁第一次将"内在性"原则（Innerlichkeit）搬进哲学思想的中心位置，让其控制一切。[29] 文德尔班的这个评论也适用于奥古斯丁的时间观。时间在柏拉图看来是一个外在的客观存在者，在奥古斯丁看来则是意识本身，即是一个内在的主观存在者。

奥古斯丁在存在者的方向上开辟了一条朝向主观存在者的新路。我们说，寻找时间本无坦途可择，如果没有奥古斯丁，也必然会有他人另辟蹊径。倘若不知路在何处，那么

---

[28] 奥古斯丁《忏悔录》，第244页。

[29] 文德尔班《哲学史教程》，罗达仁译，商务印书馆，1987年版，第361页。

四下里求索便不仅有益,而且还有必要,就像在茫茫的原始森林,多辟一条路,就多一个走出去的可能。

问题讨论:

奥古斯丁将时间理解为心灵的延长。但这个作为意识本身存在的时间不能符合我们在现实生活中对时间的体验。

一个人在休克或昏迷时会暂时停止意识活动,即会暂时停止心灵的延长,但时间却不会随之停止。植物人可以没有记忆,没有注意,也没有等待,按奥古斯丁的说法,在他看来就不可能有过去、现在和将来,也就不可能有时间。但实际情况却不会是这样的。这个植物人一定还在时间中,医生一定还会按时为他治疗,他自身一定还会随着时间逐渐衰老。

科学家要计算飞船在星际旅行的时间,但没有一个科学家会试图计算自己的时间意识,因为意识本身是不可测度的,并且他还知道,没有一个内在的时间可供利用。倘若时间真是心灵的延长,那么所有的机器就都不会老化,而我们也不会“老之将至”,因为只要永无止息地记忆、注意和等待,即让心灵永无止息地延长,我们自身就可以恒在。但事实告诉我们,这是不可能的。

在记忆中的过去确有先后、长短和远近之分,但如果过去的事件本身不是先后相继的,我们的记忆又凭借什么使它们先后有序;如果过去的事件本身不是有长有短的,我们的记忆又凭借什么使它们长短不等;如果过去的事件本身不是有远有近的,我的记忆又凭借什么使它们远近有别。奥古斯丁在谈论过去印象的先后相继、长短不一和远近有别时,他其实已经预设了另外一种先于记忆而在的时间。

每个人的过去意识、现在意识和将来意识都是不同的，这些意识的增加和减少也是千差万别的，因此“心灵的延长”实际上因人而异，千差万别。假使时间真如奥古斯丁所言是心灵的延长，那么它就会是千差万别的。但我们在实际生活中所用的时间却只有一个。后来，康德便不用主体本身，而用主体的存在形式解释时间。在他看来，时间是感性直观的形式。人们的感觉可以不相同，但他们的感觉的形式却是同一的（见第五章“康德的时间观”）。

现实生活中，我们分明感受到另一种时间的真实存在和影响，而奥古斯丁的“心灵的延长”不能有效解释现实中的事物运动或变化现象，不能符合人们在生活与工作中对时间的实际体验，所以讲不清楚观念性的时间与实际所用的时间之间的区别和关系。这也是从主观角度理解时间者的共同问题。

人具有意识时间的能力，这个先验的能力可理解为“意识的时间性”。当人意识到时间时，会产生相应的时间观念，例如产生过去的观念、现在的观念和将来的观念。这些观念可统称为“时间意识”。时间、意识的时间性和时间意识是三种不同的东西，不应混为一谈。奥古斯丁将时间意识误认作时间本身，他的时间观因此建立在一个不可靠的基础上。

结语

奥古斯丁的基本思路：时间既然是天主造出来的，就应该是存在的。由于过去、将来和现在只存在于意识中,所以时间应是一个主观存在者。

柏拉图在“存在者”的方向上开辟了一条逐时之路,亚里士多德在“存在”的方向上开辟了一条逐时之路,他们理解的时间都是外在于意识的。奥古斯丁把客观存在者逐出时间的范围,同时引入主观存在者,所以使“存在者”方向上的路出现了分岔,柏拉图的老路朝向客体,奥古斯丁的新辟之路则朝向主体。

第四章

牛顿和莱布尼茨的时间观

熟知的东西所以不是真正知道了的东西,正因为它是熟知的。

——黑格尔

奥古斯丁之后，欧洲转向神学主导天下的中世纪，古希腊的灿烂文化在千年漫漫长夜中黯然失色，哲学日渐式微，探索时间的步伐随之停滞了。此种状况一直延续到14世纪，世俗文明的潜流在宗教文明旁边形成强大的力量，文艺复兴运动将人从神学的专制主义、禁欲主义、来世主义和蒙昧主义的枷锁中解放出来，接踵而至的科学革命迎来新的黎明，欧洲由中世纪进入近代，人们才重新启动探索时间之旅。这里面的先行者首推英国科学家牛顿。

一、牛顿的时间观

牛顿（Newton，1642—1727）的具有划时代意义的《自然哲学之数学原理》于1686年问世。在这部开创经典力学的巨著中，牛顿阐述了他的绝对时间观念。

自然科学是从哲学中逐渐分离出来的，“自然哲学”这一名称是两者虽然分立但依旧相连的反映。亚里士多德的《物理学》基本属于哲学的范畴，牛顿的自然哲学已经是近代意义的物理学，但它仍旧保留了追究原因和原理的古希腊哲学传统，所以黑格尔说：“牛顿至今仍继续享受最伟大的哲学家的声誉。”①

① 黑格尔《小逻辑》，贺麟译，商务印书馆，1980年版，第46页。

按照物理学,物质的运动和相互作用体现在时间和空间的变化上,所以对时空的认识构成了牛顿自然哲学的基础。

牛顿提出:“凡不是来源于现象的,都应称之为假说;而假说,不论它是形而上学的或物理学的,不论它是关于隐秘的质的或是关于力学性质的,在实验哲学中都没有地位。”②牛顿的时间论便是从时间现象出发的。

1. 绝对的时间概念

时间的定义已经人所共知,所以无须赘言。

牛顿在《自然哲学之数学原理》里首先为一些最基本的物理术语(如物质的量、运动的量、物质固有的力、外力、向心力等)下定义,并解释它们的意义。在涉及到时间时,牛顿这样写道:

> 我已经定义了这些鲜为人知的术语,解释了它们的意义,以便在以后的讨论中理解它们。我没有定义时间、空间、处所和运动,因为它们是人所共知的。③

牛顿的这个提法令人颇感意外,但却是不争的事实。我们知道,定义是用来表述本质的。或许牛顿以为时间的本质已经得到充分揭示,时间的问题已经不成为问题,所以才会如此断言。但实际上时间的定义远非人所共知,无须赘言。

② 牛顿《自然哲学之数学原理》,王克迪译,武汉出版社,1992年版,第553页。

③ 同上书,第6页。

柏拉图、亚里士多德、奥古斯丁都曾给时间下过定义，这些定义各不相同，但都没有赢得公认。即便在牛顿其时的科学界也没有一个标准的时间定义。所以牛顿其实是把未知的东西当作已知处理了，他的天才在于他的实用主义方法，他把时间当作一个事实，并在这个前提下开始对事实进行描述。

时间的流逝与一切外在事物无关，所以是绝对均匀的。

牛顿认为："绝对的、真实的和数学的时间，其特性决定，自身均匀地流逝，与一切外在事物无关，又名延续。"④

按照这个观点，时间首先是一个存在者，因为它与其他一切事物是相互外在的；其次，时间本身处于动态，这个动态就是流逝。由于时间的流逝与其他任何事物无关而不受任何干扰或影响，是绝对无阻的，因而是绝对匀速的，"所有运动都可能加速或减缓，但绝对时间的流逝却不迁就任何变化"。⑤

牛顿把时间称作"延续"，他认为："在延续中有相继的部分，在空间中有共存的部分。"⑥按照这样的认识，时间便是由前后相继的部分构成的，就像后浪推前浪，连绵不断而成江河一样。对他而言，这种延续不仅外在于一切事物，而且外在于人的意识，所以时间和空间一样"都不存在于人的人性和他的思维要素之中；它们更不存在于上帝的思维实体之中"。⑦

---

④ 牛顿《自然哲学之数学原理》，第 6 页。

⑤ 同上书，第 8 页。

⑥ 同上书，第 551 页。

⑦ 同上书，第 551 页。

牛顿进而提出，在延续中的部分是先后相继的，它们的顺序“不可互易”[8]，所以时间固有不可逆性，它不会倒流。

将以上观点结合起来，便得到一个“绝对时间”的概念：时间是一个客体，这个客体具有绝对性，体现在两个方面：一是绝对自在，二是绝对均匀地流逝。

时间在本质上是处所，事物有序排列在其中。

牛顿认为，时间的流逝是绝对的，与一切事物无关，但时间本身却与事物密切相关。他提出，“时间和空间在本质上或特性上就是处所”，所有的事物“置于时间中以列出顺序；置于空间中以排出顺序”。[9]由于“延续的每个不可分的瞬间都是无处不在的”[10]，所以“天网恢恢，疏而不失”，任何事物都必定排列其中而无一能例外。按照牛顿的这个认识，时间本质上是一个具有排序功能的处所，事物置身其中，不仅可有确定的位置，而且可有先后相继的次序。

所谓处所，就是容纳他物的地方。由于牛顿在这里所说的处所是流动着的时间，所以应是流动着的处所。由于这个时间还是一种延续，所以这个处所还应是连续不断的部分处所的总和，即如牛顿所说“总体的处所等同于部分处所之和”。[11]

在可见的事物中，河流是比较接近这种处所的，因为河流本身是一种延续，它在流逝，并且能安置外物于其中，同时

---

⑧⑨　牛顿《自然哲学之数学原理》，第8页。

⑩　同上书，第551页。

⑪　同上书，第7页。

安置的外物会并行于河流中,先后安置的外物则会串列于河流中。所有置身于河流中的外物随着河水的移动而移动,渐行渐远而消逝。时间就像是一条容纳所有事物的无形之河,同时置于其中的事物会并行于时间中,先后置于其中的事物会串列于时间中。所有置身于时间的事物随着时间的流动而流动,渐行渐远而消逝。

时间在本质上是让事物先后有序排列的处所。这是牛顿为揭示时间本质所做的尝试。不难发现,他的思维方式既是"科学的",也是"哲学的"。他的认知依旧扎根于追本穷源的哲学精神。

关于处所,牛顿还提出,时间不仅是事物的处所,而且是它自己的处所。这样的提法不太好理解,牛顿也没有对此做出具体解释。依照常识,时间不能在时间中,就像河流不能在河流中一样。河流只能在河床中,河床才是容纳河流的处所。牛顿既然把时间认作存在者,他就必须为这个存在者找个存身之所(这是他的思维严谨之处),否则就无法存在。但是他寻不到容纳时间这条河流的河床,所以便把河流本身权当作河床。

2. 相对的时间

年、月、日、小时是相对的、表象的和普通的时间。

有绝对的时间,就有相对的时间,牛顿提出:"相对的、表象的和普通的时间是可感知和外在的(不论是精确的或是不均匀的)对运动之延续的量度,它常被用以代替真实时间,如一小时、一天、一个月、一年。”[12]

在他看来，绝对时间是真实的量或者量本身，而年、月、日、小时等则是相对的量或者可感知的量，因为它们出自日月星辰的运动，是观象授时的结果。由于年、月、日、小时等不仅与外在事物相关，而且与观象者相关，所以可称之为“相对的时间”。

牛顿认为，只有来源于现象的东西才是实验哲学的研究对象，因为我们“只能看到物体的形状和颜色，只能听到它们的声音，只能摸到它们的外部表面”，但我们“无法运用感观或任何思维反映作用获知它们的内在本质”，而我们“对上帝的本质更是一无所知”。[13] 所以对牛顿而言，事物的本质不可感知，可被感知的只是它们的外在现象。年、月、日、小时等是被感知的时间，因而只是时间的外在现象，所以可称之为“表象的时间”。

年、月、日、小时等是人们在生活、工作、学习中所用的时间，所以还可称之为“普通的时间”。由于这些时间能满足人们的日常需要，又由于一般人不明白绝对时间与相对时间的区别，所以这些普通的时间常被用来代替绝对时间，而绝对时间反倒束之高阁，鲜有问津者。

绝对的时间是量本身，相对的时间是用于测度的量。

牛顿认为，绝对的时间是量本身，而年、月、日、小时等相对的时间则是对运动之延续的量度，即是用来测度绝对时间

⑫　牛顿《自然哲学之数学原理》，第6页。

⑬　同上书，第552页。

的量。这些量是可感知的,因为它们无非是可见的日月运动过程。亚里士多德曾将时间本身理解为“被计数的数”,而将年、月、日等理解为“用以计数的数”,所以在这个方面,亚里士多德与牛顿之间其实有着承继关系。

唯有绝对的时间才是真实的时间,因为这个时间是真实的量或量本身,而年、月、日等则是相对的量或可感知的量。人们以可感知的量测度量本身,但也常常错误地用可感知的量“代替量本身”,牛顿为此批评那些误用者“混同了真实的量和与之有关的可感知的度量”。

如果将时间表述为被测度出来的量,那么这种表述便是“纯数学的”。从这个角度讲,时间的数学性就在于其自身可被测量和计算。⑭

年、月、日、小时等相对的时间不是绝对匀速的。

牛顿认为:“能用以精确测定时间的等速运动可能是不存在的。所有运动都可能加速或减缓,但绝对时间的流逝却不迁就任何变化。”⑮在他看来,无论是自然的日月星辰的运动,还是人造的钟表的运动都不可能是绝对匀速的,由此测得的时间,如年、月、日、小时等也不可能绝对无差异,“自然日并不真正相等,虽然一般认为它们相等,并用以度量时间”。⑯今年与去年不可能是绝对相等的,本月与上月不可能是绝对相等的,今日与昨日不可能是绝对相等的,前一个小时与后一个小时也不可能是绝对相等的。这些相对的时间

⑭ 牛顿《自然哲学之数学原理》,第 11 页。

⑮⑯ 同上书,第 8 页。

不可能达到绝对精确，所以不可能完全同步于绝对时间。

3. 时间的本源

上帝延续着，他永远存在，由此构成了时间。

在探讨产生时间的终极原因时，柏拉图提到了造物主，亚里士多德提到了第一推动者，牛顿则推给了上帝。这位伟大的科学家提出，上帝“不是永恒和无限，但却是永恒的和无限的；他不是延续和空间，但他延续着而且存在着。他永远存在，且无所不在；由此构成了延续和空间”。[17] 对牛顿而言，上帝无处不在，由此构成空间；上帝永远存在，由此构成时间。不过，牛顿没有明确论述上帝的存在如何构成时间，他只用了“由此构成”这样较模糊的语词一笔带过。

4. 意义与问题

牛顿建立绝对时间观时距离亚里士多德的时间论已经有2000年了。牛顿的绝对时间能够有效地解释各种物理现象，所以成为经典力学的基础。由于这个时间还具有直观明了的特点，并且与人们的日常体验相符合，所以不仅得到科学界的公认，而且得到大众的信服。德国著名物理学家海森堡（Heisenberg）曾这样写道：“牛顿的系统长时期以来被看作是最终的系统，而以后科学家的任务似乎仅仅是把牛顿力学推广到广阔范围的经验中去。实际上差不多有两个世纪，物

---

⑰　牛顿《自然哲学之数学原理》，第551—552页。

理学正是沿着这些路线发展的。”[18]牛顿的经典力学为科学界所遵从,牛顿的绝对时间观也被视为颠扑不破的真理。此种状况一直持续到爱因斯坦的相对论问世。

牛顿虽然没有给时间下定义,但他已经深入到时间的本质层面,从他关于“时间本质上是一种处所”的提法可以明显发现这一点,而他把时间分为两类,即分为绝对时间和相对时间的思路则对现在的我们来说仍然具有启迪的意义。科学的深处和哲学的深处应当是互通的,牛顿的自然哲学就是一个极好的范例。

牛顿沿袭古希腊人的传统追究时间的本源,只是由于无法通过实验证实,他才将产生时间的终极原因推给了上帝,所以上帝在他那里不过是终极原因的代名词。对牛顿而言,上帝在完成了创始工作后就没他的事了,“物体的运动完全无损于上帝;无处不在的上帝也不阻碍物体的运动”。[19]

在存在者的方向上,柏拉图把时间理解为客观的存在者,奥古斯丁把时间理解为主观的存在者,牛顿再把时间理解为客观的存在者,由此将逐时之路重新拉回到客观世界。

问题讨论:

牛顿的经典力学到 19 世纪末一直占据着统治地位。然而随着电磁学的发展,牛顿的绝对时空概念却在解释光的现象中遇到了根本困难。由于这些概念只能应用于低于光速

---

⑱ 海森堡《物理学和哲学》,范岱年译,商务印书馆,1981 年版,第 52 页。

⑲ 牛顿《自然哲学之数学原理》,第 551—552 页。

的事件，所以人们终于发现了牛顿力学的一个本质界限。爱因斯坦在他的自述中说道："牛顿啊，请原谅我。你所发现的道路，在你那个时代，是一位具有最高思维能力和创造力的人所能发现的唯一的道路。你所创造的概念甚至今天仍然指导着我们的物理学思想，虽然我们现在知道，如果要更加深入地理解各种联系，那就必须用另外一些离直接经验领域较远的概念来代替这些概念。"⑳

牛顿的绝对时间是以时间绝对自在和时间的流逝与一切外在事物无关而绝对均匀为根据的。爱因斯坦用狭义相对论证明：时间相对于不同参照物而有快慢差别，因此时间的流逝不是绝对均匀的。按照相对论的观点，时间之所以不能均匀流逝，乃是因为时间与物质相关，即如爱因斯坦所言："空间－时间未必能看作是可以脱离物质世界的真正客体而独立存在的东西。"㉑如果时间的流逝是与事物相关的，那么它就会褪去绝对的光环。相对论否定了绝对时间的存在，从而终结了绝对时间观（详见第八章"爱因斯坦的时间观"）。对此，海森堡曾这样评价道："相对论已改变了我们的时空观念，事实上，它已揭示了空间和时间的全新特征。"㉒

奥古斯丁的主观时间（心灵的延长）虽然不能有效解释各种物理现象，并且不能符合我们在日常生活中对时间的体

⑳　爱因斯坦《狭义与广义相对论浅说》，杨润殷译，北京大学出版社，2006年版，附录Ⅱ"自述"。

㉑　爱因斯坦《狭义与广义相对论浅说》，杨润殷译，北京大学出版社，2006年版，"第十五版说明"，附录Ⅱ"自述"。

㉒　海森堡《物理学和哲学》，第3页。

验,但他却成功地证实了时间不能是自在的客体。牛顿遇到的问题恰好相反。牛顿把时间当作绝对的自在客体理解,他的这个时间虽然能够有效解释各种物理现象,并且能够符合我们在日常生活中对时间的体验,但却不能证实自身就是一个自在的客体。

时间本身是由过去的时间、将来的时间和现在的时间构成的,但过去的时间已经过去而不存在,将来的时间尚未到来而不存在,现在的时间刚来就成为过去,也不能保持存在。我们知道,整体是由部分构成的,如果一件东西的任何部分都不存在,那么它本身也就不能存在。由于时间的任何部分都不存在,所以时间不能是一个自在的客体。正因为时间原本不是自在的客体,所以牛顿找不到时间所在的处所,由此才会把时间作为时间的处所。

牛顿用延续解释时间的特征,但延续本身并不专属于时间,它完全可以是空间性的(如在高速公路上延续数公里的受堵车辆),还可以解释为影响的延续、效果的延续、思维的延续等等。所以牛顿如果把延续当作时间,他就应当说明作为时间的延续与其他的延续有何区别,但由于他没有对延续进行分门别类,所以延续在他看来与时间的定义相同也是个未知数。

二、莱布尼茨的时间观

莱布尼茨(Leibniz,1646—1716)与牛顿大致同时,他是德国伟大的数学家、物理学家,也是那个时代著名的哲学家。

他对时间的理解因而既有重实验的特点，又有形而上的遗风。莱布尼茨和牛顿同为微积分的创立者，但他们在时间问题上却选择了不同的道路。

1. 时间是一种接续的秩序

莱布尼茨首先否定时间是一个存在者。他认为，“一切存在的时间和绵延，作为先后相继的，都在连续不断地消亡”[23]，因此没有一个时间部分能作为客体而被看作现实存在的。在他看来，一件东西，如果它的任何部分都不存在，那么它本身也就不能存在，所以时间“决不是一种绝对的存在物”。[24]

有人提出，时间是作为一些“顷刻”存在的。但莱布尼茨认为，顷刻刚来就成为过去，所以“顷刻本身甚至并不是时间的一部分”[25]。莱布尼茨理解的“顷刻”使我们联想到亚里士多德的“现在”。对亚里士多德而言，现在一出现，便已成为过去，所以不能是时间的部分，就像点不是线的部分一样。

时间如果不是绝对的存在物，那么它会是什么呢？

莱布尼茨认为，空间是一种“并存的秩序”，而时间则是一种“接续的秩序”，[26]展开说，时间是“先后相继事物的一种

㉓㉕ 《莱布尼茨与克拉克论战书信集》，陈修斋译，商务印书馆，1996 年版，第 71 页。

㉔ 同上书，第 37 页。

㉖ 《莱布尼茨与克拉克论战书信集》，陈修斋译，商务印书馆，1996 年版，第 18 页。

秩序”。[27] 按照莱布尼茨的解释,事物是秩序的载体,有事物,就有运动,而有运动,就有先有后,即有先后相继的关系。在这种关系中生出一个事物接续的秩序,而此秩序便是时间。从这个意义上讲,时间是“由关系形成”的,[28]它与运动“虽有区别,却是不可分离的”[29]。

依莱布尼茨之见,时间不是绝对的自在之物,而是事物先后相继的秩序,是事物与事物相对关系的体现,所以每一个事物都有“它自己的绵延,但它并没有它自己的时间”。[30]

有人认为,时间是个可变之量,或者变得较长,或者变得较短,但相继的秩序却不是变量,它总是保持原样,所以时间不是接续的秩序。

对于这类观点,莱布尼茨从自然哲学的角度提出:相对的事物也和绝对的事物一样有它们的量,关系因此也可以有量,“例如数学中的比例就有它们的量,并且是用对数来计量的,可是比例是一些关系”。接续的秩序是种关系,因而有它的量,即有“在前和随后的,有距离和间隔”。如果时间较长,就将有较多“插入的相继状态”,如果时间较短,插入的相继状态也就较少,因此在时间那里“可以说没有虚空,也没有紧缩或渗透的”。[31]

㉗ 《莱布尼茨与克拉克论战书信集》,陈修斋译,商务印书馆,1996 年版,第 88 页。

㉘ 同上书,第 74 页。

㉙ 同上书,第 76 页。

㉚ 同上书,第 68 页。

㉛ 同上书,第 88—89 页。

2. 作为接续秩序的时间是观念性的

莱布尼茨认为，在可感觉的事物中，人们决找不到两件完全一样的东西，例如人们在花园中找不到两片完全一样的叶子，也找不到两滴完全一样的水，“物质的每一部分都是实际被再分割为不同地运动着的各部分的，并且没有一部分是和另一部分完全相似的”[32]。所以在他看来，只有观念性的东西才可以是完全一样的。由于时间的各个部分，即各个插入的相继状态“彼此完全相像，就像两个抽象的单位那样”，所以“就它们本们本身来看，是观念性的东西”。[33] 如果时间的各个部分是观念性的，那么由它们合成的整体也必然是观念性的，所以“时间只不过是一种观念性的东西”。[34]

依据上述观点，时间便是事物在观念中的接续秩序。进而言之，在观念中的事物无非是关于事物的意识，因此时间无非是这样一些意识的接续秩序。

由于观念性的关系不是观念性的本体，所以莱布尼茨理解的时间不同于奥古斯丁的时间。奥古斯丁把时间理解为意识本身，即理解为主观存在者，而莱布尼茨则把时间理解为意识与意识之间的接续次序，即理解为主观存在者的存在

---

[32] 《莱布尼茨与克拉克论战书信集》，陈修斋译，商务印书馆，1996 年版，第 60 页。

[33] 《莱布尼茨与克拉克论战书信集》，第 62 页。原译为“理想性”，但原文“idéale”也可译作“观念的”，而依照原文语境则应译作“观念的”。原书译者自释：“‘理想性的’（或‘理想的’）原文为 idéale，也可译作‘观念性的’或‘观念的’，即只存在于思想或观念中而非实际存在的。”

[34] 《莱布尼茨与克拉克论战书信集》，第 71 页。

方式。

对莱布尼茨而言，年、月、日、时、分、秒等属于“实际的时间”[35]，这类时间的部分或多或少总有差异，例如一年中不可能有两个完全等同的一天，一小时中不可能有两个完全等同的一分钟，所以它们还不能算是本真的时间。

事物和观念是时间的生成条件，而事物和人则是由上帝创造的。

莱布尼茨认为，上帝创造事物和人。由于时间是事物的接续秩序，没有事物，就不会有接续秩序，所以事物是时间的生成条件；另一方面，由于时间是观念性的东西，所以人的意识也是时间的生成条件。据此而言，“时间应该是和被创造物并存，并只凭借它们的变化的秩序和量来加以思想的”。[36]

依循传统的因果论，莱布尼茨和牛顿一样，也把上帝认作时间的终极原因，因此这个时间是有开端的。

3. 意义与问题

莱布尼茨理解的时间是观念性的，即是事物在观念中的延续秩序。它不是自在的，它的各个部分不能作为客体而被看作现实的，它的整体由此也不能作为客体而被看作现实的，它只能作为意识与意识之间的关系，即主体的存在方式而被看作现实的。

亚里士多德和奥古斯丁根据对过去、现在和将来的分

㉟ 《莱布尼茨与克拉克论战书信集》第 62 页。

㊱ 同上书，第 74 页。

析,证明了时间不能作为客体存在。莱布尼茨从另一个角度出发,他根据对时间部分和时间整体的分析,也证明了时间不能作为客体存在。在探索时间本质方面,奥古斯丁的主要贡献在于证明时间不是一个自在客体,莱布尼茨的主要贡献也在这里。

问题讨论:

莱布尼茨认为时间是观念性的关系,是事物在观念中的接续秩序。问题是:如果事物本身没有先后相继的秩序,那么观念性的接续秩序靠什么构成自身。我们以奥运会为例:北京奥运会、亚特兰大奥运会和悉尼奥运会都已过去而不存在,可是它们还在我们的记忆中,所以在我们的观念中是先后相继的,这样便有了观念性的接续秩序。但如果没有这些奥运会先后相继的事实,那么这类观念性的接续秩序便是无源之水、无本之木,原本不可能形成。但如果这些奥运会本身是先后相继的,那么这种"先后相继"便不是空间性的,而一定是时间性的。据此而言,时间便应是先于观念或观念性的东西而在的。

物质的运动和相互作用总发生在一定的空间和时间中。牛顿的客观性时间能有效地解释这种现象,因而得到了科学界的公认。但观念性的时间却不能有效解释实际的物质运动和相互作用。我们总不能说,物质的运动和相互作用发生在观念中或发生在观念性的接续秩序中,因为它们只能发生在物质性的接续秩序中。例如,我们可以在意识中自上海瞬间到达墨尔本,但实际中却必须耗费十来个小时的飞行时间;一名短跑运动员为缩短零点几秒,甚至零点零几秒的时间要付出艰辛的努力和耗费巨大的能量,对他而言,时间决不是观念性的。意识的相继插入速度对实际的奔跑速度不会有丝毫影响,否则躺在床上连续空想也能跑出优异成绩来;一个人即将走到生命的尽头时,他会说:“留给我的时间不多了。”对他而言,这个时间应该与观念性的东西无关,它只能与现实的生命延续相关。

牛顿的绝对时间是个量,因为它可以测度。莱布尼茨认为,关系也可以有量,因此“在前”“随后”“距离”和“间隔”等都是时间的量。但由于他所说的时间是观念性的东西,而观念性的东西是无法测度的,所以原本不是量。观念性的“在前”和“随后”不是量,它们只是位置意识。观念性的距离和间隔也不是量,它们只是距离意识和间隔意识。我可以有飞到火星上的意识,但我实际上并没有挪动半步。时间如果是个量,它就不能是观念性的,而它如果是观念性的,它就不能是个量。

结语

柏拉图、奥古斯丁和牛顿都将时间理解为存在者,所以他们在大方向上是一致的,只是柏拉图和牛顿走在通往客观存在者的路上,而奥古斯丁走在通往主观存在者的路上。

亚里士多德理解的时间属于存在者的存在范畴,所以他在“存在”的方向上开辟了一条逐时之路。莱布尼茨也在“存在”的方向上寻找时间,所以他与亚里士多德在大方向上是一致的。只是亚里士多德走在通往客观存在的路上,莱布尼茨则走在通往主观存在的路上。

近代科学的蓬勃发展促进了哲学的进步,在德国升起了一颗人类思想的巨星,曾是天文学家的康德引领了德国哲学革命,改变了整个西方哲学的发展方向,并成为新时代探索时间奥秘的旗手。

第五章

康德的时间观

——兼评休谟的时间观

不能自圆其说的哲学绝不会完全正确，但是自圆其说的哲学满可以全盘错误。最富有结果的各派哲学向来包含着显眼的自相矛盾，但是正因为这个缘故才部分正确。

——罗素

奥地利哲学家马赫(Mach)曾说过:"物理学的研究,在过去几百年中,不仅在自己的领域里获得了巨大的成就,而且通过它的帮助,在其他各种科学范围里也获得了巨大的成就。这些成就导致物理学的观点和方法无论在哪里都居于突出的地位。"[①]英国哲学家休谟(Hume,1711—1776)的时间观就带有这方面的印记。时间在牛顿看来是个可让事物在其中先后有序排列的处所,休谟则直接用事物的接续现象解释时间,他的基本观点如下:

a. 时间与真实存在物的接续或变化相关,不可能想象"一个没有物质的真空和广袤",也不可能想象"一段没有任何真实存在物的接续或变化的时间"[②],时间"总是和可变的对象的接续现象结合着的"[③]。

b. 时间由此具有一个特性:"时间的各个部分互相接续,而且任何一些部分不论如何邻接,也永远不能共存的。"[④]例如1737年和1738年是互相接续的,但两者不能共存。时间的这个特性"可以说是构成了它的本质"。[⑤]

c. "刹那"是时间部分的基本单位,时间是由这些"不可

---

① 马赫《感觉的分析》,洪谦译,商务印书馆,1986年版,第1页。

② 休谟《人性论》,关文运译,商务印书馆,1980年版,第53页。

③ 同上书,第49页。

④⑤ 同上书,第44页。

分的刹那组成的”。[6] 每一个刹那和另一个刹那必然互相区别，不是在后，便是在前。

d. 时间与时间观念不是一回事，因为时间观念只是有关“对象存在的方式或秩序的观念”[7]，简单地说，就是我们对时间进行思考所获得的观念。

讨论：

牛顿的绝对时间是独立自在的，休谟的时间则是与事物相关的存在。休谟的问题在于，存在物的变化和接续可以与时间相关，但并不仅限于此。存在物的变化和接续也可以与空间相关，还可以与次序相关。例如，百米短跑运动的接续可以是时间上的（0 秒至 10 秒），但也可以是空间上的（0 米至 100 米），并且还可以是次序上的（起跑→加速→匀速→冲刺）。休谟试图用事物的接续或变化来解释时间，但他为此需要先解释什么是与时间相关的接续和变化，而要解释什么是与时间相关的接续和变化，他又需要先解释什么是时间。这就遇到循环论证的问题了。

休谟没有正面解释“时间是什么”。他在这方面与牛顿相仿，也将未知的时间本质当作已知，但也因此使自己的时间论述缺乏可靠的基础。

比休谟稍后一点，德国哲学家康德（Kant，1724—1804）通过对理性的批判构建了一个关于人类先天认识能力的理论

---

⑥ 休谟《人性论》，关文运译，商务印书馆，1980 年版，第 44 页。

⑦ 同上书，第 53 页，第 81 页。

体系，由此被誉为“现代哲学的源泉”及“认识论和形而上学历史上的转折点”。[⑧] 在时间研究方面，康德使哲学跟上了科学的前进步伐，并使哲学在经历了漫长沉寂后重新从柏拉图和亚里士多德的止步处开始新的探索之旅。

康德提出：“时间不是独立存在，也不是附属于物的客观规定，因而不是抽掉物的直观的一切主观条件仍然还会留存下来的东西。”[⑨]他的时间观就是在这个思想基础上展开的。

一、感性直观是时间的发源

康德的时间观是康德理论体系的一个重要基础部分，所以要了解他的时间观，一条捷径是从知识的起源谈起。

康德认为，人的一切知识都是从经验开始的，“没有任何知识是先于经验的”[⑩]，实践出真知，因此经验是知识的发源。但是知识的发源不止一个。如果人没有认识能力，那么经验再多也不会有知识产生，所以人的认识能力是知识的另一个发源。依照康德之见，知识有二个起源，一个是经验，一个是先于经验的认识能力。

康德把先验的认识能力分为感性和知性二类。所谓感性，就是“对印象的接受性”，具体而言，就是“通过我们被对象所刺激的方式来获得表象的这种能力（接受能力）”[⑪]；所

---

⑧⑩　康德《纯粹理性批判》，邓晓芒译，人民出版社，2004 年版，“中译本序”，第 1 页。

⑨　同上书，第 36 页。

⑪　同上书，第 25 页。

谓知性,就是“通过这些表象来认识一个对象的能力(概念的自发性)”[12]。这个知性本身还可细分为知性和理性两个部分。形象地说,人固有的认识能力就如同一条具有知识加工能力的流水线,其中,感性是这条流水线的粗加工部分,任务是接受外界事物和把它们加工成表象;知性是半成品加工部分,任务是把表象进一步加工成概念;理性是成品加工部分,任务是把概念制成理念。所以康德提出:“人类的一切知识都是从直观开始,从那里进到概念,而以理念结束。”[13]这里需要说明一点:康德所说的理念不同于柏拉图所说的理念。柏拉图所说的理念属于非物质性存在者,它不依赖感性而自在。康德因此把柏拉图比作一只想象在真空中能飞得更加轻灵,实际上却飞不动的鸟儿。在他看来,空气固然是阻力,但更是支撑鸟儿飞翔的条件。柏拉图抛弃了感观世界,所以“尽其努力而一无进展,因为他没有任何支撑物可以作为基础,以便他能撑起自己,能够在上面用力,从而使知性发动起来”。[14] 感性、知性和理性是构成人的认识能力的三个部分,感性是基础,它支撑知性和理性,使它们能够发挥效用。

康德认为,感性原有两个基本功能:一个基本功能是通过直观对外部现象进行整理,让它们在广延和形状方面有序定位,从而在内心中形成一个完整的表象。诸现象在表象中的这种结合方式或并列关系便是康德理解的空间;另一个基

---

⑫ 康德《纯粹理性批判》,邓晓芒译,人民出版社,2004 年版,第 51 页。

⑬ 同上书,第 544—545 页。

⑭ 同上书,第 7 页。

本功能是对已经植入内心的表象进行整理，让它们按照直观的先后有序排列。诸表象之间的这种结合方式或相继关系便是康德理解的时间。对康德而言，时间出自感性直观，所以时间的本源就在感性直观那里。

二、时间是内直观的形式

康德把外在的现象与现象的结合方式或并列关系称作“外直观的形式”，所以空间无非是外直观的形式。他把内在的表象与表象的结合方式或相继关系称作“内直观的形式”，所以时间无非是内直观的形式。由于外直观的形式和内直观的形式都属于感性范畴，即都属于人的先天认识能力，所以康德所说的时间和空间不依附于任何客体，而只依附于主体。[15] 具体而言：

直观：直观的本义是“看”，但这个看不是眼睛的专职，它还包括耳听、鼻嗅、嘴尝、体触等与对象直接接触的方式，如我们能说“去看看什么东西在响”，也能说“看看它是怎样发出香味的”，还能说“看看这东西硬不硬”。所以直观是感性的，即是由感性提供的。

在康德看来，直观的对象不是事物本身，而是它们的现象，“凡是通过一个感官而被表象出来的东西，在这个范围内永远都是现象”[16]，因为事物的内在本质是看不见的，即不可

---

⑮ 康德《纯粹理性批判》，邓晓芒译，人民出版社，2004年版，第39页。

⑯ 康德《纯粹理性批判》，第47页。

感知的,“我们完全不知道自在的对象”。[17]

事物的现象在直观中植入我们的内心,并在那里形成感性形象。这个感性形象便是表象,所以“我们的一切直观无非是关于现象的表象”。[18] 表象本身有双重意义,作名词用时指感性形象,作动词用时指表象活动,即感性认识活动。

相应地,直观也有名词与动词之分,作名词用时指表象(“只能通过惟一的对象被给予的表象就是直观。”[19]),作动词用时则指表象活动(“凡是能够在一切有所思维的行动之前作为表象而先行的东西就是直观。”[20])。

直观的形式:康德提出:“在每个存在物中,其组成成分就是质料;这些组成成分在一物中结合起来的方式就是本质的形式。”[21]就直观而言,直观的质料是“一般感觉”[22],如颜色、味道、硬度、不可入性等都属于感觉。对康德来说,这些感觉不过是事物的现象。由于事物的现象林林总总、千差万别,所以有一杂二多的特点。康德认为,直观具有整理功能,因此是“使得现象的杂多能在某种关系下得到整理的东西”。[23] 此处所说的“整理”便是让诸现象在内心中相互结合,有序排列。依康德之见,现象在直观中的这种结合方式或关系是“先天地作为一个单纯的感性形式存在于内心中

---

⑰ 康德《纯粹理性批判》,第33页。

⑱㉒ 同上书,第42页。

⑲ 同上书,第35页。

⑳ 同上书,第47页

㉑ 同上书,第240页。

㉓ 同上书,第26页。

的",因此称作"直观的形式"。[24] 由于直观的形式中不掺杂任何经验性的东西,它所包含的无非是关系,因此也可称作"纯直观"。[25]

直观的质料是可变的,是后天形成的。直观的形式是不变的,是先天地为现象的杂多准备好的,因而是一切直观活动的条件。

内直观的形式:在一次直观过程中,外部的杂多现象被置于内心,并在内心中相互结合而有序并列,由此构成一个完整的表象。这种直观的结合方式或并存关系是整理外来现象的,所以称作"外直观的形式"。康德理解的空间便是这个外直观的形式。

一次直观在内心中形成一个表象,连续的直观在内心形成连续的表象,无数次直观会在内心形成无数个表象,由此在内心中生出表象的杂多。康德认为,这些杂多的表象会在直观中得到整理,即会依照形成的先后次序结合起来,构成一个先后相继的表象序列,因此"诸表象总是一个跟随一个的"。[26] 由于直观的这种结合方式或相继关系是整理内部表象的,所以称作"内直观的形式"。

康德提出,时间本质上是内直观的形式,它"规定着我们内部状态中诸表象的关系",所以"不过是内部感官的形式,即我们自己的直观活动和我们内部状态的形式"。[27]

㉔ 康德《纯粹理性批判》,第 27 页、47 页。

㉕ 同上书,第 26 页。

㉖ 同上书,第 184 页。

㉗ 同上书,第 37 页。

这个作为内直观形式的时间是“惟一的”的时间，它可以表象为一个无限的量，因此是无所不包的。[28] 一切现象（不是一切事物）都在时间中，并且必然在这个时间中，即在先后相继的关系中。为帮助理解，康德提出，我们可以把时间想象为一条无限长的直线，这条直线先天地存在于我们内心，它不受任何经验的影响，既不会伸长，也不会缩短，始终“保持着并且没有变更的”。[29]

康德研究时间和空间，其目的在于构建一个认识论体系。在他考察的认识能力序列中，时间和空间是最基本的部分，它们是直观的形式，属于感性范畴。这类感性部分的先验存在使现象和表象能够得到整理，而这种整理便是知性发挥作用，达到理性认识的条件。

三、时间的主观性和客观性

依康德之见，时间是“内直观的现实的形式”，这种形式先天地存在于感观世界，它也是现实的东西，它在内部经验中有“主观实在性”。[30] 他在求证这个主观实在性时提出，只在“有时间”的前提之下，我们才能想象一些东西存在于同一个时间中（同时），或处于不同的时间内（相继），“如果不是有时间表象先天地作为基础，同时和相继甚至都不会进入到知

㉘ 康德《纯粹理性批判》，第 35 页。

㉙ 同上书，第 36 和 170 页。

㉚ 同上书，第 39 页。

觉中来”。[31]

内直观的形式看不见，摸不着，因而不能被我们单独感觉到。这个时间“只有当某物被置于内心时才有所表象”，[32]就是说，只有当我们实际直观某物时，这个作为感性形式的时间才显现其整理作用，将内心的表象排列有序，而我们此时才能感知它的先验存在。

内直观的形式是我们与生俱有的，与现象是否植入内心无关，但植入内心的现象却一定是先后相继、井然有序的，即是以时间为存在形式的，所以我们不能“在一般现象中取消时间本身”，但我们完全可以“从时间中去掉现象”。[33]康德由此提出：一方面，时间是“我们(人类的)直观的一个主观条件”，它作为主体的存在形式而具有主观有效性；另一方面，时间和其他事物一样都是意识的对象，“时间本身的表象是直观”，所以“就一切现象而言，因而也对一切能在经验中向我们出现的事物而言”，时间“又必然是客观的”，所以又具有客观有效性。[34]

四、现象的时间模式

康德认为：“所有一般现象，亦即一切感官对象都在时间

---

[31] 康德《纯粹理性批判》，第 34 页。

[32] 同上书，第 47 页。

[33] 同上书，第 34 页。

[34] 同上书，第 37 页。

中,并且必然地处于时间的关系中。”[35]这里,他要表达的意思有三层:a. 所有在时间中的东西都不是自在之物,而是它们的现象。b. 作为内直观形式的时间显现为一个无限量,因此是安置一切现象的主观条件。c. 各个现象在内心中的存在状态都与时间相关,所以可称之为时间的模式。

关于时间的模式,康德认为有三种,分别是:并存、相继、持存。这里,“并存”是指杂多的现象在同一时间内的实存;“相继”是指杂多的表象在时间的关系中一个跟随一个;“持存”是指实体在现象的一切变化中,即在连续的时间序列中持存着,“它的量在自然中既不增加也不减少”。[36] 事物的现象以这三种时间模式作为自身的存在状态,时间则通过这三种模式显现自身的实际效用。

五、意义和问题

康德其时的时间概念大致分为四类:或者把时间理解为客观存在者(如柏拉图和牛顿),或者把时间理解为主观存在者(如奥古斯丁),或者把时间理解为客观存在(如亚里士多德、休谟),或者把时间理解为主观存在(如莱布尼茨)。

笛卡儿(Descartes)把实体分为广延实体和思维实体两类,广延实体属于客体,思维实体属于主体。依康德之见,作为内直观形式的时间属于主体的存在方式,因此既具有主观

㉟ 康德《纯粹理性批判》,第 37 页。

㊱ 同上书,第 166、170 和 191 页。

有效性,又具有客观有效性。这种同时带有主体和客体存在特征的感性形式无非是人的存在形式,所以康德虽然自己走在通往主观存在的路上,但在他那里实际上已经萌发了这样一个新思想:时间的本源应该与人的存在相关。这个新的思想对后来的逐时者不啻具有很大的影响和启发意义,海德格尔就是在人的本源存在的层面上寻找时间的。

奥古斯丁把时间认作"心灵的延长",但人们的过去意识、现在意识和将来意识都是不同的,这些意识的增加和减少也是不同的,因此"心灵的延长"实际上因人而异,千差万别。但我们在实际生活中所用的时间却只有一个。康德不用主体本身,而用主体的存在形式解释时间。由于直观的内容可以因人而异,但直观的形式却对任何人都是同一的,所以康德对时间的理解比奥古斯丁进了一步。

问题讨论:

依康德之见,内直观的形式只是事物的表象按照直观的先后顺序彼此结合起来的形式,因此是表象在意识中相互结合的关系,而不是事物本身相互结合的关系。这种时间观念在表象的先后次序和事物的先后次序之间出现不一致时会遇到难以解释的问题。

假设我随一个旅行团去北京,上午参观了天安门,下午参观了长城,那么我就会先获得天安门的表象,后获得长城的表象。如果时间只是表象的结合形式,那么对我而言,天安门是先于长城而在的,而长城是后于天安门而在的。但我实际上却不会这么认为,因为根据导游的讲解或者史书的记载,应是先有长城,后有天安门。这里所涉及的先与后是时间的先与后,但这个时间却分明是另一个时间,另一个不受直观活动影响的时间。

表象的先后次序与事物本身的先后次序不是同一的。内直观的形式可以整理内在的表象,使其先后有序,但它却不可以如此整理外在的事物。假如内直观的形式是唯一的时间,那么便只会有表象的先后相继,而不会有事物的先后相继。但世间事物实际上都是先后有序的,所以应当想到另一类时间的可能存在。

结语

康德的基本思路:时间是内直观的形式,因此是人的一种主观的存在形式。

柏拉图在“存在者”的方向上开辟了一条逐时之路,奥古斯丁在这个方向上另辟蹊径,他的目标不再是客体,而是主体。

亚里士多德在“存在”的方向上开辟了一条逐时之路,康德在这个方向上另辟蹊径,他的目标不再是客体的存在,而是主体的存在。

第六章

黑格尔的时间观

赫拉克里特在某处说，万物流变，无物常在。他把存在着的东西比作一条河流，声称人不能两次踏入同一条河流。

——柏拉图

黑格尔(Hegel,1770—1831)为哲学领域增添了新向度,对此恩格斯评价道:"黑格尔第一次(这是他的巨大功绩)把整个自然的、历史的和精神的世界描写为一个过程,即把它描写为处在不断的运动、变化、转变和发展中,并企图揭示这种运动和发展的内在联系。"①

黑格尔的时间观是以这样的过程为背景的。

黑格尔在早期曾把时间当作"概念自身"理解②,因为概念自身包含着一个由否定性推动的发展过程,一个"向自己回复的圆圈"。③ 这样的概念是自在自为的,它以扬弃自身的方式成就自身,逐步实现"潜伏在它本身中的东西"④,并在结束实现自身的运动后扬弃时间,成为永恒不变的。按照这样的提法,时间无非是一种具有生命的"纯粹变动性"或"否定性"的发展过程⑤,即是概念的自身存在。由于黑格尔在那时尚未把时间作为研究课题,所以他谈论时间的目的还在于强调概念在否定自身中实现自身的过程。

黑格尔的系统时间理论或其时间观形成于他的后期著作《自然哲学》。在这部名著中,黑格尔用哲学和科学的双重

---

① 恩格斯《反杜林论》,人民出版社,1970 年版,第 21 页。

②⑤ 黑格尔《精神现象学》,上卷,贺麟、王玖兴译,商务印书馆,1974 年版,第 30 页。

③ 黑格尔《精神现象学》,下卷,第 268 页。

④ 黑格尔《小逻辑》,贺麟译,商务印书馆,1980 年版,第 329 页。

眼光考察时间的本质，由此在亚里士多德开辟的道路上树立起一个新的里程碑。

一、时间是物质的感性存在形式

黑格尔与康德不仅在时间上前后相接，而且在时间研究方面也有着前后相接的关系。康德认为时间与空间一样是感性直观的纯形式，黑格尔亦认为“时间如同空间一样，也是感性或直观的纯粹形式”。[⑥] 但康德理解的感性形式在人的内心中，与人的先天认识能力相关，而黑格尔理解的感性形式则是“完全抽象的相互外在的东西”。[⑦] 所以康德所说的时间是主体的感性形式或直观形式，属于主体的存在形式，而黑格尔所说的时间恰好相反，它是客体的感性形式，属于客体的存在形式。由于这种存在形式是感性的，所以是可被直观的。

主体的存在形式在黑格尔那里叫作“己内存在”，客体的存在形式则叫作“己外存在”。[⑧] 这个“己外存在”本身还可细分为肯定的形式和否定的形式，其中：肯定的形式是空间，而否定的形式则是时间（“己外存在直接分裂为两种形式：首

---

⑥　黑格尔《自然哲学》，梁志学、薛华、钱广华、沈真译，商务印书馆，1980年版，第47页。

⑦　黑格尔《自然哲学》，第39页。

⑧　黑格尔《自然哲学》，第47页。“己外存在”和“己内存在”的德文是“Aussersichsein”和“Insichsein”，意为“在自身之外”（或“外在于自身”）和“在自身之内”（或“内在于自身”）。

先作为肯定的形式，它是空间；其次作为否定的形式，它是时间。”）[⑨]。

二、时间的本质是被直观的纯变易

在把时间圈定为客体的感性存在方式的基础上，黑格尔进一步提出，时间本质上是“被直观的、单纯的变易”。[⑩]

所谓变易（Werden），就是产生和消亡，展开地说，“变易不仅是有与无的统一，而且是内在的不安息”。[⑪] 万物自身因产生而从无到有，因消亡而从有到无，变易所以内含“向存在过渡的无”和“向无过渡的存在”两个方面。[⑫] 万物在扬弃自身的同时孕育新生，周而复始，循环不已。这种内在的不安息表明变易是内在于万物的一种否定性动力，它使万物处于不断扬弃自身的过程。这种变易，对人而言，是直观的对象，因此是“己外存在”，但对物质本身而言，它却是“纯粹的己内存在，简直是一种从自身产生出来的活动”。[⑬]

黑格尔认为，不断扬弃自身的过程实质上是一个以“否定的否定”为形式的发展过程，所以时间称为“否定的形式”。物与物的相互外在是空间性的，因此空间性的否定是对他物的否定。但时间性的否定却是对自身的否定，“时间是否定

---

⑨ 黑格尔《自然哲学》，第 39 页。

⑩⑬ 同上书，第 47 页。

⑪ 同上书，第 51 页。

⑫ 同上书，第 48 页。

的否定,即自我相关的否定”。[14] 由于“否定之否定”启动的是扬弃自身的过程,所以黑格尔认为时间是一个“潜在地否定的东西”。[15]

天地万物都在产生和消亡,无一例外。如果把它们的不同的存在内容去除,那么剩下来的便是一个自否定的存在形式。这个自否定的存在形式就是纯变易,也就是黑格尔理解的时间本质。夫物芸芸,恒河沙数,千差万别,但其存在形式却是同一的,所以时间只有一个。

人们通常认为(牛顿为其代表),时间就像一条流逝的河,一切东西都被置于其中,并随它而去。这类观点将时间设定为独立存在的东西,万物都在时间中产生和消亡,如果把一切物质抽取,那么还有时间余留下来。黑格尔对此持反对态度,他认为,一切事物并不是在时间中产生和消亡的,因为“时间本身就是这种变易,即产生和消逝”,就是说,时间“仅仅是这种毁灭活动的抽象”,即是一种否定的形式,而事物就是以这种否定的形式存在着[16],时间因此不是在去掉事物后还能独自存在的东西。按照黑格尔的观点,事物所以存在于时间中,乃是因为它们自身有限;它们自身所以有限,乃是因为它们自身在消逝;它们所以会消逝,乃是因为“事物本身就是时间性的东西”,所以是“现实事物本身的历程构成时间”,而“这样的存在就是它们的客观规定性”。[17]

---

⑭ 黑格尔《自然哲学》,第 47 页。

⑮ 同上书,第 48 页。

⑯ 黑格尔《小逻辑》,第 198 页。

⑰ 黑格尔《自然哲学》,第 49 页。

黑格尔据此提出,时间可以说是“无所不能的”,也可以说是“一无所能的”。[18] 就时间是事物的否定性潜能而言,这种潜能会毁掉一切,又会同时让一切得到新生,周而复始,循环不已,所以时间是无所不能的;但就时间只是事物的否定性潜能而言,它不能独立存在,不能独立地毁掉一物,也不能独自让该物得到新生,所以时间又可以说是一无所能的。

按照这样的观点,催人衰老的罪魁祸首便不是岁月了,而是人自身在扬弃自身中走向衰老,并会在此种自否定的过程得到新生。时间的否定性不过是宇宙万物的自身规定性,所以必然有“物壮而老”,也必然有“生生不息”。

时间是无所不能的,又是一无所能的。这是一个非常重要的观点,也是开启黑格尔时间观的钥匙。无独有偶,亚里士多德就曾提出“时间事实上不过是运动的一种影响而已”。在这方面,黑格尔与亚里士多德可以说是一脉相承的。

关于时间的性质问题:黑格尔提出,事物自身总是处于否定之否定的过程中,周而复始,循环不已,所以时间是持续不断的自身扬弃,原本具有连续性。

关于时间与永恒的关系:黑格尔认为,自然的东西由于是有限的,才服从于时间,假如一切事都是持久不灭的,那么就不会有时间了,但“事实上,一切有限的事物都是有时间的,因为它们迟早都要服从于变化”。[19] 黑格尔由此提出,“绝对的无时间性就是永恒性”,而“真实的东西,即理念、精神则

---

⑱ 黑格尔《自然哲学》,第49页。

⑲ 同上书,第50页。

是永恒的”，因为没有卷入产生和消逝而永远存在着，所以凌驾于时间之上。[20]

关于时间、空间和运动的关系：黑格尔认为，运动是空间和时间的关系，因为运动是“通过空间而现实存在的时间”，或者是“通过时间才被真正区分的空间”。[21]例如百米赛跑，如果一个运动员从起点跑到终点用了10秒钟，那么对他而言，这次跑步运动便可以说是“100米达到10秒钟”（此即通过空间而存在的时间），也可以说是“10秒钟达到100米”（此即通过时间区分的空间）。

关于过去、现在和将来：按照一般常识，过去、现在和将来均为时间的维度。黑格尔对此提出批评，他认为，过去、现在和将来和都不是时间的真实维度，因为它们都不是客观存在的，“只有在主观的表象中，在记忆中，以及在恐惧和希望中，这些维度才是必不可少的”。[22]所以现在只在直观中，过去只在记忆中，将来只在恐惧和希望中，也就是说，现在、过去和将来只在人的意识中，它们不过是意识的产物，因而不能是真实的时间。

关于主客问题：康德看到的感性形式居于“主体的存在”层面，时间不过是事物的现象在意识中结合起来的方式，因此代表了一种主观规定性。黑格尔看到的感性形式居于“客体的存在”层面，时间成为事物的存在形式，因此是事物的一

---

[20] 黑格尔《自然哲学》，第51—52页。

[21] 黑格尔《精神现象学》，上卷，贺麟、王玖兴译，商务印书馆，1974年版，第30页。

[22] 黑格尔《自然哲学》，第49页。

种客观规定性。黑格尔的时间观因此是以批判康德为切入点的,但黑格尔却与亚里士多德是前后相继的,因为他们都相信在“客观存在”的方向上可以找到本真的时间。

三、意义与问题

早期的黑格尔把时间理解为自否定的发展过程,后期的黑格尔认为时间是事物自身的纯变易,是现实事物本身的历程构成了时间。从这里可以窥见黑格尔在探索时间上的自然接转和发展。

黑格尔把作为感性形式的时间从康德的内在世界中拉出来。不过,他在寻找时间方面的主要成果还不在这里。在讨论亚里士多德的时间观时,我们曾提及,黑格尔首先发现并试图解决亚里士多德时间观中的主要问题。当亚里士多德提出“时间是就先后而言的运动的数目”时,他已经意识到了时间的本质的所在范围。但由于他没有讲清楚使运动得以计算的数究竟是什么数,也就没有讲清楚时间原本是什么。而他所以未讲清楚这类数,就因为他把运动理解为一切运动。由于时间在没有空间变化、数量变化或性质变化的情况下仍然在不停息地流逝,所以它是否流逝或是否存在便与多数运动或变化无关,而把一切运动作为时间之源的认识就成问题了。这样的笼统认识因此可以给出时间的本质所在范围,却给不出准确的定位。

黑格尔把时间的本质理解为单纯的变易,而这个变易本身就是“产生和消亡”,所以时间的本质所在范围在他那里缩小到一种运动或变化。天地万物千差万别,但它们的存在形式却是同一的,即都以“产生和消亡”这个自否定的形式存在。一切事物都在时间中,其实是一切事物都以自否定的形式存在着。这个“产生和消亡”运动有个特点,就是连续不断。任何一物,只要它存在着,它就在不停息地走向死亡,所以“逝者如斯夫,不舍昼夜”。另一方面,时间可以在没有空间变化、没有数量变化或者没有性质变化的情况下持续流淌,但在没有“产生与灭亡”的情况下,时间会立刻断流或消失,因为没有了“产生与灭亡”,宇宙万物都成为乌有的或者永恒的。如果宇宙万物都不存在,那么时间自然不存在;如果宇宙万物都是永恒的,那么时间也定然不复存在。由此可言,如果我们沿用亚里士多德的观点,把运动分为空间的变化、数量的变化、性质的变化和“产生与灭亡”四类,那么唯独“产生与灭亡”这类运动原本与时间有着不可分离的内在关系。

黑格尔的主要成果就在于发现了这个内在关系,所以把时间的本质所在范围缩小到或精确到一种运动“产生和消亡”上。他不仅把时间确定为事物的存在形式,而且把这个存在形式具体解释为纯变易。看不见的时间由此还原为可直观的。黑格尔因而既是亚里士多德的实际继承者,也是亚里士多德的缺点的修正者。

问题讨论:

黑格尔把时间的本质还原为纯变易,但他没有揭示这个纯变易与自然的时间(或物理学上的时间)的关系,反而把自然的时间闲置一边。在他看来,研究时间不需要科学,也没有相应的科学("决没有任何研究时间的科学,对应于研究空间的科学,即几何学。"㉓)。不过,自然的时间是人们在实际生活和工作中所用的时间,年月日、时分秒的存在是不可否认的事实,我们因此有必要解释这个时间,有必要知道它原本是什么,也有必要弄清楚它与纯变易之间有没有关系,有何种关系。

如果时间本质上确如黑格尔所言是纯变易,那么就可以据此察明这个纯变易与自然时间的区别(本质与非本质),也就可以弄清楚自然时间的原本所是。反过来讲,弄清楚了自然时间的原本所是,就可以据此察明它与纯变易的区别,也就可以发现时间的本质。黑格尔没有讲明自然时间的原本所是,因而未能确定这个时间与纯变易的区别所在,也就没有完全揭开时间的面纱。

在黑格尔之前,牛顿曾把时间分为绝对的时间和表象的时间。这个表象的时间就是自然的时间。他试图通过时间的本质与表象来解释这二类时间的实际存在和内在联系。

在黑格尔之后,海德格尔也走二类时间的路子。他把时间分为本源的时间和非本源的时间。由于后者源自前者,所以本源的时间可谓本真的时间,而非本源的时间可谓非本真的时间。这个非本源的或非本真的时间就是人们通常所说的和所用的自然时间。

㉓ 黑格尔《自然哲学》,第52页。

结语

亚里士多德在“存在”的方向上把时间的本质所在范围缩小到事物的运动上。黑格尔在这个方向上把时间的本质所在范围进一步缩小到事物的一种运动上。亚里士多德剥离了遮盖时间本质的第一层外衣,黑格尔剥离了第二层外衣。如果把这种层次剥离外衣,最终显现本质的方法称作“本质还原”,那么亚里士多德完成了第一次本质还原,黑格尔完成了第二次本质还原。随着本质还原的层次深入,时间的本质渐次显露出来。

黑格尔胸罗星宿,是那个时代最博学的人之一,但他在《自然哲学》中对自然现象的误说和晦涩的哲理使人们宁可将他的自然哲学体系抛到一边,并在不经意间捎带上了他的时间观,就像倒水时把盆里的东西也倒出去一样,所以现在需要重新考察黑格尔的时间概念或时间观,汲取其中的精华,勿让重要的一环阙失。

第七章

辩证唯物论的时间观

一切存在的基本形式是空间和时间，时间以外的存在和空间以外的存在，同样是非常荒诞的事情。

——恩格斯

恩格斯提出:“认识就其本性而言,或者对漫长的世代系列来说是相对的而且必然是逐步趋于完善的,或者就像在天体演化学、地质学和人类历史中一样,由于历史材料不足,甚至永远是有缺陷的、不完善的,而谁要以真正的、不变的、最后的、终极的真理的标准来衡量它,那末,他只是在证明他自己的无知和荒谬。”[①]他的这段话也适用于辩证唯物论的时间观。

就像辩证唯物论的产生与黑格尔的哲学直接相关一样,辩证唯物论的时间观也与黑格尔的时间理论直接相关。黑格尔认为时间是事物自身的存在形式,辩证唯物论也认为时间是物质的存在形式,只是黑格尔把这种形式限定为一种运动的形式,即限定为“纯变易”,而辩证唯物论则把这个形式扩大为一切运动的。

一、运动是物质的存在方式

辩证唯物论认为,运动是物质的存在方式,自然界、人类历史,包括我们自己的精神活动,这一切呈现为“一幅由种种联系和相互作用无穷无尽地交织起来的画面,其中没有任何东西是不动的和不变的,而是一切都在运动、变化,不断产生

① 恩格斯《反杜林论》,人民出版社,1970年版,第88页。

和消失”。[②] 所以运动和物质一样,既不能创造,也不能毁灭,而只能转移,“没有运动的物质和没有物质的运动是同样不可想象的”[③],任何静止和平衡都是相对的。

如果世界曾经处于一种绝对不发生任何变化的状态,那末它是不能从这一状态转到变化的,因为“绝对没有变化的,而且从来就处于这种状态的东西,不能由它自己去摆脱这种状态而转入运动和变化”[④],而只能在外力的推动和影响下转入运动和变化。但这个世界自身是无限的,也就是唯一存在的,原本不可能还有在它之外的东西或力。

由于世界是无限的,所以运动也是无限的,“没有一个方向是有终点的,不论是向前或向后,向上或向下,向左或向右”,但运动的无限性不同于无限序列的无限性,因为无限序列总是开头从一开始,即从序列的第一项开始。[⑤]

二、时间是运动着的物质的存在形式

唯物论者费尔巴哈说:“空间和时间不是现象的简单形式,而是存在的……根本条件(Wesensbedingungen)。”[⑥]从这个观点出发,辩证唯物论认为,运动着的物质只有在空间和

---

② 恩格斯《反杜林论》,人民出版社,1970 年版,第 18 页。

③ 同上书,第 57 页。

④ 同上书,第 50 页。

⑤ 同上书,第 47 页。

⑥ 摘自列宁《唯物主义和经验批判主义》,人民出版社,1960 年版,第 169 页。

时间之内才能运动，所以时间和空间都是运动着的物质的存在形式。在这方面的公认说法见于恩格斯的《反杜林论》：

> 一切存在的基本形式是空间和时间，时间以外的存在和空间以外的存在，同样是非常荒诞的事情。⑦

对辩证唯物论而言，运动是物质的存在方式，时间和空间则是运动着的物质的存在形式。一切事物都在时间和空间中，其实是指一切事物都以时空的形式存在着。

物质的这种存在形式决定了：没有物质，就没有时间和空间。时间和空间不是离开了物质还能独立存在的东西，反过来讲，物质也不能离开时间和空间而存在。"世界上除了运动着的物质，什么也没有，而运动着的物质只有在空间和时间之内才能运动。"⑧

康德把时间理解为内在的感性形式，并用表象的结合形式或关系来解释这个内在的感性形式。黑格尔把时间理解为外在的感性形式，并用纯变易（即产生与灭亡）具体解释这个存在形式。恩格斯把时间理解为物质的存在形式，但他没有具体解释这个存在形式，这就给后人留下了一个未知数。

后来的辩证唯物论一般认为，物质的伸张性和广延性与空间相关，而物质的持续性和顺序性则与时间相关。他们试

---

⑦ 恩格斯《反杜林论》，人民出版社，1970 年版，第 49 页。
⑧ 列宁《唯物主义和经验批判主义》，第 169 页。

图通过伸张性和广延性使空间的存在形式得到解释,并试图通过伸张性和广延性使时间的存在形式得到解释。

宇宙万物总在运动,总要朝前后、左右、上下等各个方向移动自身,这就是伸张性;而它们有一定的形态或体积,并占据一定的位置,这就是广延性。由于伸张性和广延性是物质能够并存的条件,所以是物质的客观规定性。

事物的存在是个过程,这个过程的始端和终端不可能在同一个瞬间,否则就不成其为过程,也就不会有事物存在。不同的过程有长短久暂之分(如人有几十年的寿命,地球有几十亿年的历史等),这就是持续性;任何过程都可以分解为若干个前后相继的阶段(如地球公转一圈有春、夏、秋、冬,中国历史有唐、宋、元、明、清等,人的生命历程有少、壮、老)。这里的先后相继就是顺序性。由于持续性和顺序性是事物相继存在的条件,所以也是物质的客观规定性。

时间是运动着的物质的基本形式,因此它与运动之间存有本质的关系。在辩证唯物论看来,整个自然的、历史的和精神的世界就是一个过程,即处在不断的产生和消失中,所以辩证唯物论理解的运动包括一切自然的、历史的和精神的运动,而时间的本源也因此同一切运动或变化相关,并非仅仅同某一类运动或变化相关。

辩证唯物论提出,时间与时间观念不是一回事。这是因为,时间是一切存在的基本形式,而作为这样的形式,时间本身便是无限的、绝对的和客观的。与此相对,时间观念是人对时间的认知,因此是有限的、相对的和主观的。我们在不断地探索时间的奥秘,即在不断地补充和改变时间观念,但

"人类的时空观念的可变性也没有推翻空间和时间的客观实在性"。[9] 将时间同时间观念区别开来,这是辩证唯物论的基本立场。

三、时间的性质

连续性:辩证唯物论认为,持续性和顺序性的结合就是连续不断地有序相继,也就是连续性。时间就像一条河流,后浪推前浪,滔滔不绝,永无止息。时间又像一条直线,可分解为无数个连续的线段,每个线段又可分解为无数个连续的分线段,而每个分线段还可继续分解下去。

时间的连续性是由运动的连续性规定的,因为时间不过是运动着的物质的基本形式,只要运动或变化是连续的,时间就一定是连续的。

无限性:辩证唯物论认为,时间既没有始端,也没有终端,它在两个方向上都没有限界,所以是恒在的。时间的无限性与物质和运动的无限性相关,按照物质不灭定理,物质的存在既无始亦无终,物质的运动也既无始亦无终,所以作为运动着的物质的存在形式,时间定然既无始亦无终,不能把时间想象为一种从一数起的序列或从某一点延伸出去的直线。[10]

不可逆性:辩证唯物论认为,时间具有不可逆性,即一维

---

⑨ 列宁《唯物主义和经验批判主义》,第169页。

⑩ 恩格斯《反杜林论》,第47页。

性。它总是沿着一个方向前进而不会逆转。例如,每个人都由少年长到青年,再由青年长到老年,但不可能由老年回到青年,再由青年回到少年。时间的流逝一去而不复返,所以孔子会望河兴叹:"逝者如斯夫,不舍昼夜。"

时间与空间的关系:辩证唯物论认为,物质的存在总是以空间和时间为形式,就是说,物质的运动或变化一定既在空间中,又在时间中,不能设想某个运动或变化只在空间中而不在时间中,或只在时间中而不在空间中。从这个意义上讲,空间和时间本身也是不可分割的。

相对的时间:辩证唯物论认为,物质的运动是无条件的和绝对的,作为物质的存在形式,时间的持续和延伸也就是无条件的、绝对的。但通过测度和计量获得的时间(如年、月、日等)则不同,这类时间只是时间的量值。它们由于人的计时法受科学发展水平限制而不可能与客观实在的时间完全一致或不能绝对同步,所以只能是有条件的、相对的时间。

四、意义与问题

辩证唯物论试图从存在的层面上揭示时间的本质,由此把时间理解为一切存在者的基本形式,并通过这个认识把时间同存在者区别开来,不仅同主观的存在者区别开来,而且同客观的存在者区别开来。在这方面,辩证唯物论强化了亚里士多德的时间观点。

恩格斯将时间和空间定义为"一切存在的基本形式",但他没有对这个基本形式做具体解释,因此也未将作为时间的基本形式同作为空间的基本形式区别开来。这样就给以后的时空研究带来了一个未知数。后来的辩证唯物论者一般不把这个未知数当作未知数,于是便留下一个需要解决而未能解决的问题。

具体而言,辩证唯物论把持续性和顺序性当作时间理解,或至少理解为构成时间这个基本形式的两大要素。问题是:物质的持续性和顺序性可以与时间相关,但并不一定与时间相关。

理由一:持续性和顺序性完全可以是空间的表示。例如,一列火车从上海直达北京,中间不做任何停靠。列车行驶的这种持续性就与列车自身的位移相关,而与时间无关。又如,鳞次栉比的房子,前后相随的车队,军事上的梯次防御等等,体现在这些场合中的顺序性只与空间次序相关,而与时间无关。

前与后(先与后)原本不是时间的专用语,它们除了用来表述时间外还常被用来表述空间。同样,持续性和顺序性也不是时间的专用语,它们除了用来表述时间外也常被用来表述空间。

如果要用持续性和顺序性来解释时间,那么就要先说明这个持续性和顺序性是时间性的。但要解释什么是时间性的持续性和顺序性,又需要先知道什么是时间。这样就恰好把需要求证的结果当作已知前提了。

理由二:持续性和顺序性也可以是数量的表示。例如,体重持续保持在60公斤;温度在连续不断地上升。此类情况的持续性就与数量或数量变化相关，而与时间无关。又如："1、3、5……2n－1……"是一个数列，体现在这个数列中的顺序性也只与数量变化相关，而与时间无关。

理由三：持续性和顺序性还可以是动作的表示。例如，跳高可分解为助跑、起跳、翻越和落地等四个连续性动作。体现在这个运动技术中的连续性和顺序性就与动作相关，而与时间无关。

我们可以举出无数的实例来说明持续性和顺序性并不就是时间的。事实上，持续性和顺序性只在一类运动中才一定与时间相关，而这类运动就是"纯变易"（产生与灭亡）。黑格尔可谓这方面的先知先觉者，我们可以回顾一下前文关于黑格尔时间观的讨论。

由于持续性和顺序性只在一类运动中与时间相关，即是时间的表示，而在其他各类运动中则不一定与时间相关，即不一定是时间的表示，它们可以是空间及其变化的表示，可以是数量及其变化的表示，还可以是其他次序的表示，所以持续性和顺序性作为时间性只是一个特例，换句话说，持续性和顺序性原本不能与时间划等号。

亚里士多德认为时间与一切运动或变化相关，所以把时间的本质笼统理解为运动的数目。辩证唯物论也认为时间与一切运动或变化相关，所以也有笼统认识时间本质的问题。

辩证唯物论的时间观恰当地把时间与时间观念区别开。但在把客观世界同主观世界区分开的同时，辩证唯物论却不恰当地把人的因素一并排除出去，但问题是：时间的存在可能与人的存在密切相关。对此马克思曾提出:“时间实际上是人的积极存在,它不仅是人的生命的尺度,而且是人的发展的空间。”⑪这是一个天才的思想,可惜只停留在马克思的手稿中,由于各种原因而未能得到马克思本人的系统阐述。这个思想萌芽以后也没有在辩证唯物论那里得到承继和发展。关于人的因素,马克思还曾说道:“被抽象地孤立地理解的、被固定为与人分离的自然界,对人来说也是无。”⑫同人分离的自然界对人来说可以是无,那么同人分离的时间同样可以对人来说是无。与此观点同向,西方哲学和宗教哲学中总有人试图用各种方法把时间解释为观念性的东西。如果将他们学说中的不合理之处去掉,那么剩下的合理之处恐怕就在于他们对人的因素的重视。

结语

辩证唯物论把时间定义为运动着的物质的存在形式,由此继续了在“存在”方向上的探索时间之旅。但辩证唯物论没有具体解释这个基本形式,因而留下一个未知数,也就留下了继续寻找时间的方向。

科学的进步曾经唤起哲学向时间进军。而当哲学大张旗鼓地追索时间之源时,科学反倒慑于牛顿的权威和光芒而停下了探索时间的脚步。此种状态一直持续到爱因斯坦的

---

⑪ 《马克思恩格斯全集》第 47 卷,人民出版社,第一版,第 532 页。

⑫ 《马克思恩格斯全集》第 42 卷,人民出版社,第一版,第 178 页。

相对论问世。这位可与牛顿比肩的伟大科学家用新的时间观批判了绝对时间，由此引发了物理学的革命，此时距牛顿发表《自然哲学之数学原理》已经有200余年了。

第八章

爱因斯坦的时间观

——兼评马赫的时间观

相对论改变了我们的时空观念，事实上，它揭示了空间和时间的全新特征。

——海森堡

爱因斯坦(Einstein,1879—1955)是现代科学的奠基者和缔造者,他提出的相对论标志着物理学新纪元的到来。爱因斯坦的相对论分为“狭义相对论”和“广义相对论”二个部分。广义相对论是在狭义相对论的基础上发展出来的,而狭义相对论则是以爱因斯坦对时间的新理解为基础的。

一般认为爱因斯坦受到马赫的很大影响,爱因斯坦本人也这么认为。这位奥地利物理学家和哲学家给爱因斯坦带去了什么影响呢?由于时间因素在相对论中的关键位置,所以要知道马赫的影响,有必要先了解马赫的时间观。

马赫(Mach,1838—1916)生活在19世纪,与黑格尔大致头尾相接,所以他的思想与黑格尔及康德之间有着环节相连的关系。

康德把时间理解为主观的感性形式,黑格尔把时间理解为客观的感性形式,马赫则提出第三种可能性:时间不在感性形式那里,而在感性质料那里,即在感觉那里。按照马赫的观点:

a.“空间、时间与颜色、声音一样,应该叫作感觉。”①

b.颜色、声音、温度、压力、空间、时间等感觉以各种各样的方式相互结合起来,形成感觉的复合体,而这些复合体就

---

① 马赫《感觉的分析》,洪谦、唐钺、梁志学译,商务印书馆,1986年版,第6页。

叫作物体，所以“并不是物体产生感觉，而是要素的复合体（感觉的复合体）构成物体”②。

c. 推而言之，“世界仅仅由我们的感觉构成”，而“我们的知识也就仅仅是关于感觉的知识”。③

马赫对感觉的认识与贝克莱的“存在就是被感知”是同向的。对今人而言，这类观点的毛病显而易见，因为目前已探明宇宙中有许多物质是我们感觉不到的，但它们却真实存在。依爱因斯坦之见，把感觉本身当作建造实在世界的砖块，由此把感觉作为科学研究的唯一材料的认识论观点是“根本站不住脚的”。科学不仅仅是对经验材料的整理，理论本身具有构造的和思辨的性质，但“正是在理论的构造－思辨的特征赤裸裸地表现出来的那些地方”，马赫“却指责了理论，比如在原子运动论就是这样”。④

这样看来，马赫的时间观还不是真正影响爱因斯坦的东西。

爱因斯坦在《狭义与广义相对论浅说》中自述道：“马赫的真正伟大，就在于他的坚不可摧的怀疑态度和独立性”，因为“19 世纪所有的物理学家都把古典力学看作全部物理学的，甚至是全部自然科学的牢固的和最终的基础”，而“恩斯

---

② 马赫《感觉的分析》，洪谦、唐钺、梁志学译，商务印书馆，1986 年版，第 23 页。

③ 同上书，第 9 页。

④ 爱因斯坦《狭义与广义相对论浅说》，杨润殷译，胡刚复校，北京大学出版社，2006 年版，第 133 页。

特·马赫在他的《力学史》中冲击了这种教条式的信念”。[⑤]以往的物理学家把牛顿力学奉为最高权威和最终系统，而马赫却义无反顾地破除这种迷信。正是这种坚定的怀疑态度和独立性真正地影响了爱因斯坦。

相对论带来的物理学革命，其对象就是被认作自然科学最终体系的牛顿力学，而怀疑牛顿的绝对时间则是爱因斯坦的出发点。

一、相对性原理要求否定绝对的时间

爱因斯坦1921年去美国，迎接他的新闻记者问他能否用三句话解释一下相对论的最主要的思想，爱因斯坦回答道："在十九世纪，人们认为：如果把所有的物质从宇宙中拿走，还剩下空间和时间。相对论不这样，它说明：如果把所有的物质从宇宙中拿走，那么空间和时间也消失了。"[⑥]爱因斯坦在这段话中提到了两种时间概念，一种是相对论依赖的，另一种是相对论要否定的，而这另一种便是牛顿提出的绝对时间概念。

力学研究的对象是机械运动，物体间或物体内各部分之间相对位置的变化称作机械运动，而机械运动无非是空间和时间的变化，所以“力学的目的在于描述物体在空间中的位

---

⑤ 爱因斯坦《狭义与广义相对论浅说》，杨润殷译，胡刚复校，北京大学出版社，2006年版，第133页。

⑥ 《爱因斯坦》，孙秀民、马仁惠译注，上海外语教育出版社，1983年版，第74—75页。

置如何随‘时间’而改变”[7]。爱因斯坦与牛顿都是站在力学层面上探索时间的，所以他们虽然在观点上是对立的，但却都是根据物体的机械运动来解释时间。预先说明这一点有助于以后讨论时间的本质问题。

海森堡说：“牛顿的系统长时期以来被看作是最终的系统，而以后科学家的任务似乎仅仅是把牛顿力学推广到广阔范围的经验中去。实际上差不多有两个世纪，物理学正是沿着这些路线发展的。”[8]牛顿的绝对时间观也同样被视为颠扑不破的真理。到19世纪末经典力学已取得了许多成就，并且在物理学中占据了统治地位，然而随着电磁学的发展，它却在解释光的现象中遇到了根本困难。由于绝对的时间只能应用于光速以下的事件，而不能应用于光速的事件，人们终于发现了牛顿力学的一个本质上的界限。这个界限使爱因斯坦开始质疑牛顿的绝对的时间，并基于一个新的时间认识建立起他的相对论。

爱因斯坦提出两个原理作为相对论的基本假设：

a. 狭义相对性原理：所有物理定律在任何惯性系中都具有相同的形式，即物理定律适用于一切惯性系。

b. 光速不变原理：光在真空中的传播速度与参考系无关，所以是恒定的。不管光源本身的运动速度是多少，也不管光源的运动方向与光的传播方向是否相同，光速始终不变

⑦　爱因斯坦《狭义与广义相对论浅说》，第9页。

⑧　海森堡《物理学和哲学》，范岱年译，商务印书馆，1981年版，第52页。

($c=30$ 万公里/秒)。这便是光的传播定律。[9]

当科学研究面对光速时,一个问题出现了。人们发现,光的传播定律在低于光速的惯性系中是等效的,但却不能应用于光速的惯性系。这个现象与狭义相对性原理恰好相抵触。那么,是狭义相对性原理错了,还是光的传播定律错了?爱因斯坦认为,狭义相对性原理和光的传播定律都是正确的,问题其实出在经典力学对时间的错误认识上。

爱因斯坦用一种深入浅出的方式阐释这个问题:

如果火车车厢在铁轨上以等速 v 行驶,有个人在车厢里沿着车厢行驶的方向以速度 w 从车厢一头走到另一头。在这个过程中,这个人相对于路基的前进速度 W 应等于车厢的前进速度加上自己的步行速度($W=v+w$)。这就是经典力学的速度相加定理。爱因斯坦指出,这个定理能应用于光速以下的一切机械运动,却不能应用于光本身的运动,所以"是不能加以支持的"。[10]

现在假设,地球是一个极长的火车车厢,在车厢当中有一个光源。该光源发出的光线顺着车厢行驶方向的传播速度和逆着车厢行驶方向的传播速度必定相等。

如果这时沿着路基发出一道光线,那么这道光线的前端将相对于路基以速度 c 传播。在这种情况下,光线相对于车

⑨ 惯性系:保持静止或作匀速直线运动的物体。参考系:为观察一个物体的运动而选作参考的物体。在参考系中取定一个坐标系就能对物体的运动做定量描述,所以坐标系是参考系的抽象,在具体问题中如果指明了坐标系,就意味着已选定了参考系。

⑩ 爱因斯坦《狭义与广义相对论浅说》,第15页。

厢的传播速度有多大？

假定车厢仍以速度 v 在路轨上行驶，其方向与光线的方向相同。由于光线在这里充当了相对于车厢走动的人，光线相对于路基的速度 c 代替了人相对于路基的速度 W，所以光相对于车厢的速度为：$w=c-v$（因为 $c=W$，而 $W=v+w$，所以 $c=v+w$，即 $w=c-v$）。[11] 这就出现了光线相对于车厢的传播速度 w 要小于光速 c 的情况。

爱因斯坦认为，"这是一个与相对性原理相抵触的结果"，因为"根据相对性原理，真空中光的传播定律，就像所有其他普通的自然界定律一样，不论以车厢作为参考物体，还是以路轨作为参考物体，都必须是一样的"。[12]

如果光线相对于路基以速度 c 传播，那么它相对于车厢的传播就必须服从另一个定律。经典力学解决不了这个矛盾，"除了放弃相对性原理或放弃真空中光的传播的简单定理以外，其他办法似乎是没有的"。[13]

但是，这两个原理实际上都是真实的，因为所有的科学实验（最著名的是迈克尔孙－莫雷实验）都不曾发现与光速恒定原理相抵触的数据，也不曾发现与相对性原理相抵触的数据。

倘若相对性原理和光的传播定理是不能放弃的，那么我们在这种抵触问题面前就真的束手无策吗？爱因斯坦的回答是否定的，他在质疑绝对时间中找到了答案：如果时间的

---

⑪　爱因斯坦《狭义与广义相对论浅说》，第16页。

⑫⑬　同上书，第17页。

流逝相对于不同参照物而有快慢差别，如果时间不是与事物无关的，而是相关的，那么它就将褪去绝对的光环，而我们就可以对光线相对于车厢的传播速度小于光速 c 的事件做出合理解释。

爱因斯坦指出："牛顿物理学的特点是承认空间和时间乃是和物质一样地有其独立而实际的存在。"[14]与牛顿不同，爱因斯坦认为，有关时间与外在之物及其运动状态无关的陈述不过是个假定，"如果我们抛弃这个假定，那么真空中光的传播与相对性原理之间的抵触就消失了"。[15] 时间因此不是可以脱离物质世界而独立存在的，也就是说，时间不是绝对的，而是相对的。

依爱因斯坦之见，"相对论就是在这个关头产生的。由于分析了时间和空间的物理概念，人们开始清楚地看到，相对性原理和光的传播定律实际上没有抵触之处，如果系统地贯彻这两个定律，就能够得到一个逻辑严谨的理论。这个理论称为狭义相对论，以区别于推广了的理论。"[16]

二、相对的时间

爱因斯坦在解释相对的时间概念时曾用了一个有趣的示例：

---

⑭ 爱因斯坦《狭义与广义相对论浅说》，第 107 页。

⑮ 同上书，第 22 页。

⑯ 同上书，第 17 页。

设一列火车在匀速行驶,我在车厢窗口松手丢下(不是用力投掷)一块石头到路基上。如果不计空气阻力的影响,我看见石头是沿直线落下的。但在路基上观察这一举动的行人却看到石头是沿抛物线落到地面上的。

石头所经过的各个位置究竟是在一条直线上,还是在一条抛物线上?爱因斯坦回答:如果"引入'坐标系'这个有利于数学表述的观念来代替'参考物体'",那么就可以说,石块相对于同车厢固定连接的坐标系走过了一条直线,但相对于同路基牢固连接的坐标系则走过了一条抛物线。这个结果表明:没有"独立存在的轨线",而只有"相对于特定的参考物体的轨线"。⑰

参考不同的物体来观察同一物体的运动,所获得的结果会是不同的。同样,参考不同的物体来观察同时发生的事件,所获得的结果也会是不同的。

爱因斯坦提出,相对于某个参照物是同时的事件,相对于另一个参照物却可以是不同时的。如果这个现象是真实的,那么就可以证明时间的流逝不是绝对均匀的,由此可确信相对时间的存在。爱因斯坦仍以火车为例⑱:

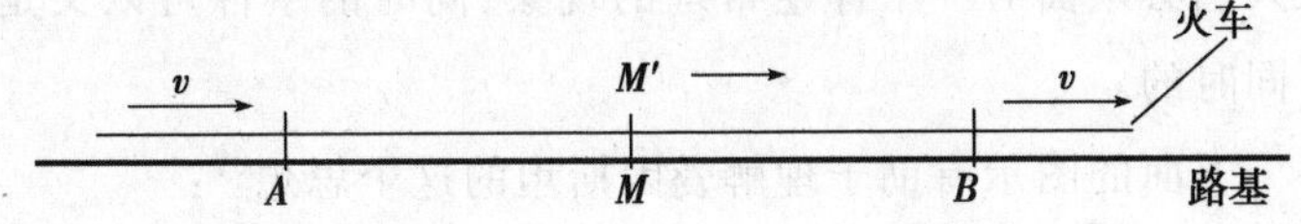

⑰ 爱因斯坦《狭义与广义相对论浅说》,第9页。

⑱ 同上书,第21—22页。

假设有一列很长的火车以恒定速度 v 沿着上图标示的方向行驶。

设有 A、B 两处遭受雷击。如果闪电在 A 处和 B 处发生的光在路基 $A \to B$ 这段距离的中点 M 相遇,我们就会说,雷击事件 A 和雷击事件 B 相对于路基而言是同时的。那么对于路基来说是同时的两个事件,对于火车来说是否也是同时的?

雷击事件 A 和 B 对应于火车上的 A 点和 B 点。令 M' 为火车上 $A \to B$ 这段距离的中点。如果火车不动,那么坐在火车上的 M' 处的一个观察者就总是停留在 M 点,当雷电闪光发生的时候,点 M' 与点 M 重合,A 和 B 处发出的闪光就会同时到达他这里,也就是说,正好在他所在的地方相遇。但是,点 M' 以火车的速度 v 向图中的右方移动,所以实际上这个观察者与来自 B 处的光线相向而行,而与来自 A 处的光线同向前进,因此这个观察者将先看见从 B 处发出的光线,后看见从 A 处发出的光线。所以把列车当作参考物的观察者会得出这样的结论:雷电闪光 B 先于雷电闪光 A 发生。

依照常理,同时就是同时,同时不能又是不同时。但现在人们必须面对一个悖逆常理的现象:同时的事件可以又是不同时的。

下面的图示有助于理解爱因斯坦的这个思想[19]:

---

⑲ 吴锡珑主编《大学物理教程》,高等教育出版社,1991 年版,第 7 章“狭义相对论基础”。

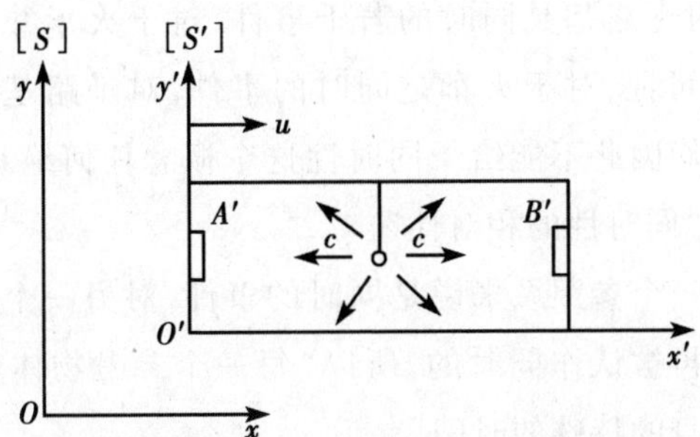

设有参考系 S(路基)和参考系 S'(车厢),S'系相对 S 系以速度 v 沿 x 和 x'的共同方向运动,在 S'系的中点有一盏闪光灯,左右两端有接收器 A'和 B'。

如果让灯发出一次闪光,则会出现如下现象:

在 S'系中观察:由于光源位于 A'和 B'的中点,光的传播速度在两个方向上均为 c,所以 A'和 B'同时接收到光信号,即 A'收到信号和 B'收到信号是同时的事件。

在 S 系中观察,当闪光发生后,因光速与参考系无关,所以光线向左右两方传播的速度同为 c。但在光线的前端到达接收器的这段时间中,A'迎着光走了一段距离,而 B'则与光同向走了一段距离,所以 A'必定先收到光信号,而 B'必定后收到光信号。这样,在 S 系中观察,A'收到光信号与 B'收到光信号就不是同时的事件。

上例表明,时间的流逝是同参照物相关的,因为对 S'(车厢)是同时的事件,对 S 系(路基)就不是同时的,反之则反是。

基于对“同时”的阐说,爱因斯坦得到这样几个重要结果:

1.“对于路基是同时的若干事件,对于火车并不是同时的。”同理可证,对于火车是同时的事件,对于路基就不是同时的。我们因此不能给予同时性这个概念任何绝对的意义,这就叫作“同时性的相对性”。

2. 对一个参照系来说是同时的事件,对另一个参照系来说就不能再被认作同时的,所以“每一个参考物体(坐标系)都有它本身的特殊的时间”。

3.“除非我们讲出关于时间的陈述是相对于哪一个参考物体的,否则关于一个事件的时间的陈述就没有意义。”⑳

以上三点构成相对时间概念的内涵。根据这样的相对性内涵,爱因斯坦对时间的本质提出了一个重要的观点:

> 在相对论创立以前,在物理学中一直存在着一个隐含的假定,即时间的陈述具有绝对的意义,与参考物体的运动状态无关。如果我们抛弃这个假定,那么真空中光的传播与相对性原理之间的抵触就消失了。㉑

如果时间真实地与参照物相关,如果时间的流逝与参照物的运动状态相关而快慢不等,那么这个时间原本就没有独立自在的根据,所以爱因斯坦进一步提出:

> 空间-时间未必能看作是可以脱离物质世界的真正客体而独立存在的东西。并不是物体存在于空间中,

---

⑳㉑ 爱因斯坦《狭义与广义相对论浅说》,第22页。

而是这些物体具有空间广延性，这样看来，关于"一无所有的空间"的概念就失去了意义。[22]

时间和空间一样，都不是可以脱离物质而自在的东西，如果把所有的物质从宇宙中拿走，那么时间会和空间一并消失，爱因斯坦由此否定了时间作为一个客体存在的可能性。他把时间理解为物质的存在形式，就像他把空间理解为物质的存在形式（广延性）。作为科学家的爱因斯坦并未把自己局限在实验、数字和公式中，他像牛顿一样借助哲学的思维方式探索时间的本质，尽管他仍然立足于物理学。

三、相对时间观是支持相对论的基础

有了对相对时间的认识，人们便可以发现，光传播定律与相对性原理的相抵触问题其实并不存在，抵触只是表象，并非真相，因为光的传播速度不论对何种参照系都是一样的。问题不在光速上，而在人们对时间本质的错误认识上。

假设火车车厢的长度为30万公里。在车厢里的观察者会发现，光线从车厢这头走到那头用了1秒钟，就是说，这个光传播事件相对于车厢持续了1秒钟；但站在路基上的观察者会发现，由于车厢在光线传播期间也向前走了一段路程，所以光线到达车厢前端时的传播距离就不止30万公里了，光线的传播因而用时超过1秒，就是说，这个光线传播事件相对

---

[22] 爱因斯坦《狭义与广义相对论浅说》，第十五版说明。

于路基持续了1秒多钟的时间。

同一个光线传播事件，以车厢为参照系时所用时间短，以路基为参照系时所用时间长，所以“相对于车厢发生一特定事件所需的时间，绝不能认为就等于从路基（作为参考物体）上判断的发生同一事件所需要的时间”㉓，不能硬说光线自车厢这头走到那头所用的时间从车厢上判断和从路基上判断是一致的。

我们知道，距离是速度和时间的函数，如果距离变了而速度不变，那么合理的解释就只能是时间发生了变化。正因为如此，光传播定律与相对性原理之间才不存在相抵触的问题。

相对的时间概念是支持狭义相对论的基础，爱因斯坦现在可以充分有理由地宣称，所有普通自然界定律（包括光传播定律）对于任何参考物体来说都是等效的。

绝对的时间概念是支持牛顿力学的基础，但这个时间概念带来相对性原理与物理定律相抵触的问题，所以海森堡提出：“牛顿力学概念不能应用于出现了与光速相近的速度的事件。在这里人们终于发现了牛顿力学的一个本质界限。”㉔

四、时间是事件的存在形式

爱因斯坦说，一个人如果不是数学家，当他听到“四维”

㉓ 爱因斯坦《狭义与广义相对论浅说》，第22页。

㉔ 海森堡《物理学和哲学》，第55页。

的事物时，会十分惊异，就如同想起神怪之物的感觉，可是“我们所居住的世界是一个四维空时连续区这句话却是再平凡不过的说法”。[25] 所以并不是狭义相对论首先引进了时空四维概念，“古典力学也是以空间和时间的四维连续区为基础的”。[26]

只是在经典力学中，时间和空间是彼此独立的，即如爱因斯坦所言：“牛顿物理学的特点是承认空间和时间乃是和物质一样地有其独立而实际的存在。”[27]由于时间充当着不同于空间坐标的独立角色，所以时间值与坐标系（参考系）的位置及运动状态无关，经典力学理解的四维区自然而然地分为一个三维连续区（空间）和一个一维连续区（时间）。

与此相反，狭义相对论“就空间坐标作为一方和时间坐标作为另一方如何进入自然规律的方式方法之间，创立了一种形式上的依存关系”。[28]按照爱因斯坦的说法，时间是与参照物相关的，参照物与被观察之物总处于相对运动中，而此类惯性系的相对运动无非是位移，亦即空间的变化，所以时间不能脱离参照物而自在，也就是说，时间不能脱离空间而自在。

爱因斯坦用事件来表述时间和空间的这种依存关系，并且用“时 - 空”整体来描述事件，而这个“时 - 空”整体也就是相对论认识的时空四维。所谓事件，就是发生于特定时间和

㉕ 爱因斯坦《狭义与广义相对论浅说》，第 42 页。

㉖ 同上书，第 147 页。

㉗㉘ 同上书，第 107 页。

空间的一个特定点的东西。对此爱因斯坦提出:"物理现象的世界是由各个事件组成的",而"每一个事件又是由四个数来描述的,这四个数就是三个空间坐标 x、y、z 和一个时间坐标——时间量值 t",所以"就空－时观而言",这个世界"自然就是四维的"。[29] 按照相对论,事件不能单独用三维空间来描述,也不能单独用一维时间来描述,它需要通过一个时空四维连续区来描述。爱因斯坦因而指出:"在相对论中,用四维方式来考察这个'世界'是很自然的,因为按照相对论,时间已经失去了它的独立性。"[30]这样,"用时间坐标的作用与三个空间坐标的作用完全一样。在形式上,这四个坐标就与欧几里德几何学中的三个坐标完全相当"。[31] 为强调时间和空间的这种相互依存性,爱因斯坦还用了"时－空"这样的结构式。

进而言之,运动是连续性的,事件也是连续性的,如果一个事件有三个空间坐标 x、y、z 和一个时间坐标 t,那么对于该事件而言,邻近的事件我们愿意选取多少就有多少,因为这些事件的坐标 x_1、y_1、z_1、t_1 与该事件的坐标"相差一个无穷小量"。事件是连续性的,世界是由事件组成的,所以世界本身"也是一个连续区"。世界不是事物的总和,而是事件的总和。[32]

用事件取代事物,这体现了一种对世界的新认识,爱因斯坦更加强调世界是一个发展过程。由于时空四维是事件

㉙ 爱因斯坦《狭义与广义相对论浅说》,第 148 页,第 42 页。

㉚ 同上书,第 42—43 页。

㉛ 同上书,第 43 页。

㉜ 同上书,第 42 页。

的存在形式,而事件实质上是事物及其变化过程的统一,所以当爱因斯坦提出世界是事件的总和时,他实际上已经在思考时间的本质,并由此把时间认作事件的存在形式。

五、意义与问题

爱因斯坦在他的自述中说道:“牛顿啊,请原谅我。你所发现的道路,在你那个时代,是一位具有最高思维能力和创造力的人所能发现的唯一的道路。你所创造的概念甚至今天仍然指导着我们的物理学思想,虽然我们现在知道,如果要更加深入地理解各种联系,那就必须用另外一些离直接经验领域较远的概念来代替这些概念。”㉝

在这些“离直接经验领域较远的概念”中,相对时间概念是支撑整个相对论的基础,因为它是证实光的传播定律与相对性原理没有抵触的根据。爱因斯坦用相对论证实了绝对时间的不存在,从而终结了牛顿的绝对时间概念,这在科学研究时间史上无疑具有里程碑的意义。对此海森堡提出:“相对论已改变了我们的时空观念,事实上,它已揭示了空间和时间的全新特征。”㉞

爱因斯坦以同时的相对性为根据得出“时间与参照物相关”的观点;继而以运动总显示为物体的相对运动为根据将这个观点一般化为“时间与物质相关”;然后再以每个参考物

㉝ 爱因斯坦《狭义与广义相对论浅说》,附录Ⅱ“自述”。

㉞ 海森堡《物理学和哲学》,第45页。

体都有特殊的时间为根据证实“时间不是可以脱离物质而独立存在的东西”，最后通过事件的时空形式把时间当作事件的存在形式理解。爱因斯坦对时间的思考终于指向了时间的本质。

绝对时间概念支持了牛顿物理学，可是当这个概念成为物理学发展的阻碍或桎梏时，人们就需要在认识时间本质方面有新的突破，单凭实验、数字或公式达不到这个目的，于是就生出了在哲学那儿得到启示的必要性，爱因斯坦对时间的思考因此不仅是科学的，而且是哲学的。

从另一个方面讲，爱因斯坦在时间问题上达到的认识高度也给人们一个启示，即哲学不能闭关自守，恐怕也需要借助科学的研究成果才能完全揭示时间的奥妙。黑格尔认为没有研究时间的科学，但爱因斯坦的相对论却是以时间研究为核心的，所以科学需要研究时间，研究时间也需要科学。

问题讨论：

爱因斯坦提出：“空间－时间未必能看作是可以脱离物质世界的真正客体而独立存在的东西。并不是物体存在于空间中，而是这些物体具有空间广延性，这样看来，关于‘一无所有的空间’的概念就失去了意义。”

爱因斯坦的这段话包含了对时间的本质理解，不过他用的是否定句，而不是肯定句，即他只说了“时间不是什么”（时间不是能独立存在的东西），而没有说“时间是什么”。

但对空间，爱因斯坦不仅用了否定句（空间不是一无所有的），而且用了肯定句（空间是物体的广延性），即他不仅说了“空间不是什么”,而且说了“空间是什么”。空间是物体的广延性,这是爱因斯坦对空间的本质理解。

如果爱因斯坦认为自己已经把握了时间的本质,那么他就会像解释空间一样解释时间,就会提出“并不是物体存在于时间中,而是这些物体具有 XX 性”。但他没有这样做。这表明他自己也不认为已经把握了时间的本质,所以才会以科学家的严谨态度只谈及“时间不是什么”。

爱因斯坦未能继续深入时间的本质所在,这与他的研究重心仍然放在惯性系及机械运动相关。后来的哲学家海德格尔曾这样评点相对论深入不下去的原因:“我们不想进一步讨论相对论的时间测量问题……任何物理测量技术的原理都立足于对测量的存在论基础的研究,而它本身绝不可能铺展开时间之为时间的问题。”㉟

结语

牛顿在“存在者”的方向上寻找时间,他把时间当作自在的客体理解。爱因斯坦在“存在”的方向上寻找时间,他把时间当作客体的存在形式理解,并终结了牛顿的绝对时间概念,引导人们走向时间的本质。

爱因斯坦的相对论由于超乎常规而不易理解,这个相对论所依赖的相对时间概念也不易理解,因此在实际运用相对

㉟　海德格尔《存在与时间》,陈嘉映、王庆节合译,生活·读书·新知三联书店,2006 年第 3 版(修订译本),第 471 页。

论时往往会出现不自觉地违背相对论的情况。如果一味强调时间与空间相关,而忽略了时间与物质相关这个本质问题,那么就有可能偏离爱因斯坦的方向,例如在霍金那里便有端倪可见。

第九章

霍金的时间观

爱因斯坦常说，自然对于向它提出的绝大多数问题都回答“不”，偶尔说“也许是”。科学家不能只做他高兴的事，不能强迫自然只说他爱听的话。

——普里戈金

霍金(Hawking,1942—2018)是当代最杰出的科学家之一,公认的相对论家和宇宙论家,“霍金认为他一生的贡献是,在经典物理的框架里,证明了黑洞和大爆炸奇点的不可避免性,黑洞越变越大;但在量子物理的框架里,他又指出,黑洞因辐射而越变越小,大爆炸的奇点不但被量子效应所抹平,而且整个宇宙正是起始于此”。① 爱因斯坦写了《狭义与广义相对论浅说》,希望他的思想能被更多的人理解。霍金写的《时间简史》则以轻松幽默和深入浅出的方式介绍了宏观和微观世界最前沿的知识,并因此成为让科学接近大众的畅销书。

绝对时间是牛顿力学的基础,相对时间是爱因斯坦相对论的基础,时空客体是霍金对时间的体会,而此体会正是霍金关于黑洞和大爆炸奇点理论的基础,科学家的时间研究显现出与前沿科学同步的特点。

一、时空客体

爱因斯坦认为,时间和空间不是彼此独立的,而是相互依存的,所以用四维方式考察世界是很自然的。

---

① 霍金《时间简史》,许明贤、吴忠超译,湖南科学出版社,2002 年版,“译者序”。

霍金提出，按照相对论，时间由于“不能完全脱离和独立于空间”，所以“必须和空间结合在一起形成所谓的时空的客体”。[②] 就这个时空客体而言，“时间和空间坐标没有真正的差别，犹如任何两个空间坐标没有真正的差别一样”。[③] 时间和空间因此在霍金那里成为二个同质部分，它们构成一个完整个体，一个自身有四维的客观存在者。对他而言，“摹想三维空间已经足够困难”，何况四维时空，所以时空客体只能用二维图表示。[④] 在这个二维时空图中，垂直方向是时间坐标，水平方向是其中的一个空间坐标：

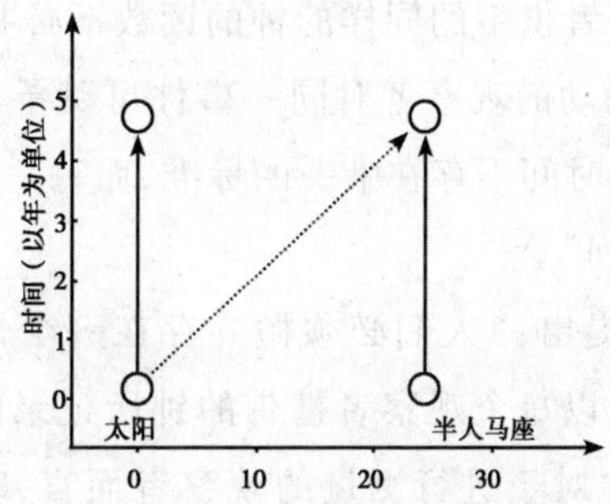

二维时空图：离开太阳的距离（以 10^{12} 英里为单位，1 英里 = 1.609 公里）

霍金关于时间和空间在坐标上没有真正差别的观点已经到达了狭义相对论的边缘，而他把“时空”当作一个存在客体的观点则已走出了相对论的范围（这个问题放在下面

② 霍金《时间简史》，许明贤、吴忠超译，湖南科学出版社，2002 年版，第 21 页。

③ 同上书，第 23 页。

④ 同上书，第 24 页。

梳理)。

二、每一位观察者都有自己的时间

霍金这样解释相对论所说的时间:对于同一个光传播事件,所有的观察者“必须在光以多快的速度运动上取得一致的意见,但他们在光走过多远的距离上不能取得一致意见。所以现在他们对光要花多少时间上也不会取得一致的意见”。这样,“每个观察者都有以自己所携带的钟测量的时间,而不同观察者携带的同样的钟的读数不必要一致”。⑤ 正因为“作相互运动的观察者对同一事件可赋予不同的时间和位置”⑥,所以“时间不存在唯一的标准,而每一位观察者都拥有他自己的时间”。⑦

霍金进而提出:“人们必须抛弃存在一个惟一的绝对时间的观念,代之以每个观察者携带的钟所记录的他自己的事件测量”,这样“对于进行测量的观察者而言,时间变成一个更主观的概念”。⑧

按照爱因斯坦的观点,时间与观察者所在的参照系相关。按照霍金的理解,时间仅与观察者相关,并因此具有主观性。

霍金在自己的方向上继续前行,于是遇到“双生子佯谬”

---

⑤ 霍金《时间简史》,第20—21页。

⑥ 同上书,第21页。

⑦ 同上书,第144页。

⑧ 同上书,第131页。

问题。

有人提出，按照相对论，如果有一个孩子以近于光速运动的空间飞船上作长途旅行，当他回来时，他会比留在地球上另一个双胞胎兄弟人年轻得多。但反过来讲，飞船相对于地球高速运动，也可看作地球相对于飞船高速运动，因此弟弟看哥哥变年轻了，哥哥看弟弟也应该变年轻了。

以上便是著名的"双生子佯谬"问题。提出这类问题者认为相对论很难解释这个问题。

霍金为相对论进行辩护，他觉得这里并无佯谬可言，"只是对于头脑中仍有绝对时间观念的人而言，这才是佯谬"，因为"在相对论中并没有一个唯一的绝对时间，相反地，每个人都有他自己的时间测度，这依赖于他在何处并如何运动"。⑨在霍金看来，哥哥离开地球，弟弟留在地球，哥哥是空间旅行者，弟弟不是空间旅行者，所以两人的时间测度一定不一样，哥哥自然会比弟弟年轻。如果哥哥进行的是几年的空间旅行，那么"航程对于空间旅行者可能比对于留在地球上的人显得更短暂"，但是"这对于那些只老了几岁的空间旅行者并没有什么值得高兴的，因为他发现留在地球上亲友们已经死去几千年了"。⑩

⑨ 霍金《时间简史》，第33页。
⑩ 同上书，第144页。

三、关于时间的开端和终端

霍金的前期观点：时间从大爆炸开始，在黑洞中结束，奇点是时间的边界。

霍金认为："宇宙膨胀的发现是20世纪最伟大的智慧革命之一。"[11]如果宇宙是在膨胀的，那么反过来就可以推断星系之间的距离曾经为零，即宇宙体积在大爆炸时为零，宇宙的密度和时空曲率此时为无穷大，所以可称作"奇点"。依霍金之见，全部科学理论在奇点处失效，可预见性因而失效，即使在大爆炸之前有事件存在，人们也不可能用它们确定以后发生的事件，而这就意味着，奇点没有过去。霍金由此提出，发生于大爆炸之前的事件因为不能有后果而没有意义，所以"并不构成宇宙的科学模型的一部分"。宇宙起始于大爆炸奇点，时间起始于宇宙生成，所以"时间是从大爆炸开始的"。[12]

如果时间有开端，那么它就可能有终端。霍金把黑洞定义为"不能逃逸到远处的事件的集合"。[13] 按照这个定义，任何抛进黑洞的东西都会被毁灭，星系遇到黑洞便会由膨胀转变为坍缩，向外疏离的运动便转变为向内挤压的运动，于是形成另一类奇点，作为星系终端的奇点。若是宇宙的一个局部被挤压在黑洞内，则可称之为"黑洞中的一个奇点"；若是

---

⑪ 霍金《时间简史》，第39页。

⑫ 同上书，第47页。

⑬ 同上书，第93页。

整个宇宙被挤压在黑洞内,则可称之为“大挤压奇点”。

霍金由此提出:“从爱因斯坦广义相对论本身就能预言:时空在大爆炸奇点处开始,并会在大挤压奇点处(如果整个宇宙坍缩的话)或在黑洞中的一个奇点处(如果一个局部区域,譬如恒星坍缩的话)结束。”⑭按照他的观点,时间就不是无限,而是有限的,因为它开始于大爆炸,终结于黑洞。

霍金的后期观点:宇宙有限而无界,时空因此有限而无界。

霍金把相对论与量子物理结合起来考察宏观世界与微观世界,并由此得到一个新观点。他在《时间简史》的后半部分写道:“现在我改变了想法,试图去说服其他物理学家,事实上在宇宙的开端并没有奇点——正如我们将看到的,只要考虑了量子效应,奇性就会消失。”⑮霍金的具体阐述如下:

宇宙由粒子构成,“在我们能观察到的宇宙里大约有1亿亿亿亿亿亿亿亿亿亿(1后面跟80个0)个粒子”。宇宙的起源因此可归结为粒子的起源。那么粒子从何而来?答案是:“在量子理论中,粒子可以从粒子/反粒子对的形式由能量中创生出来。”那么能量又从何而来?答案是:“宇宙的总能量刚好是零。宇宙的物质是由正能量构成的。”⑯由于正能量是原在的,所以“宇宙完全是自足的,而不被任何外在于它的东西所影响。它既不被创生,也不被消灭。它就是存

⑭　霍金《时间简史》,第107页。

⑮　同上书,第51页。

⑯　同上书,第119—120页。

在。”[17]如果宇宙就是存在,既不被创生,也不被消灭,那么它就是无边界的,或者可以说“宇宙的边界条件就是无边界”。[18]如果宇宙是无边界的,那么奇点就不存在。如果奇点不存在,那么时间就没有开端和终端,即没有边界。

按照广义相对论,引力场是由弯曲的时空代表的。在这个时空中,粒子的前进途径也被折弯了,宇宙本身因而是弯曲的。由于粒子的历史(膨胀的运动过程和弯曲的前进途径)类似于时空,所以完整的弯曲的时空“代表整个宇宙历史”。[19] 以往人们认为时空是沿直线方向无限延伸的。现在的科学家认为时空是弯曲的,这个弯曲的时空犹如一个球体的表面,所以是有限的。

由于“时空只有有限的尺度,却没有奇点作为它的边界或边缘是可能的”[20],所以产生了“有限无界”的概念。霍金举例说明这个概念:地球的表面积是有限的,但它没有边界或边缘。如果你朝着落日的方向驾船,你不会掉到边缘外面或陷入奇点中。时空就像是地球的表面,只不过多了两维。[21]如果以圆周长代表宇宙空间的尺度,那么“宇宙在赤道处达到最大的尺度”,而在北极和南极处则缩为一点,“但是这些点不是奇点”,因为“科学定律在这里有效,正如同它在地球上的南北二极有效一样”。[22]

不过,霍金自己认为有限无界的思想尚无可靠根据,所

---

⑰ 霍金《时间简史》,第126—127页。

⑱ 同上书,第127页。

⑲⑳㉑ 同上书,第126页。

㉒ 同上书,第128页。

以特意指出:"时间是有限而'无界'的思想仅仅只是一个设想,它不能从其他原理导出。"㉓

补充一句:在设想时空有限无界时,霍金基本上沿用了自然时间的观点,所以时间的存在和界限才是与宇宙的存在和界限相关的。

四、三种时间箭头

时间箭头将过去和将来区别开来,使时间有了流逝的方向。在霍金看来,至少有三种不同的时间箭头:

第一种是热力学时间箭头。这就是无序度增加或熵增加的时间方向。例如:桌面上一个完整的杯子是个高度有序的状态,而地板上砸碎的杯子侧是一个无序的状态。我们从未看到碎杯子集合起来,离开地面并跳回到桌子上。"通常的解释是这违背了热力学第二定律所表述的,在任何闭合系统中无序度或熵总是随时间而增加。换言之,它是墨菲定律的一种形式:事情总是趋向于越变越糟!"㉔

第二种是心理学时间箭头。这是我们对时间方向的主观感觉。在这个时间方向上,我们能记忆过去,但不能记忆将来。

第三种是宇宙学时间箭头。这是宇宙演变的方向,也即宇宙膨胀而不是收缩的方向。㉕

㉓ 霍金《时间简史》,第 127 页。

㉔ 同上书,第 133 页。

㉕ 同上书,第 134 页。

霍金认为,热力学时间箭头与宇宙学箭头是同向的,心理学时间箭头是“在我们头脑中由热力学时间箭头所决定的”[26],所以这三个箭头指向同一方向。

假如观察杯子的人生活在无序度随时间减少的宇宙中,那么霍金将认为此人会有一个“倒溯的心理学时间箭头”[27],即他能记忆将来而不是过去。霍金的这个提法非常有趣,使我们自然联想到,如果人的生命可以颠倒过来,即不是从小长到老,而是从老长到小,那么时间箭头兴许就会反转方向。

五、意义与问题

宇宙论是一门既古老又年轻的学科,人类不会满足于自身的生存和种族的绵延,他们会一代一代不懈地探索存在和生命的意义,而他们的阶段性进步往往伴随着对时间本质的阶段性深入。霍金在时间问题上的闪光点是关于“宇宙就是存在”的思想,这个思想从根本上质疑了造物主的存在。只要宇宙有一个开端,我们就可以设想一个造物主,但如果宇宙就是存在,既没有时间上的开端,也没有时间上的终端,那么在这样的宇宙里,造物主就真的没有存身之处了。

但是,霍金忽略了爱因斯坦关于时间本质的理解,所以他虽然认为自己在按照相对论阐述时间,但却在不经意间走出了相对论的范围:

㉖ 霍金《时间简史》,第 136 页。

㉗ 同上书,第 135 页。

a. 相对论有两个基本观点：1. 时间和空间有依存关系，所以构成时空四维，但时间和空间是有本质区别的，空间是物质的广延性，而时间则不是。2. 时间和空间都不是能脱离物质而自在的。

霍金忽略了相对论的基本观点。当他提出时间和空间坐标没有真正的差别时，他已经走到了相对论的边缘，因为他模糊了爱因斯坦对时空的本质理解。按照相对论，时间和空间的相互依存性只适用于惯性系事件，但在非惯性系的事件那里，时间却可以脱离空间，时间的变化并不必然伴随空间的变化，甚至在空间没有任何变化的情况下，时间也在独自流淌，所以时间和空间有着本质的区别。例如，一棵树可以被看作没有位移这样的空间变化，但这棵树却经历了数十年，甚至数百年的时间变化。再如，地球引力场可以让光线弯曲，造成光线因传播距离增大而用时增加。这里的用时增加是由于光线传播距离的增大造成的，并不表示时间在引力场中被折弯。所以爱因斯坦只说空间是物质的广延性，并未说时间也是物质的广延性。

当霍金进而提出时间和空间必须结合为一个时空客体时，他便在事实上走出了相对论的范围，因为这样的时空客体是可以脱离物质而自在的，并因为是自在的而可以容纳其他物质于其中。爱因斯坦提出时间不是可以脱离物质而存在的东西，这是一个指向时间本质的思考。霍金没有深入到时间的本质层面，所以会让时间与空间合成一个独立的存在者。

b. 相对论提出：每一个参考物体（坐标系）都有它本身的

特殊的时间。霍金提出,按照相对论,每一位做相互运动的观察者都有他自己的时间。这两种提法有区别吗?我们来看一下相对论的原理图:

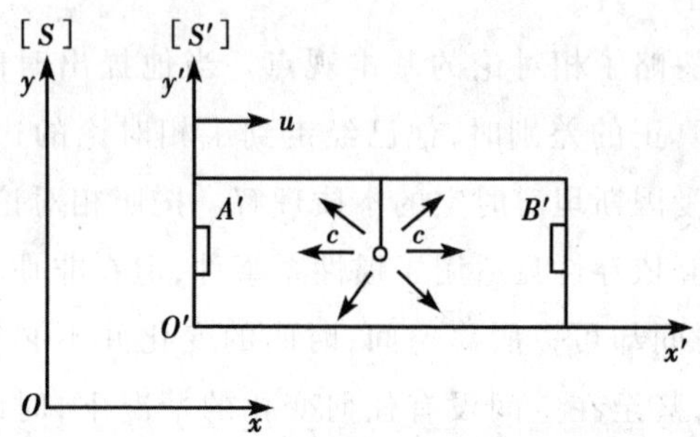

在 S′系(车厢)中的观察者发现,A′收到光信号和 B′收到光信号是同时的事件。但在 S 系(路基)的观察者发现,A′收到光信号与 B′收到光信号不是同时事件。所以,参照系 S′有一个自己的时间,参照系 S 系也有一个自己的时间。这两个时间是有差别的。

假设在车厢中的观察者不是一个,而是多个(例如几十个,或者更多),并且都处于相对运动中,那么他们的观察结果会是什么?他们的观察结果只能是一个:A′收到信号和 B′收到信号是同时的事件。这个结果与他们携带的钟没有关系,与他们之间的相对运动也没有关系。在这个参照系中的所有观察者因此共有一个时间。我们将这个时间称为"S′系时间"。

假设在路基上的观察者也不是一位,而是多位(例如几十位,或者更多),并且也都处于相对运动中,那么他们的观察结果会是什么?他们的观察结果也只能是一个,即 A′收到

信号和 B'收到信号不是同时的事件。这个结果与他们携带的钟没有关系,与他们之间的相对运动也没有关系。在这个参照系中的所有观察者因此也共有一个时间。我们将这个时间称为"S 系时间"。

由于 S'系时间不同于 S 系时间,所以二个参照系上的观察者各有特殊的时间。但在同一个参照系中的所有观察者却只能共有一个时间,并非每一位观察者都有自己的时间。

相对论认为,每一个参考物(坐标系)都有它本身的特殊的时间。霍金用观察者替代参考物,由此让每一位观察者都有自己的特殊时间,但这样一来恰好偏离了相对论。不仅如此,这种偏离还会带来其他的问题,例如:

c. 双生子佯谬问题。霍金认为,因为每一位相对运动的观察者都拥有自己的时间,所以待坐飞船的哥哥回来,弟弟应该更老些,"双生子佯谬"因而并不佯谬。问题在于:双生子佯谬的提出者并没有真正理解相对论,而霍金的批评也没有站在相对论立场上。

相对论的相对时间概念以两类运动为条件,一类是光线在车厢内的传播运动,另一类是车厢和路基之间的相对运动(见上面的原理图)。只有在二类运动同时发生的情况下,才会出现速度相加定理不能应用于光的传播运动的情况,我们才能观察到时间的相对性。而在只有一类运动的场合不会出现速度相加现象,也就观察不到相对的时间。

在"双生子佯谬"提供的场合中,我们只看到一类运动,即飞船里的哥哥与地球上的弟弟之间的相对运动,并且这个运动还低于光的传播速度,所以"双生子佯谬"问题其实是在不明白相对论原理的情况下提出来的。

即使飞船能以光速飞行，在飞船里的哥哥也不会比地球上的孪生弟弟更年轻，因为哥哥相对于弟弟飞多快多远，也可看作弟弟相对于哥哥飞多快多远。在这种情况下，时间流逝对双生子的影响一定是相同的，不可能一个比另一个年轻些或年老些。

假使飞船能以光速在宇宙中运行，而宇宙能与地球处于相对运动中，那么就有可能出现弟弟比哥哥年老些的结果。不过我们知道，宇宙与地球之间并没有相对运动，因为地球是在宇宙中运动的，就像我在房间内行走，房间与我之间没有相对运动一样。

结语

在牛顿看来，时间是一个绝对自在的客体。在爱因斯坦看来，时间是物质的一种存在方式。霍金带着时空客体返回到牛顿那里，不同之处仅在于牛顿所说的客体是单一成份的(或为时间客体，或为空间客体)，而霍金所说的客体是合成的(时间与空间合为一体)。从牛顿到爱因斯坦，再从爱因斯坦到霍金，自然科学的逐时之路很有意思地走了一个"之"字。

说到霍金的问题时，我们得用他自己的话："任何物理理论总是临时性的：你永远不可能将它证明。不管多少回实验的结果和某一理论相一致，你永远不可能断定下一次结果不会和它矛盾。另一方面，哪怕你只要找到一个和理论预言不一致的观测事实,即可证伪之。正如科学哲学家卡尔·波普所强调的,一个好理论的特征是,它能给出许多原则上可以被观测所否定或证伪的预言。”[28]

科学不会停下探索时间的步伐,因为“正在科学的心脏之处,我们发现了关于时间的问题”[29],所以“我们的兴趣正从‘实体’转移到‘关系’,转移到‘信息’,转移到‘时间’上”[30]。或许在下一个革命或转折点出现时,又会产生一个新的时间观为之基础。与科学同步,哲学对时间的探索方兴未艾,法国哲学家柏格森与德国现象学家胡塞尔就为世人带来了两种新的时间观。

---

[28] 霍金《时间简史》,第10页。

[29] 普里戈金、斯唐热《从混沌到有序》,曾庆宏、沈小峰译,上海译文出版社,1987年版,第53页。

[30] 同上书,第41页。

第十章

柏格森与胡塞尔的时间观

人类求知的最深切的意愿足以为我们所从事的不断探索提供正当的理由。

——霍金

按照牛顿的经典力学，时间是一个客体，这个客体与其他所有的客体相互外在，并且它的流逝与一切外在之物无关而绝对均匀。这样的时间带有自然时间的特点，如数学性、可测量性等，而这些性质会使我们联想到一个时间－空间。

对于牛顿的这个绝对时间概念，哲学家柏格森和胡塞尔持有两种不同的态度：

柏格森（Bergson，1859—1941）是20世纪法国最重要的哲学家，他认为，真正的时间不是某个客观存在者，也不是某种客观存在，而是意识的一种存在状态。柏格森把此种状态称作“纯绵延”。在他看来，纯绵延本身没有自然时间的特性，即没有数学性、可测度性，也即没有时间－空间。

胡塞尔（Husserl，1859—1938）与伯格森同时。作为现象学的创始人，胡塞尔认为，自然时间是真实存在的，但它不是现象学的素材。现象学要研究的是另一个真实的时间，即内时间意识。这个内时间意识也是直观的对象，就像其他现实存在的事物一样，所以可理解为客观化的主观时间或者主观性的客观时间。

以下先讨论柏格森的时间观。

一、柏格森的时间观

柏格森的时间观集中体现在他的代表作《时间与自由意

志》里。该书于1889年问世,爱因斯坦的相对论发表于1905年,这就是说,在柏格森探索时间时,经典物理学的时间概念还占据统治地位,因此柏格森是以绝对时间为批评对象构建起自己的时间观的。

1. 纯绵延是本真的时间

柏格森提出,作为绝对存在者的时间其实是不存在的,因为时间的瞬间刚来就成为过去而消逝,它们"无法持续下去,以便加到其他瞬间上"[①],所以把时间"当作一种具体的实有,或一种特别式样的力,那就是一件荒谬的事"。[②]

柏格森进而提出,过去的事物虽然已经不存在,但我们在意识中保持它们,而"意识所以能保持它们,乃是由于外界的这些不同状态引起了种种意识状态,而这些意识状态互相渗透,不知不觉地把自己组成一个整体,并通过这个联系过程把过去跟现在联在一起"[③]。

诸多意识状态在我自身之内被组织起来,相互渗透,陆续出现。柏格森将此种意识自身的延续过程称作"真正的绵延"("在我自身之内正发生着一个对于意识状态加以组织并使之互相渗透的过程,而这过程就是真正的绵延"[④])。对柏格森而言,这种绵延就是本真的时间。

---

① 柏格森《时间与自由意志》,吴士栋译,商务印书馆,1958年版,第74页。

② 同上书,第115页。

③ 同上书,第89页。

④ 同上书,第80页。

他认为，物质一般具有不可入性，所以“两物不能同时占着同地”。但意识没有不可入性，“情感、感觉、观念都互相渗透”，[⑤]就像是液体的互相渗透，所以可称作“内在绵延”。柏格森提出：“内在绵延不是旁的，而只是意识状态的互相溶化以及自我的逐渐成长。”[⑥]他以乐曲为例形象地说明意识的相互渗透和陆续出现：

> 乐曲的声音是相继发生的，它们之间有间隔，但由于过去的声音还保留在我们的意识中，所以在先的声音和在后的声音彼此溶化在一起，整个乐曲就像是一个有机整体的构成。这样，“即使这些声音是一个一个地陆续出现的，我们却还觉得它们互相渗透着”。[⑦]

由于内在的绵延没有任何意识的具体内容，它仅是意识状态“先后无别的陆续出现”，所以也被柏格森称作“纯绵延”。

在康德看来，时间是内直观的形式，即是表象的结合方式或相继关系。这种纯感性形式的内容是诸多表象在内心中得到整理而依序排列。由于表象与表象之间是有界限的，所以它们的结合类似由一张张胶片合成的电影拷贝。在柏格森看来，本真的时间是纯绵延，这种纯绵延的内容是意识

---

⑤　柏格森《时间与自由意志》，吴士栋译，商务印书馆，1958 年版，第 66 页。

⑥　同上书，第 79 页。

⑦　同上书，第 74 页。

状态得到整理而相互渗透、陆续出现的过程。亚里士多德说:“形式是事物自身的边界。”[⑧]由于意识状态与意识状态之间没有边界,“你中有我,我中有你”,所以柏格森所说的纯绵延不是意识在形式上的延续,而是意识在状态上的延续。

表象序列的延伸属于数量的增加,因为它是单个表象的叠加。意识自身在绵延过程中逐渐成长,这种成长不是数量的增加,因为它不是单个意识状态的叠加。先行的意识状态和后继的意识状态是相互融合的,它们之间没有边界,因此意识自身的逐渐成长可看作一种性质的延续。

为了强调自己对时间的理解不同于其他时间概念,柏格森宁可放弃“时间”一词,而用“纯绵延”或“内在绵延”取代之。依他之见,此种绵延才是本真的时间。

2. 日常所用的时间只是同时存在

柏格森认为:“物理学的时间观念在三个方面出现问题,一是把陆续出现与同时发生混淆在一起,二是把绵延与广度混淆在一起,三是把性质与数量混淆在一起。”[⑨]由于存在这三个方面的问题,所以天文学家和物理学家所处理的时间不是真正的时间,而是他们创造出来的“空间第四维”[⑩]。

他提出:“我们所谓的时间只是同时发生”,因此“我们所

---

⑧ 《古希腊哲学》,苗力田主编,中国人民大学出版社,1989 年版,第432 页。

⑨ 柏格森《时间与自由意志》,第 180 页。

⑩ 同上书,第 81 页。

谓的测量时间只是计算同时发生”。[11] 柏格森以钟为例解释这个同时发生：

钟面上秒针的转动是跟钟摆的摇动配合好的，钟面上的秒针转动一格与钟摆摇动一次是同时发生的。在我以外或在空间之内，秒针与钟摆的位置决不会超过一个，因为“过去的位置没有留下任何余迹”。由此而言，“同时发生”是我现在正在观察和计算的对象，所以是外在于意识的客观现象。但是，当我观察秒针转动和钟摆摇动时，在我的自身之内发生着一个将意识状态组织起来，并使之互相渗透的过程，所以“我能想起过去各次摇摆的形象”。[12]

柏格森继续解释道：我们的意识“在记忆里把这些摇摆组织为一个整体”，它们“起先被保存起来，继而被排成一个系列”。由于摆锤运动连续不断地跟自己并列起来，于是只发生在一个地点上的摆锤运动能够“连续不断地跟自己并排置列起来”。这个“并排置列”本来是个空间概念，因为空间是可分的，所以各个物体能占据不同的位置而并排置列。现在摆锤能够连续不断地跟自己并排置列，这就表明：“我们为了这些摇摆创造了空间的第四维。”与外在的空间三维不同，空间的第四维在意识之内。

柏格森把这个空间第四维称作“纯一的时间”[13]。这样的时间所以是纯一的，就因为“只有空间是纯一的”[14]。

---

⑪ 柏格森《时间与自由意志》，第79页。

⑫ 同上书，第80页。

⑬ 同上书，第81页。

⑭ 同上书，第89页。

依柏格森之见,纯棉延才是本真的时间,而纯一的时间不是本真的时间,因而只能算是非本真的时间。他为此提出:“对于时间确有两种可能的概念,一种是纯粹的,没有杂物在内;另一种偷偷地引入了空间的概念”⑮,因为物理学的时间概念“并未区别并排置列式的众多性和互相渗透式的众多性”⑯。

广度是空间的容量,凡物皆有广度,因而能以相互外在的方式区别彼此和测量自身。纯绵延与广度不同,它是不可测量的,因为“我们能把广度分裂,却不能把绵延分裂”。但是,“正因为我们把具体时间分裂了,我们就把时间的各瞬间放在一个纯一的空间里”,于是不知不觉地“把过程变为东西,把绵延变为广度”,⑰所以“这样的时间不过是空间而已”,如从1945年到2005年就是一个时间空间,而“纯绵延一定是另外一种什么东西”。⑱

进一步而言,物体的位移过程“只对于意识才存在”,因为这里涉及的不是物体,而是进展。物体自一点移至另一点的运动相继过去而不复存在,它们仅在意识中得以存留,所以运动不是在自然时间中开展的过程,而是“在绵延中开展的过程”,即是“在心理上的综合,是一种心理的,因而不占空间的过程”。这个过程“除非是对于有意识的观察者而言,它

---

⑮ 柏格森《时间与自由意志》,第74页。

⑯ 同上书,第55页。

⑰ 同上书,第164页。

⑱ 同上书,第66—67页。

是不存在的”。[19]

运动在绵延之中，绵延在意识之中，“呈现在我们意识中的绵延与运动，其真正本质在于它们总在川流不息”[20]。所以在我之内“有陆续出现而没有彼此外在”，在自我之外“有彼此外在而没有陆续出现”。[21] 纯绵延是内在的，“我们在外界找不到绵延，只找到同时发生”[22]。

柏格森由此提出，数量不是性质：数目可以增加或减少，它们可看作“一系列数学上的点排列在无实物的空间”[23]。由于点与点之间“有着一个空间的间隔”[24]，所以“数目没有连续性”。性质就不同了，性质不能增减，只能强化或弱化，而这种强度的变化过程是不可分割的，因此具有连续性。对柏格森而言，意识状态的纯绵延是一种性质式的众多体，跟数量没有丝毫相像的地方，它是一种“有机体式的演化”，因此“内在绵延的各瞬间并不是外在于彼此的”。[25] 但科学家们把性质与数量混淆在一起，他们甚至试图像测量数量一样测量性质，因而不能区别“当作性质的时间和当作数量的时间”[26]，由此把时间误解为年月日或时分秒。所以天文学家和物理学家所处理的时间不是真正的时间，而是空间。

依柏格森之见，真正的时间是当作性质的时间，即是意

---

⑲ 柏格森《时间与自由意志》，第 81—82 页。

⑳ 同上书，第 88 页。

㉑ 同上书，第 80 页。

㉒ 同上书，第 170 页。

㉓㉔ 同上书，第 61 页。

㉕ 同上书，第 169 页。

㉖ 同上书，第 55 页。

识状态的纯绵延。

3. 本真的时间和非本真的时间

柏格森认为,纯绵延是真正的绵延,它是本真的时间;天文学家和物理学家所处理的时间是“同时发生”,可还原为空间的第四维,所以是非本真的时间。

这样,在柏格森那里就有了二种众多体:一种众多体与意识的状态相关,因此是意识状态的相互融合和逐渐成长,“除非被象征地放在空间里,则它们不能被数出来”;另一种众多体与“同时发生”相关,是“物质的东西,它们可在空间被数出来”。[27] 这种众多体因为被意识赋予了广度的意义而变为数量,所以是“真正绵延的象征影像”。[28]

这两种众多体构成了两种绵延,一种是真正的绵延,另一种是表面的绵延。意识状态的众多体构成真正的绵延,它是意识自身的相互渗透和陆续发生状态,所以在我们的意识深处;同时发生的众多体构成“表面的绵延”[29],因为它在“我们的表层心理生活”[30],并那里“被排列在一个纯一的媒介里”,而这个纯一的媒介不过是人们设想的象征性空间。

4. 意义与问题

柏格森的时间观里有两个核心概念,一个是纯绵延,一

㉗ 柏格森《时间与自由意志》,第 63 页。

㉘㉚ 同上书,第 93 页。

㉙ 同上书,第 115 页。

个是同时发生。纯绵延被当作本真的时间理解,它是意识的相互渗透和陆续出现状态;同时发生被用来取代自然的时间,它可还原为内在的空间第四维。纯绵延和同时发生都属于心灵范畴,纯绵延纵向伸入意识的深处,而同时发生则并排置列于意识的表层。

柏格森时间观的合理之处在于证实时间不是一个独立存在的客体。这也是在主观世界寻找时间者的共同合理之处,奥古斯丁便是其中的先驱。

物理学家的时间研究偏重于自然现象,哲学家则坚持寻觅时间与人的关联,他们在这方面甚至有些执拗,柏格森也是如此。但他没有把存在者同存在区别开来,所以在排除"时间是客体"的可能性时,把"时间是客体的存在"的可能性也一并弃掉了,就像倒洗澡水时把里面的东西也倒掉一样。柏格森由此转入内在世界寻找真正的时间。

爱因斯坦借助"同时"得到了相对时间和否定了绝对时间。柏格森试图用"同时发生"取代天文学家和物理学家所处理的时间(即自然时间)。在他看来,这样的时间不是真正的时间。为此,柏格森举了钟摆运动与秒针旋转运动的同时发生为例。

问题在于:如果自然时间就是同时发生,那么当钟摆停止摆动或者秒针停止旋转时,由于这个情况没有同时发生,就应当没有自然时间。但实际情况却不是这样的。即使钟摆和秒针都停止运动,恐怕也没有一个人会担心时间将随之断流,因为自然时间不会受到时钟变化的丝毫影响,它会继续不断地流淌。所以天文学家和物理学家所处理的时间并不是柏格森所说的同时发生。换句话说,把同时发生认作自然时间,这其实是一种误解。

现实中,地球的自转运动与什么东西同时发生?可我们却根据单一的地球自转运动得到了时间“日”;月亮绕地球的旋转运动又与什么东西同时发生?可我们却根据单一的月亮旋转运动得到了时间“月”。这类事实表明,天文学家和物理学家所处理的时间应当另有其源。

人的思想和意志是自由的,可以不受古今中外的限制而不断绵延。但人的自身生命却是有限的,不可能自由出入古今中外,不可能忽而血气方刚,忽而垂垂老矣,忽而又青春年少。所以柏格森所说的纯绵延不过是意识自身的延伸,而意识与意识的互相渗透和陆续出现不过是一种纯意识流的状态,它不能是真正的时间,也不能是时间的真实本源。笛卡儿将实体分为广延实体和思维实体两类,广延实体属于客体,思维实体属于主体。柏格森的纯绵延与其说是性质的时间,不如说是思维实体的存在状态。

二、胡塞尔的时间观

柏格森把时间理解为意识的一种存在状态。但在胡塞尔那里,时间却被理解为意识本身。胡塞尔是现象学的创始人,他的时间观是基于现象学建立起来的,因此要了解他的时间概念,有必要先了解他的现象学。

胡塞尔的现象学有两个基本特征:一是在承认客观事物真实存在的前提下将它们悉数悬搁,存而不论;二是引入意识现象概念。现象学认为,意识具有直接把握对象的直观能力,我们可以用感官向外看,也可以用意识向内看,意识看意识,意识向意识显现自身。这里,意识之看便是意识直观,意识的自身显现则为意识现象。

笛卡儿提出,任何事情都可以怀疑,但"我正在怀疑"这件事情却是无法怀疑的,因为我确切地知道自己正在怀疑,无须做任何思考和论证,这个意识活动的存在是明见的。这种明见性便是意识直观的存在根据,而意识直观则是意识现象的存在根据。正因为如此,胡塞尔才把笛卡儿认作现象学的"真正的始祖"。[31]

现象学扩大了直观的范围,感知于是有了广狭二义。狭义的感知就是感性的、经验的看,这与通常的理解相符;广义的感知则是"观念化的目光"[32],狭义的感知直接把握"一个感性的或实在的对象",广义的感知则直接把握"一个范畴的或观念的对象"[33]。胡塞尔认为:"直接的看,不止是感性的、经验的看,而是作为任何一种原初给与的意识的一般看(Seheh überhaupt),是一切合理论断的最终合法根源。"[34]这里的"意识的一般看"便是现象学的意识直观。这种直观是一种特殊的感觉方式,用胡塞尔的话来说就是"可再造的直观"或

㉛　胡塞尔《先验现象学引论》,转自倪梁康主编《面对实事本身》,东方出版社,2000年版,第106页。

㉜　胡塞尔《逻辑研究》第二卷第一部分,倪梁康译,上海译文出版社,1998年版,第489页。

㉝　同上书,第146页。

㉞　胡塞尔《纯粹现象学通论》,李幼蒸译,商务印书馆,1992年版,第77页。

“用直观进行的抽象”。[35]

当我的意识思考对象时,这个意识是作为主体存在的。当意识自身成为直观的对象时,这个意识又是作为客体存在的。现象学正是通过这样的主客同体现象消解传统观念中主客二分世界的绝对界限。

胡塞尔的时间观也具有上述现象学的特征。胡塞尔首先声明,客观存在的时间是不容怀疑的,但是“正如现实的事物、现实的世界不是现象学的素材一样,世界时间、实在时间、自然科学意义上的自然时间以及作为关于心灵的自然科学的心理学意义上的自然时间也不是现象学的素材”。[36]

以此为前提,胡塞尔提出,现象学探究的是另一类时间,这类时间是一种意识现象,它“不是经验世界的时间,而是意识进程的内在时间”。[37]这个内在时间在意识中构造起自身,成为一个“内在时间客体”[38],所以是“一个客观的时间,真正的时间”[39]。胡塞尔将这个时间称作“内时间意识”。

内时间意识——内在时间

(1)意识的时间性:人的意识具有时间性,这是它能构造内在时间的原因。胡塞尔以“看一支粉笔”为例说明:

㉟ 胡塞尔《逻辑研究》第二卷第一部分,倪梁康译,上海译文出版社,1998年版,第5页。

㊱㊲ 胡塞尔《内时间意识现象学》,转自倪梁康、张廷国译《生活世界现象学》,上海译文出版社,2002年版,第72页。

㊳ 同上书,第80页。

㊴ 同上书,第146页。

假设在我们眼前有一支粉笔。当我们闭上眼睛又睁开眼睛，"这样我们便具有两个感知"，一个感知是现在，一个感知是刚才。虽然两次看到同一支粉笔，但"我们也直观到一个现象学的、时间性的相斥，一个分离，但在对象上却没有分离，它是同一个：在对象上是延续，在现象上是变换"，于是我们"主观地感觉到一个时间的相继"。[40] 胡塞尔认为，现在与刚才的区别是构成时间的原始差异，我们能够感知"看粉笔"的现在发生和刚才发生，因而能够把握"在先"与"在后"的分离及相继，这表明我们的意识在做此体验前便已具有时间性。

先验的时间性使意识具有在自身内部构造时间意识的能力。这个意识，用胡塞尔的话来说，就是"时间客体连同其时间规定性在其中构造起自身的那个意识"。[41]

(2)原印象：胡塞尔认为，内在时间的构造过程起始于原印象，因为"没有印象，也就没有意识"，所以"原印象是这个生产的绝对开端，是所有其他的东西从中生产出来的原源泉"。[42] 所谓原印象，就是感知一个外在时间客体所形成的印象。胡塞尔认为，内在时间是一个内在于意识的时间客体，而任何变化的事物(如连续的铃声、一段旋律、一次演出等)不仅是"在时间之中的统一体"，而且"自身也包含着时间延展"[43]，所以可称作外在时间客体。原印象是遭遇到的，体现

㊵　胡塞尔《内时间意识现象学》，第75页。

㊶　同上书，第83页。

㊷　同上书，第89页。

㊸　同上书，第79页。

了一种原初的关系,即是原制作、原创造。内在时间是一个内在时间客体,这个内在时间客体的构造过程就是将原印象转变为内时间意识的过程。

(3)构造内在时间:胡塞尔以连续的铃声为例,阐述内在时间的构造过程。

现在:铃声本是一个声音接着一个声音发生的,因此我们实际上听到的只是单个的当下的声音。[44]当第一个声音被感知时,在意识中便产生一个声音印象,这个印象会被意识把握为"现在"。就是说,当下的声音在意识中产生了二个结果,一个是关于这个声音印象,另一个是与这个印象的当下发生相应的"现在"。这个"现在"意识的形成标志着内在时间有了开端或起源点(胡塞尔:"一个内在时间客体的流逝模式具有一个开端,可以说具有一个起源点。这就是内在客体开始存在所具有的模式。它的特征就是现在。"[45])。由于这个现在无非是在意识中构造起的第一个现在意识,所以认作"现在的开始点"。

现在片段:当第二个声音被感知时,这个声音印象会被意识把握为"现时的现在"。此刻,第一个声音本身已经消逝,但声音印象还没有消逝,它还被感觉到,并"被意识为现在延续着"[46]。所以过去的现在还"可以被抓住,并且可以在固定的目光中站住或停留",这种现象就叫作

㊹ 胡塞尔《内时间意识现象学》,第79页。

㊺ 同上书,第84页。

㊻ 同上书,第80页。

“滞留”。[47]

现在意识因为滞留而有了“宽度”。当现在从开始点滞留到当下的现在时，在意识中便出现一个现在片段。这个现在片段被新的现在推向过去，就像后浪推前浪一样。正是滞留使单个声音成为延续的铃声，从而使内在时间有了初始的流动。

现在时段：当第三个声音被感知时，这个声音会被意识把握为现时的现在。此时，第二个声音本身已经消逝，但它的印象还滞留在意识视域中，由此使现在延续到第三个现在点，并以这种滞留的方式构成第二个现在片段。

声音一个个地到来和先后相继地被感知，现在也一个个地产生和先后相继地滞留，由此“形成一个滞留的不断连续，以致每一个以后的点对于以前的点来说都是滞留。而每一个滞留都已经是连续”[48]。当最后一个声音被感知时，它的印象会被意识把握为“最终的现在”[49]。这个最终的现在显示为“现在的结束点”。

现在结束点之前的诸现在点的滞留（即诸现在片段）构造起一个现在时段。在胡塞尔看来，这个现在时段就是完整意义上的现在。胡塞尔用下图显示现在时段的构成[50]：

---

[47] 胡塞尔《内时间意识现象学》，第 81 页。

[48] 同上书，第 86 页。

[49][50] 同上书，第 85 页。

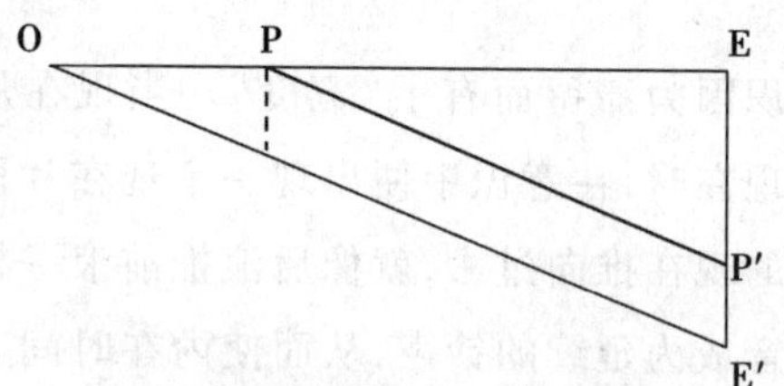

OE：诸现在点的系列　OE′：下坠
EE′：时段连续（现在点连同过去视域）

图示的横坐标上："O"表示外在时间客体(如铃声)的现在开始点;"E"表示该时间客体的现在结束点;"P"是一个任意现在点;"OE"表示一个先后相继的现在点系列。

图示的纵坐标上："EE′"表示一个现在时段,一个由现在片段的相继所构成的现在时段;"P′E′"表示一个现在片段(假设"P"为第二个现在点);E′表示现在开始点"O"被推至的过去深处;P′表示现在点"P"被推至的过去深处。

胡塞尔把现在时段(EE′)放在"过去视域"中,这是因为它作为过去的东西也是"被感知的"[51],即还是意识直观的对象,亦即还在视域内。

诸现在片段因此是以先后相继的方式退向过去的,但它们只是在意识的深处挪移,并没有退入记忆,它们还被感觉到,即还滞留在(意识的)视域内。

亚里士多德认为,现在只是划分过去和将来的界限,因为它刚来就过去,所以属于时间,却不是时间,就像点不是线一样。但在胡塞尔看来,现在却是时间的基本部分,因为它

---

[51] 胡塞尔《内时间意识现象学》,第98页。

是一个时段,即是有宽度的。这个时段的两端是现在开始点和现在结束点,在两端之间的诸时间点和时间片段因此都属于现在。

通常把直观对象认作客体,由于现在时段是意识直观的对象,所以是构成“内在时间客体”的基本部分。[52]

关于滞留,这里需要说明二点:其一,滞留本质上是一个“关于已流逝时段的瞬间意识”,由此构成现在片断,它同时还是“下一个时段的滞留意识之基底”,使每一个时段都能连接前面的时段,由此构造起一个现在意识流,胡塞尔因而认为“意识之所以能够成为客体,乃是因为有滞留”。[53] 其二,滞留也被胡塞尔称作“第一性回忆”[54],但这个第一性回忆与通常所说的回忆有区别。第一性回忆在感性范畴内,因为它是一种意识直观。通常所说的回忆在胡塞尔那里称作“第二性回忆”,它不在感性范畴内,因为它不是直观。对胡塞尔来说,“第一性回忆就是感知。因为只有在第一性的回忆中,我们才看到过去的东西,只有在它之中,过去才构造起自身,并不是以再现的方式,而是以体现的(Präsentation)方式”。[55]

内在时间:假设在铃声刚结束时,我听到一首管弦乐曲《蓝色的多瑙河》(或看到一只飞鸟掠过天空,或观察任何一个运动过程),就是说,我又感觉到一个外在时间客体。旋律的变化(或飞行动作的变化,或其他的变化)取代了铃声的变

---

[52] 胡塞尔《内时间意识现象学》,第 80 页。

[53] 同上书,第 147 页。

[54] 同上书,第 86 页。

[55] 同上书,第 101 页。

化,于是我的意识便会如法炮制一个当下的现在时段。这个现在时段的一端是被感知的旋律开始点,另一端是被感知的旋律结束点。

只要出现一个新的现在时段,先行的现在时段就会变为过去。但这个过去的现在时段不会消逝,它还滞留在感觉中,即还在意识的视域中,只是被当下的现在时段推向意识视域的较远处。

外在时间客体一个接一个地被感知,现在时段一个接一个地产生和滞留。当下的现在时段把在先的现在时段往意识视域的边缘推移,而在先的现在时段又把更在先的现在时段往意识视域的边缘推移,就像后浪推前浪,前浪再推前浪一样。所以胡塞尔提出:"构造时间的行为是,而且本质上是,构造当下与过去的行为。"[56]

诸现在时段的这种相继和挪移构造起一个内在的时间。胡塞尔用下图表现这个内在时间的构成[57]:

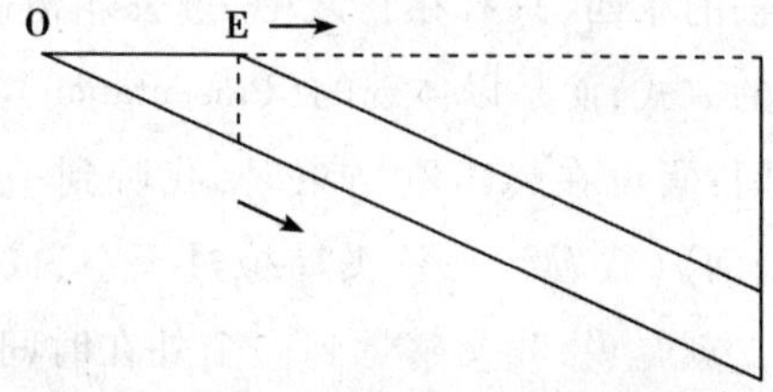

E ⟶ 可能由其他客体充实的现在系列

图示的横坐标:OE 表示第一个外在时间客体的诸现在

---

[56] 胡塞尔《内时间意识现象学》,第 99 页。

[57] 同上书,第 85 页。

点系列。“E→”后面的虚线部分表示相继的外在时间客体的诸现在点系列。

图示的纵坐标：短虚线表示第一个现在时段，长实线表示诸现在时段的先后相继和在过去视域中的挪移。显然，最早过去的现在时段处于意识的最深处。

由于过去的现在时段还被感知，还是意识直观的对象，所以都被认作内在客体。胡塞尔据此提出：“内在的时间是作为一个对所有内在客体和过程而言的时间而构造起自身的。”[58]

由于内在时间是由先后相继的现在意识构成的，所以胡塞尔称之为“内时间意识”。内时间意识不同于传统认知的时间意识，胡塞尔在时间意识前面加个“内”字，其目的就在于将内在时间同传统认知的主观时间区别开来。

(4)内在时间的流逝现象：内在时间本质上是诸外在时间客体在意识中显现的延续。由于各个外在时间客体的延续是不相等的，所以各个现在时段也是长短不一的（例如，产自铃声的现在时段就要短于产自旋律《蓝色的多瑙河》的现在时段）。

但作为同一的意识进程，各个现在点的滞留是相等的，各个时间片段因此是等宽的，即如胡塞尔所言：“这个连续性中的一些点具有相同距离，客观上构造出相距同样远的客体的时间段。”[59]

---

[58] 胡塞尔《内时间意识现象学》，第138页。

[59] 同上书，第88页。

时间片段先后相继地均匀移向过去的深处，由于它们还在意识的直观中，所以又是一个接一个均匀地向（意识）视域的边缘处挪移。时间片段的匀速移动，导致了诸现在时段的匀速移动，所以只要有一个新的现在出现，此前的现在就转变为过去，与此同时，“前行点的诸多过去的整个流逝连续性都挪移‘下去’，均衡地挪移到过去的深处”。[60]

一方面，由于各个现在点彼此间的距离是均等的和不变的，所以它们是“不移动的”，可以说都是“死的东西”。[61] 声音的滞留是作为死的东西伫立在我的视域内，它是“不为任何现在的创造点所激活的构成物”。[62]

另一方面，它们在均衡地退向过去的深处，从这个角度看，它们又都是流动的活的东西。胡塞尔由此提出：“时间是僵化的，但它却又在流动着。在时间河流中、在持续向过去的后退中，一个不流动的、绝对固定的、同一的、客观的时间构造起自身。”[63]

形象地说，上述情况类似我们在奔驰的火车上看窗外连绵起伏的山脉：一方面，群山相接，固定不动；另一方面它们又在在视域中由近向远地持续倒退和消逝。对胡塞尔来说，内在时间客体的这种连续的匀速移动正是时间的基本特征。

内在时间起始于原印象，所以是有开端的，它持续不断地流向过去，所以具有方向性（即一维性）。

---

[60] 胡塞尔《内时间意识现象学》，第 84 页。

[61] 同上书，第 81 页。

[62] 同上书，第 80—81 页。

[63] 同上书，第 118 页。

(5)**主客同体的存在方式**:在内在时间的构造分析中,胡塞尔区分了感知的四重含义:a.外感知,由此产生原印象;b.对声音-印象的感知,由此产生现在意识;c.对延续中的当下声音的现在感知和对刚才过去声音的注意,由此产生现在意识的滞留和构成现在时段。d.对现在中的时间意识的感知,由此形成滞留的延续和构造起一个内在的时间客体,即构造起一个内在的时间。

作为时间意识,内在时间无疑具有主观性质。但另一方面,退向过去的现在时段仍然是可感知的,即仍然是可见的,它们只是向意识视域的边缘挪移,并没有遁入记忆,所以还是意识直观的对象。从这个角度讲,内在时间又是一个客体,因而可认作内在时间客体。

胡塞尔与奥古斯丁或柏格森之间的最大区别就在这里。如果内在时间是退向记忆,而我们只能在记忆中找到它们,那么这样的时间就与奥古斯丁和柏格森所说的主观时间没有什么区别了。

胡塞尔用"彗星尾"来描述内时间意识的可直观性:彗星的头部明亮耀眼,它有个长长的彗尾,越是靠近彗尾就越是黯淡,但整个彗星及其运动都在我的视域中,并最后消逝在我的视域中。产生于原印象的现在意识新鲜强烈,就像彗星的头部。这个现在意识会随着退向过去而由充盈到空乏,不断淡化弱化。此种意识的连续变异就如同彗星的逐渐黯淡。由一系列现在意识所构成的内在时间客体(即内时间意识)会在向过去挪移的过程中"缩拢自身,并且同时变得昏暗起来”。[64] 不过，这个内在时间客体总在意识的视域内，直至流逝，就像彗星在我们的眼中运动和消逝一样。

胡塞尔也把这种现象称作“时间晕”，道理是一样的：明晰的现在时段在中央，两侧是浸淫模糊的过去的现在时段，但它们都在视域内，即都是直观的对象。

(6)**主观时间与内在时间**：除了自然时间和内在时间，在胡塞尔的眼前还流淌着一条主观的时间河流。将来、过去和现在是这个主观时间的三个组成部分。

依胡塞尔之见，我们不能预见不存在的东西，“将来”尚未来而不存在，所以无法预见，可是我们却在预见将来，所以将来应是存在的，但只在意识中。例如，黎明是日出的先行现象，我看到黎明，于是预见太阳将升起。我看到的是现在，预见的却是将来。假使在记忆中没有日出的印象，我就不会预见太阳将东升。预见将来不是已经见到将来而未来的东西，而是已经见到将来事件的先行现象。这个先行现象与后继现象早已在记忆中留下了相互关联的印象，我们的意识依据这个印象预见将来的事件，并生出对将来的期待，所以将来就在期待中。这里，依据印象预见将来的意识就是胡塞尔所说的“前摄”[65]，期待则是由前摄引发的意识活动。在期待

---

[64] 胡塞尔《内时间意识现象学》，第 83 页。

[65] 关于“前摄”：胡塞尔在后来的时间意识分析中（见贝尔瑙手稿）试图效仿“滞留为第一性回忆，通常所说的回忆为第二性回忆”的方法，将前摄作为第一性期待，而将通常所说的期待作为第二性期待，以此将前摄所摄的将来加入内在时间。但这样处理会与他前期所言“构造内在时间的行为本质上是构造当下与过去的行为”相抵触。胡塞尔对自己的研究工作结果不甚满意，所以直至去世也未公开出版手稿。有关这方面的问题需要专文梳理，此处不再赘述。

中的将来因而是主观的将来。

当我们反思在记忆中的印象时,过去显现出来,所以过去在记忆中。当我们反思在感知中的印象时,现在显现出来,所以现在在感知中。主观的时间无非是在期待中的将来、在记忆中的过去和在感知中的现在。对胡塞尔来说,“感知、回忆、期待、显现、判断、感情、意愿——简言之,所有反思客体的东西都在同一个主观时间中”[66],就像所有的客观事物都在自然时间中一样,胡塞尔所说的主观时间可归类于奥古斯丁的时间,因为后者就提出,将来在等待中,过去在记忆中,现在在注意中。

内在时间不同于主观时间,两者之间的主要区别在于:主观时间起源于对印象的反思,而内在时间却起源于对外在时间客体的感知;主观时间本质上是主体的延长,而内在时间本质上却是客观化的时间意识或由主观意识构成的客体;主观时间显现在期待和记忆中,而内在时间却显现在意识的视域中。

(7)内在时间的本质:简单地说,现在意识是内在时间的本质构成。展开地说,内在时间是由现在意识的相继产生和滞留构造成的时间客体:

外在时间客体在意识中的显现,于是有了原印象;当原印象被意识把握为“现在”时,于是有了内在时间的开端。胡塞尔所说的“现在”因此是一个现在意识。这个现在意识显现为一个时间点,它还不是时间,就像点不是线一样。印象

---

[66] 胡塞尔《内时间意识现象学》,第132页。

的滞留(外在时间客体的显现的延续)造成现在意识的延续,由此形成现在时段和诸现在时段在过去视域的相继和流逝,内在时间就在这样的过程中构造起自身。

内在时间因此具有双重性:作为时间意识,它是一个主观存在者;而作为意识的直观对象,它同时又是一个客观存在者。内在时间以这种主客同体的状态存在,因而既可以说它是客观化的主观时间,也可以说它是主观性的客观时间。

与此相应,内在时间的显现也比较特殊,因为这种显现可以说是时间意识在意识的视域中显现自身。

内在时间与自然时间各循一维延伸,所以是两条不会交汇的河流。对此胡塞尔提出:“确定时间的秩序是一个二维的无限序列,两段不同的时间永远不可能同时存在,它们之间的关系是一种不等边的关系”,不过在它们之间还“存在着一种可递性(Transitivität),即在每一段时间中都包含着较早的时间和较迟的时间”。[67] 胡塞尔在这里表达了这样一个观点:如果能把这两类时间放到同一个维度上,那么它们就会是两条平行的河流,一条河的前后相继的河段可以在另一条河上找到相对应的河段,因而在位置上和流速上都可以进行对照和比较。

三、意义与问题

胡塞尔的眼中有三条时间河流:自然时间、主观时间和

---

[67] 胡塞尔《内时间意识现象学》,第77—78页。

内在时间。自然时间被他悬置,存而不论;主观时间也不被当作重点,多在叙述内在时间和主观时间的区别时提及。内在时间是胡塞尔基于现象学建立起来的,所以这个时间可谓现象学意义上的时间。

现象学的意识直观和意识现象是内在时间的根据;意识的时间性是产生内在时间的条件;对事物变化的感知所形成的原印象是这个时间的源头;当下的原印象被意识把握为现在;诸多现在意识的相继产生和滞留构造起一个内在的时间;这个时间因为自身的意识构成而被称作内时间意识。

胡塞尔的内在时间不是纯粹的主观存在者,也不是纯粹的客观存在者,因为它既属于主体(就其自身为意识构成而言),同时又属于客体(就其真实存在并为直观对象而言),所以具有主客同体的特征,可理解为客观化的主观时间或主观性的客观时间。

内在时间的基本构成是现在意识,这个现在是有宽度的,它不是时间点,而是时间段。胡塞尔在这里讲了广义的现在,所以是对亚里士多德的修正和补充。亚里士多德讲的是狭义的现在,它刚来就过去,因此不是时间的部分,而是划分过去和将来的界限。

自古希腊人开始(例如亚里士多德),人们就意识到时间与人相关。但唯物论与唯心论的截然对立遮掩了或模糊了这个关联。胡塞尔在大学时代曾攻读数学和物理,牛顿力学的统治影响使他承认自然时间的存在,但他仍然相信,人的意识应为时间的一个起源,只要有方法消解主客二分的绝对界限。

胡塞尔为此做了积极的尝试和探索,他的目光透过现在意识的产生及其滞留,看到内时间意识的本质及构成,为此提出了一个内在时间概念,并以此与柏拉图、亚里士多德、奥古斯丁、牛顿、康德、黑格尔、爱因斯坦等哲学和科学巨擘的时间概念比肩而立。从这个意义上讲,胡塞尔的时间观也填补了时间研究的一项空白,使我们朝本真的时间又走近了一步。

问题讨论:

a. 现在意识是内在意识的基本构成。按照胡塞尔的说法,由于现在意识是有宽度的,所以内在时间(内时间意识)能在这些现在意识的先后相继中构造起自身。

问题在于:

现在意识的宽度实质上是现在意识的滞留,即一个先行的现在意识滞留至一个后继的现在意识发生。这种滞留是时间性的,因此这种宽度是个时间量。依据这种时间性和时间量,胡塞尔才能够断言在自然时间和内在时间之间存在着一种可递性。

由于滞留的时间性和宽度的时间量所涉及的时间与自然时间是同一个,所以胡塞尔分明在告诉我们,时间先于现在意识而在,因为它是现在意识成就自身的条件。没有这个时间,就不可能有现在意识,所以现在意识不过是自然时间与意识相结合的产物。

从根本上讲,意识就是意识,时间就是时间,意识原本不是时间。意识与时间相结合的结果不过是我们的关于时间的意识,即关于现在的意识和关于过去的现在的意识。如果把现在的时间因素从内时间意识中去除,那么留下来的便只有意识了。内在的时间是以自然时间为根据的,它不能脱离自然时间而单独存在。胡塞尔试图以肯定外在时间为前提另辟通往内在时间的道路,但我们的内心世界中可以有关于时间的意识,却不能有意识构成的时间。

胡塞尔用存而不论的方法绕开了自然时间及其本质问题,所以没有深入时间的本质层面,但他同时却又以这个时间作为内在时间的根据,因此他实际上把未知的时间当作事实,然后在此基础上建立起内在的时间。

b. 现在意识的滞留源自印象的滞留。这个印象的滞留确是现实存在的,例如我们在看一个物体时,如果该物体突然拿走,那么它留下的印象要隔几十分之一秒才会消逝。电影的原理就是这种滞留。

但是在日常生活中,我们不会总在看电影,即不会总在感知对象。棋手会专心思考棋局,学生会埋头解答题目,游子归来会陷入回忆,演员会憧憬将来,旅行者会因疲惫而沉睡,病人会因麻醉而昏迷。就是说,在我思考、回忆、想象、睡眠或昏迷时,我中断了感知,随之结束了感知的延续,而这也就意味着现在意识的中断和现在序列的中止。如果现在意识的滞留被中止,那么内在时间自然会随之断流。当我重新开始感知活动时,我重新获得原印象,由此展开下一轮的时间意识生产过程。

由于人的感知活动(包括直观和意识直观)是时有时无、断断续续,所以相应的时间意识也是时有时无、断断续续的。

胡塞尔认为,连续的流逝是时间的特征,但如果时间意识是时有时无、断断续续的,那么它就不能被认作时间。事实上恐怕也没有人能够按照内在的时间安排自己或他人的生活与工作。

结语

柏格森在“存在”的方向上寻找时间,他把时间理解为主体的存在状态“纯棉延”,即意识状态的相互渗透和陆续出现过程。

胡塞尔在“存在者”的方向上寻找时间,他试图消解主客二分的传统界限,因而为我们描述了一个由意识自身构成的内在时间。这个时间具有主客同体的双重性质,所以可称之为客观化的主观存在者或者主观性的客观存在者。

海德格尔是胡塞尔的学生,他采用现象学的方法思考时间,并继亚里士多德和黑格尔之后对时间进行了第三次本质还原,让我们终于感受到了来自时间本源的气息。

第十一章

海德格尔的时间观

道，可道也，非恒道也。

名，可名也，非恒名也。

——老子

海德格尔(Heidegger,1889—1976)是20世纪最有影响力的哲学家之一。作为胡塞尔的学生,他自认为沿循现象学之路,但实际上却离开了意识现象而深入到存在现象。胡塞尔给我们描述了一个具有意识构成的内在时间,海德格尔则与亚里士多德和黑格尔一脉相承,在“存在”的方向上对时间做了第三次本质还原,引领我们走近源始而本真的时间。

一、海德格尔时间观的根据

> 敕勒川,阴山下。天似穹庐,笼盖四野。
> 天苍苍,野茫茫,风吹草低见牛羊。

这是一首脍炙人口的北朝民歌,里面的“风吹草低见牛羊”句天然浑成,是描写草原风光的名句。由于“见”字在古时亦通“现”,所以“见牛羊”一般解释为“牛羊显现”,但也完全可以理解为“看见牛羊”,因为牛羊显现,就是看见牛羊,而看见牛羊,也就是牛羊显现。

在普通场合,“看”与“显现”是一回事,但细究起来,两者之间其实还是有微妙差异的:“看xx”侧重于观察,“看”是“显现”的条件,我看牛羊,则有牛羊显现,我不看牛羊,则无牛羊显现;“xx显现”侧重于显现,这里“显现”是“看”的条件,牛羊显现,则有牛羊可见,牛羊若不显现,则无牛羊可见。

“看”具有直接把握对象的意义,由此衍生出“直观”的概念。胡塞尔的现象学扩大了直观的范围,却没有顾及直观和显现的区别,所以就意识现象而言,“意识直观意识”也就是“意识向意识显现”。胡塞尔的内时间意识所以被认作客观的时间,就因为它是意识直观的对象,可以作为客体显现在意识的视域。

“直观”与“显现”的差异在海德格尔那里成为基础存在论的起点。海德格尔把现象确定为“就其自身显示自身者”①,这样“凡是如存在者就其本身所显现的那样展示存在者,我们都称之为现象学”②。由于存在者就其本身所显现的东西无非是存在,所以“只有存在与存在的结构才能够成为现象学意义上的现象”③,与此相应,“现象学是存在者的存在的科学,即存在论”④。这样,海德格尔便把现象学的核心问题由意识现象转为存在现象,即由意识转为存在。

胡塞尔认为,我们可以听到声音,却听不到“声音 - 存在”,可以看到颜色,却看不到“有颜色 - 存在”,直观达不到存在,因为“存在绝然是不可感知的东西”⑤。海德格尔也明白这个问题,所以他通过“显现”抵达存在。

天地万物,芸芸众生,在所有的存在者中,海德格尔发

---

① 海德格尔《存在与时间》,陈嘉映、王庆节合译,生活·读书·新知三联书店,2006 年修正译本,第 34 页。

② 同上书,第 41 页。

③ 同上书,第 172 页。

④ 同上书,第 44 页。

⑤ 胡塞尔《逻辑研究》,第二卷第二部分,倪梁康译,上海译文出版社,1998 年版,第 138 页。

现,人是与众不同的,而人之所以与众不同,就因为他的存在是本源的存在。按照海德格尔的说法,存在本身是不可定义的,需要根据人的存在才能得到解释。从这个意义上讲,人的存在可视为本源的存在。而人的存在所以能成为根据,就因为人能“在其存在中有所领会地对这一存在有所作为”[⑥]。

海德格尔给人取名为“此在”,并在解释其中原因时说道:“用‘此在’这个名字指称这个存在者,并不表达它是什么(如桌子、椅子、树),而是(表达它怎样去是)表达其存在。”[⑦]不难看出,海德格尔以人的存在指称人,其目的无非是强调一种本源的存在及其结构,因为“人的‘实体’不是综合灵魂与肉身的精神,而是生存”[⑧]。

“此在”(Dasein)的原意是“实在”。海德格尔认为,这类术语原先是从非本真的存在领会中生出的,要用它们来“界说相应的源始而本真的现象”是很困难的[⑨],可是由于找不到合适的术语,所以只能以“旧瓶装新酒”的方式借用现成的术语。但这样的做法易生误解,所以要注意场合或语境,以此辨明哪些术语仍旧保留原义、哪些术语已被海德格尔赋予了新的内涵。

“基础”(Grund)在德文中有地基、根基之义,还有起始、发源、原因等意。“本质”(Wesen)的原意也有二个,一个为已是、已在,另一个为原是、原在。所以在海德格尔看来,基础、

---

⑥ 海德格尔《存在与时间》,第61—62页。

⑦ 同上书,第50页。

⑧ 同上书,第136页。

⑨ 同上书,第372页。

本源、源始、本原、本质和本真等同处一个层次，都用于描述存在的本质被揭示至极处的那个极处。它们之间因而有可递性(Transitivität)，例如追问本质，即是在追问本源，也是在追问本真。反之亦然。这是进入海德格尔思想境界的一个重要线索。从这个意义上讲，此在的存在就是指人的本真存在或本源存在。在这个本源的存在层面上，世界不是所有存在者的总和，它显现为人向来已在其中的“何所在”和总须与之打交道的“何所向”。[10] 这样的“何所在”和“何所向”因此可被理解为世界之为世界的东西，即可理解为人的存在构成。

就“存在者”而言，此在并不早于其他存在者，例如太阳和地球的诞生就远早于人类。但就“存在”而言，此在的存在却先于其他所有存在者的存在，所以是前存在的，即是本源的存在。从这个本源中衍生出第二层次的存在，即存在论的存在，因为这个存在本身不可定义，须要通过此在的存在才能得到解释。然后再从这个第二层次的存在中衍生出第三层次的存在，或为物质性的存在，或为非物质性的存在。如此衍生下去，越在后面的存在，距离源头就越远，这里面就包括直观，所以海德格尔认为直观是一个“远离源头的衍生物”，就“连现象学的‘本质直观’也植根于生存论的领会”。[11]

海德格尔把有关本源存在的理论称作“基础存在论”，以此区别于形而上学的存在论(Ontology)。[12] 这个基础存在论

⑩ 海德格尔《存在与时间》，第89页。

⑪ 同上书，第172页。

⑫ 同上书，第224页。

的主干就是他的时间观。海德格尔探究的存在是本源的存在,他探究的时间相应地是源始的时间,即把时间的本质还原至本源的存在层面时所得到的时间。他把这个源始的时间称作“源始的时间性”。[13] 在他看来,源始的时间性与本源的存在是相关的,正是这个时间性“构成了此在的源始的存在意义”[14],所以“时间是什么”的问题只有通过本源的存在才能得到澄明。

《存在与时间》是海德格尔的代表作。他在这部著作中阐述了本真的时间(源始的时间性)和非本真的时间(自然的时间),以及这两类时间的本真关联。

《时间与存在》是海德格尔的后期著作。他的思想在这一时期发生了著名的转向(Kehre):此在的存在不再有本源的意义,也就不再有构成此存在的源始时间性。现在的本源叫作“Ereignis”,时间和存在都出自这个本源,而人只有站在时间中才能成为人。

后期的海德格尔用“澄明”替代“自身显现”,由此不仅扬弃了(现象学的)直观的明见性或明证性,而且扬弃了(基础存在论的)自身显现的自明性或自证性。换句话说,海德格尔在后期多用简单判定,但缺少使这些判定能够成立的根据(有兴趣者可以看本章的附录)。由此可言,海德格尔的时间观分为前期和后期两个部分,能引领我们走近时间的应是前期的部分。下面就从他前期时间观的核心“源始的时间性”

---

⑬ 海德格尔《存在与时间》,第 375 页。

⑭ 同上书,第 282 页。

谈起。

二、源始的时间性

时间在哪里？时间存在吗？时间究竟是什么？对这些问题，海德格尔提出：

> 首先必须远离一切从流俗的时间概念里涌上前来的“将来”、“过去”和“当前”的含义。也必须远离“主观的”和“客观的”或“内在的”和“超越的”时间概念。⑮

海德格尔用流俗的、主观的、客观的、内在的与超越的时间概念来涵盖全部传统认知的时间，而他本人要做的第一件事情却是离开它们，并且是远远离开。

为什么要远离呢？远离的原因就在于这些传统概念所认知的时间都不是源始的，因而都是“非本真的时间”。⑯在海德格尔看来，这些流传下来的概念“本来曾以真切的方式从源始的‘源头’汲取出来”，但在此基础上发展起来的时间概念“却赋予承传下来的东西以不言而喻的性质，并堵塞了通达‘源头’的道路”，这些时间概念“甚至根本使我们忘掉了这样的渊源”。⑰

海德格尔由此主张回到时间之本源。他认为，时间和存

---

⑮⑯　海德格尔《存在与时间》，第 372 页。

⑰　海德格尔《存在与时间》，第 25 页。

在是同源的，在本源的存在那儿可以找到源始而本真的时间。海德格尔特地为这个时间取名为“源始的时间性”。

什么是源始的时间性？海德格尔把“作为曾在着的有所当前化的将来而统一起来的现象称作源始的时间性”。[18]

“曾在的有所当前化的将来”，这个提法不仅新颖，而且有些怪异。将来尚未来，它如何能曾在？而它刚来便成为过去，又如何能留驻当前？按照常识，这种提法的悖理性是不言而喻的。但海德格尔所说的将来、曾在和当前不是通常理解的将来、过去和现在，由它们合成的东西也不是通常理解的时间，所以判断这样的现象不能以常识为准绳。

海德格尔在这里所说的将来、当前和曾在已经赋予了新的内涵。作为通常理解的将来、现在和过去的原始现象，它们是源始时间性的三个样式，即是本真的时间的显现。

1. 本真的将来

海德格尔提出，本源的存在是此在有所领会地对自身的存在有所作为。这样的存在，依他之见，首先是一种“能在”。所谓能在，就是“向可能性存在”。[19] 此在的存在有种种可能性，如有生长的可能性、有衰老的可能性，有患病的可能性、有繁衍后代的可能性、有死亡的可能性等等。“向可能性存在”一是表示此在向来“在这些可能性中”，二是表示它能够“从这些可能性出发来领会自身”，由此“把自己筹划到这些

---

[18] 海德格尔《存在与时间》，第 372 页。

[19] 同上书，第 301 页。

可能上去"[20],所以它能够"'选择'自己本身,获得自己本身,它也可以失去自身"[21]。

"死"是一种极端可能性,"向可能性存在"因此包括"向死存在"。[22] 海德格尔提出,死在最广的意义上是一种生命现象,意味着生命的终结,但在本源存在的层面上,死却不是此在的存在到头,而是这个存在者的一种"向终结存在"状态,即是它"刚一存在就承担起来的去存在的方式。'刚一降生,人就立刻老得足以去死。'"[23]由此而言,向死存在原本是一种生存上的可能性,"只要此在生存着,它就实际上死着"[24],所以"向死存在"是此在最本己的能在。由于死也显现为生存的可能性,所以"能在"的特性就是生存。

此在的能在表明它"总作为它的可能性来存在",所以它"本质上总是它的可能性"。[25]此在从这样的可能性出发来领会自身,并把自身筹划到这些可能上去,由此让可能性来到自身,即让自身来到自身。就此在领会自身和筹划自身在先,可能性来到自身在后而言,它走在自身的前面,所以海德格尔把"先行于自身"确定为此在的第一个基础存在状态。[26]

"先行"是标识将来的术语,因为它在这里提示"作为最本己的能在让自己来到自己"。[27] 依海德格尔之见,此在让自

---

⑳ 海德格尔《存在与时间》,第210页。

㉑㉕ 同上书,第50页。

㉒ 同上书,第290页。

㉓ 同上书,第282页。

㉔ 同上书,第289页。

㉖ 同上书,第373页。

㉗ 同上书,第383页。

身来到自身的“来”便是原始的和本真的将来(“让自身来到自身,这就是将来的源始现象”[28])。显然,这样的将来不同于常识的将来,因为它不是指一种尚未变成现实,要到某时才成为现实的现在,而是指“‘此在’借以在最本己的能在中来到自身的那个‘来’”[29]。

此在刚一存在就已经在将来,并且总在将来,所以原始的将来不同于一般概念的将来,它没有尚未到来而要到来的意义。

海德格尔把本真的将来认作源始时间性的第一个样式。他提出:“‘先行于自身’奠基在将来中。”[30]就是说,此在的这种存在状态是以本真的将来为基本构成的。本真的将来规定可能性来到自身,此在才能向可能性存在和先行于自身。

“先行于自身”是此在的存在状态,这个存在状态的基本构成是本真的将来,而这个将来是源始时间性的一个样式。从这个意义上讲,此在的存在是由源始时间性构成的,因此在这个本源的存在那里可以找到本真的时间。

2. 本真的曾在

海德格尔提出,此在是被“抛入生存”的,因此“不得不如其所是的和所能是的那样存在”。[31] 就是说,此在一被抛入生存,便已经在世界中,并总在世界中,所以“已经在世界之中”

---

[28] 海德格尔《存在与时间》,第370页。

[29] 同上书,第371页。

[30] 同上书,第373页。

[31] 同上书,第316页。

可谓此在的第二个基础存在状态。

这个存在状态的基本构成是“已经在……中”。对海德格尔来说，“‘已经在……中’本来就表示曾在”[32]，因此这个曾在是本真的曾在，它不同于常识的过去。依照常识，过去含有“已在”之意，这与曾在相同，但它还含有“去而不返”之意，这与曾在是不同的。曾在既是“已在”，又是“仍在”，所以此在“总已走在途中”。[33]

传统上把历史理解为过去之事。但在基础存在论的层面上，历史却是此在与世界共处中“过去了的”，且又“流传下来的”，因而继续起作用的演历。[34] 这样的历史与曾在状态相合，所以曾在原本具有“历史性”[35]。海德格尔以“古董”为例说明这种现象：古董是过去的东西，但它在今天还有价值，还在继续起作用，因此古董并没有过去，它仍然“活”着。

在基础存在论的层面上，本真的曾在被认作源始时间性的第二个样式。

由于曾在中有“‘已经存在’得到展开”[36]，所以海德格尔用“已经”来标识曾在，并用曾在表示此在刚存在就已经在世界之中，并且总是在世界之中。

曾在持续在场，没有去而不返之意。就已经在场和持续在场而言，本真的曾在和本真的将来是相同的，它们之间原

---

[32] 海德格尔《存在与时间》，第373页。

[33] 同上书，第91页。

[34] 同上书，第429页。

[35] 同上书，第431页。

[36] 同上书，第414页。

本没有谁在先和谁在后的问题。当海德格尔说"曾在着的将来"时,他无非是要表示,本真的将来不是来了就会过去的将来,而是此在已经有的和持续有的"向可能性存在"。

"已经在世界之中"是此在的存在状态,这个存在状态的基本构成是本真的曾在,而这个曾在是源始时间性的第二个样式。从这个意义上讲,此在的存在是由源始时间性构成的,因而在本源的存在那里可以找到本真的时间。

3. 本真的当前

海德格尔提出,此在不能离开世内存在者而独自生存,因而总在同周围世界的东西打交道或发生交换活动。它"有所行为地让周围世界在场的东西来照面"[37],而这些东西也就成为上到它手中之物,即成为"用具",例如树林成为木材资源、河流成为水利资源、土地成为耕田、石油成为燃料等等。此在以"制造、办理,乃至嫌避、疏远、自卫"等方式同周围的事物打交道[38],这些行为从本质上讲就是"操劳"。此在"沉沦"于操劳中,并以这种日常状态"融身在世界之中"。海德格尔把这种存在状态叫作"作为寓于世内存在者的存在"[39],同时以"沉沦"作为这种存在状态的特性。

"寓于世内存在者的存在"是此在的第三个基础存在状态,它在结构上分为两个部分,一个是世内存在者,一个是

㊲ 海德格尔《存在与时间》,第 371 页。

㊳ 同上书,第 404 页。

㊴ 同上书,第 233 页。

“寓于……而存在”。依海德格尔之见，“寓于……而存在”是建基于当前的（“‘寓于……而存在’在当前化之际成为可能。”[40]），就像白天建基于太阳的光照一样。

海德格尔提出，当前化就是“把某种东西从那里带近前来”，即让某种东西来照面。[41] 进而言之，当前化就是把此在同周围事物打交道的“平均日常生活”带近前来。[42] 这里，平均日常生活是指一种“去存在”的方式，表示此在“日日”处身于其中的生存方式，但“日日”却不意味着此在“一生”所得的“日子”的总和。[43]

“把……带近前来”实质上就是“让……出场”。所以没有当前化，也就不会有此在寓于操劳之事的存在。正因为当前化把此在的日常存在状态带近前来，即让它有所操劳地出场，此在才有可能沉沦于同周围事物打交道，如此才可能寓于世内存在者而存在。

当海德格尔说“有所当前化的将来”时，他无非是想表示，此在因为能在而把操劳带近前来，并依傍所操劳的事物而生存，从而让自身来到自身（“有所操心的能在让此在有所操劳地寓于所操劳的存在中来到自己”[44]）。

海德格尔把“沉沦于平均日常生活”称作“常人”状态。他认为，此在最终会从常人中抽身出来，由此把本己的可能

---

[40] 海德格尔《存在与时间》，第 373 页。

[41] 同上书，第 418 页。

[42] 同上书，第 210 页。

[43] 同上书，第 420 页。

[44] 同上书，第 384 页。

性(如我自己的死)带近前来。在海德格尔看来,“把本己的可能性带近前来”就是本真的当前,所以本真的当前可谓当前化的本真状态,而当前化可谓当前的衍生状态。

在海德格尔那里,本真的当前被列为源始时间性的第三个样式。这个当前不是通常理解的现在,因为它并不意指“把……放到现在或今天”。此在刚一存在就已经把本己的可能性带近前来,并总在把本己的可能性带近前来,即它刚一存在就已经当前着了,并总在当前着。所以当前与曾在和将来是一同在场的,它们之间没有先行和后继的问题(“将来并不晚于曾在状态,而曾在状态并不早于当前。”㊺)。

“作为寓于世内存在者的存在”是此在的存在状态。这个存在状态的基本构成是本真的当前,而这个当前是源始时间性的样式。从这个角度同样可以看出,此在的存在是由源始时间性构成的,因而在本源的存在那里可以找到本真的时间。

4. 源始的时间性

“先行于自身”“已经在世界中”“作为寓于世内存在者的存在”,此三者是人这个存在者的三个存在状态,它们合成人(此在)的整体性存在。海德格尔为此用一个结构式来表述这种整体性存在:

先行于自身的－已经在世界中的－作为寓于世内

㊺ 海德格尔《存在与时间》,第398页。

存在者的存在。[46]

如果把世界的本质表述为人的“何所在”和“何所向”,那么这个结构式也表述了人与世界在基础存在论层面上的一种境域式存在。

海德格尔把其中的“世界”略去,于是得到一个基本结构:

先行于自身的－已经在……中的－作为寓于……的存在。

海德格尔把这个基本结构称作“操心”。按照他的说法,“此在的存在整体性即操心”。[47] 这里需要说明一点:“操心”的德文原词是“Sorge”,可按其本义译作“操心”或“烦”,也可译作“牵挂”。但海德格尔赋予该词以新的意义,让它表示此在的整体性存在,因此“Sorge”一词已是旧瓶装新酒了。

海德格尔提出,操心是一个“分成环节的结构”[48],其中:第一个环节是“先行于自身”,第二个环节是“已经在……中”,第三个环节是“寓于……而存在”。这三个环节组建了操心,从而构成了此在的整体性存在。

这里,“先行于自身”出自将来,“已经在……中”出自曾

---

[46] 海德格尔《存在与时间》,第233页。“寓”在中文里有寄居于、栖息、寄放等义,“寓于……而存在”的德语原文是“bei. . . sein”,有“与……伴生”之义。

[47] 海德格尔《存在与时间》,第372页。

[48] 同上书,第372页。

在,“寓于……而存在”出自当前。由于源始时间性是将来、曾在和当前的统一,所以“操心奠基于时间性”[49]。进而言之,操心是此在的存在,所以“此在的存在状态建立在时间性的基础上”。[50]

海德格尔在基础存在的层面上考察时间,对他而言,所有传统的时间概念都是“从非本真的时间领会中生出的”[51],因此有必要用源始的时间性来界说“本真的时间”[52]。

5. 源始时间性的本质

依海德格尔之见,源始的时间性才是本真的时间。他的这个观点建基于对源始时间性的本质理解。

海德格尔提出:“时间性本质上是绽出的。”[53]何谓“绽出”,我们可援引汉魏时期政治家曹操的名诗《观沧海》帮助理解:

秋风萧瑟,洪波涌起。
日月之行,若出其中;
星汉灿烂,若出其里。

㊾ 海德格尔《存在与时间》,第 432 页。

㊿ 德文原句为“Die Seinverfassung des Daseins gründet in der Zeitlichkeit.”见海德格尔《现象学的基本问题》(Die Grundprobleme der Phänomenologie),摘自《海德格尔全集》(Martin Haidegger Gesamtausgabe),Vittorio Klosstermann 出版社,1975 年版,第 24 卷,第 323 页。

51 海德格尔《存在与时间》,第 387 页。

52 同上书,第 673 页。

53 同上书,第 377 页。

大海无垠，广阔深邃，涌起连天波涛。观察者为之心动而萌生想法：日月是从海中跃出的，星辰是自海里涌出的。诗中的"出其中"或"出其里"是一种出离状态，而此种出离状态就是绽出。所以绽出原本表示"从……中出离而到场"，也就是"出场"之意。海德格尔为此提出，源始时间性本质上是"源始的、自在自为的'出离自身'本身"，换句话说，"时间性的本质即是在诸种绽出的统一中出场"。[54] 这里所说的"诸种绽出"首先指本真的将来、曾在和当前，其中：将来是让可能性来到自身的"来"，这个"来"本质上就是"出场"；曾在是"已经在……中"，规定此在被抛出而向来在世界之中。这种因被抛出而存在的状态本质上也是"出场"；当前是把此在的可能性带近前来。这个"带近前来"本质上也是"出场"。

海德格尔根据自己对时间本质的理解否定了时间作为存在者（无论是客体，还是主体）的可能性。在他看来，本真的时间"根本不是'存在者'。时间性不存在，而是出场"[55]。

---

[54] 海德格尔《存在与时间》，第 375 页。这里，【1】所涉原句的译文为"时间性的本质即是在诸种绽出的统一中到时。"；【2】所涉原句的译文为"时间性不存在，而是'到时候'"。问题在于：a. 用"到时候"或"到时"解释时间性总有同义反复之嫌；b. "到时候"或"到时"中的"时"是传统的时间概念，而此类概念恰是海德格尔要求远离的；c. 有时间，才有"到时候"或"到时"，但源始时间性却是前时间的，是产生时间的本源。有了时间性，才会有时间，所以这个时间性不能是"到时候"或"到时"；d. "到时"或"到时候"的德文原词是"zeitigen"，可释为"reifen lassen"（使……成熟，产生……结果），又可释为"hervorbringen"（把……取出来，把……带到面前）。基于上述理由，我们改译为"出场"。这也符合海德格尔在书中的提法"时间性是源始的、自在自为的'出离'本身"（第 375 页）。

[55] 海德格尔《存在与时间》，第 374 页。

这个“出场”是存在状态，它规定此在的存在是自在自为的，从而有“能在”之说，所以“时间性构成了此在的源始的存在意义”[56]。

当海德格尔把时间的本质还原至极处时，余下来的便是“出场”，因此在基础存在论的层面上，时间与存在原本是同一的。

由于源始时间性既是主体可能存在的条件（此在的存在是主体存在的条件，而此在的自身存在则是由源始时间性构成的），也是客体可能存在的条件（时间性的当前化让一切客观存在者来照面，即让它们出场而存在），所以海德格尔认为，本真的时间既不“内在”，也不“外在”，既不是“主观的”，也不是“客观的”。它“比一切主观性与客观性‘更早’‘存在’”，因为它是主体存在和客体存在的共同本源。[57]

按照海德格尔的观点，源始时间性构成此在的存在内容，由于这个存在既是“向生存在”，也是“向死存在”，并且死是不可逾越的可能性，所以海德格尔提出，源始时间性是“有终的”[58]，本真的“向死存在”就是“时间性的有终性”。[59] 在这方面，本真的时间不同于一般的时间概念。通常认为时间是无始无终的，而源始时间性却是有两端的，一端是此在自身被抛而生，一端是此在自身来到自身而死。

本真的将来、曾在和当前不是先后相继的，而是一同在

---

[56] 海德格尔《存在与时间》，第 270 页。

[57] 同上书，第 475—476 页。

[58] 同上书，第 377 页。

[59] 同上书，第 437 页。

场的，这就表明，本真的时间没有距离或没有时间－空间，因此不是过程。在这方面，本真的时间与自然时间有所不同。自然时间是有距离的或有时间－空间的，因而是个过程（例如，从2000年到2009年的间距为9年，这个9年就是个过程）。

海德格尔为此提出，并非“有一条现成的‘生命’轨道和路程，而此在则只是靠了诸多阶段的瞬间现实才把它充满”。此在总是向生存在，也总是向死存在，因而在它的存在中“已经有着与出生和死亡相关的‘之间’”。只要此在存在着，出生和死亡这两个终端及它们的“之间”就存在着，所以海德格尔提出：“作为操心，此在就是‘之间’。”[60]

海德格尔在这里所说的“之间”不是从生到死的距离或过程，而是生和死这二个存在状态的差异。例如我们说：“在生存和毁灭之间做出决择。”这里面的“之间”不是指从生存到毁灭的过程，而只是指生存和毁灭的差异。弄清楚这一点很重要，因为它与海德格尔时间观的存在问题相关。

三、非本真的时间

通常理解的时间（如自然时间或物理学上的时间）能有效解释各种物理现象，并且能符合人们在日常生活中对时间的体验，但它不能证明自身是现实的存在者。那么，这个时间的本质是什么，它原本是什么？这是任何逐时者都绕不过

---

[60] 海德格尔《存在与时间》，第424页。

去的问题。如果这个问题得不到解释,就不能说已经揭开了时间的神秘面纱。

海德格尔试图借助源始时间性解决这个问题。在他看来,时间不是无源之水、无本之木,它有产生的根据,而根据就在源始的时间性那里。依他之见,这个时间性之所以是源始的,一则因为它是本真的时间,二则因为它是产生时间和时间概念的本源。海德格尔由此提出,源始的时间性是本真的时间,而通常理解的时间则是非本真的时间。

1. 时间 = 此在的日常存在状态

海德格尔把时间(非本真的时间)分解为"而后""当时"和"现在"三个部分。他提出,这三个时间部分其实是三种存在状态。具体而言:

"而后"就是"现在还不",它的范围是"未来"。每一个"而后"都是"而后某事将发生";

"当时"内含"现在不再",它的范围是"早先"。每一个"当时"都是"当时某事曾发生";

"现在"自身表示为"当前化",它的范围是"今天"。每一个"现在"都是"现在某事正发生"。[61]

对海德格尔来说,"而后""当时"和"现在"所涉及的事无非是此在的操劳之事,而它们的组合恰好是对"沉沦"(即人已在并总在同事物打交道)的解释,所以这三种存在状态不是别的,正是人的日常存在状态,即源始时间性的当前化。

---

[61] 海德格尔《存在与时间》,第459—460页。

海德格尔由此提出:"'现在''而后'与'当时'来自时间性而本身就是时间。"[62]这样,通常理解的时间便被海德格尔还原为人的日常存在状态。

由于"而后"是"现在还不","当时"是"现在不再",所以"时间首先为不间断的相续的现在",即为一个由将来的、现在的和过去的现在组成的"现在序列"。[63] 海德格尔于是把通常理解的时间称作"现在式时间",并相应地把源始的时间性称作"源始时间"。[64]

2. 时间的结构和特性

海德格尔提出,此在的操劳活动规定时间具有"可定期结构"。这个可定期结构就是:在"现在某事正发生"中的"现在正……";在"而后某事将发生"中的"而后将……";在"当时某事曾发生"中的"当时曾……"。由于"现在正""而后将"和"当时曾"都意指一个"时间点",所以起到定期的作用。[65] 例如,现在正开会、而后将扩大生产、当时曾听到枪响等等。

除了可定期结构,此在的操劳活动还规定时间拥有"时段性"(Gespanntheit)。因为"而后"包含着"现在还不",所以本身就预备了"直到那时"(如"现在还不营业"就预备着"直到那时营业")。这个"直到那时"是一种"之间"状态(在"现

---

[62] 海德格尔《存在与时间》,第461页。

[63] 同上书,第478页。

[64] 同上书,第481页。

[65] 同上书,第460—462页。

在"与"那时"之间),这个"之间"呈现出来的持续状态叫作"绵延"(Dauern),而此绵延就是"时段"。海德格尔认为,时段性原本是此在的操劳活动的延续性,它表明此在的日常状态是持续的,即是有长度的。这个长度(Spannweite)根据此在的不同操劳之事而可以不同。[66]

3. 时间的公共化

海德格尔提出,此在"实际上以共他人存在的方式生存着",它与他人的共处便是在"同一天空下"的存在。由于人人都在彼此打着交道,所以需要有一个对大家都可行的定期,以便借助这个公共的定期来安排自己的时间和调整自己。这便是"时间的公共化"。此在与他人的操劳活动使"时间在操劳活动中也已经公共化了",此在的时间因而不是"作为它自己的时间得到识认的"。[67] 由于公共化的时间是属于世界本身的,所以也可称之为"世界时间"。[68] 海德格尔由此得出一个结果:此在的日常存在状态决定了时间的公共化。

"时间的公共化"是世界时间的形成根据。我们知道,在主观的时间概念那里往往缺少能够支持这个统一时间的根据。

4. 计时和计时所得的时间

海德格尔提出,此在为自己的生存需要计算自身的延

---

[66] 海德格尔《存在与时间》,第 462 页。

[67] 同上书,第 464—465 页。

[68] 同上书,第 468 页。

续,即需要计算时间的长度。由此而言,“计时”无非是此在为时间而操劳的活动,用海德格尔的话来说,计时本质上是“以某种时间计算的方式有所操劳地解释时间”。[69]

时间的公共化或公共的定期有必要使用一种公共可用的尺度。这种公共可用的尺度出自何处?海德格尔提出,此在的存在是操心,它操劳着同事物打交道。由于它被抛在世界中而“委身于日夜交替”,所以它在同事物打交道时就需要“视的可能性,即光明”。由于“日出”带来光明,所以此在和他人一样都“日出而作,日没而息”。这就表明,时间最初是通过“日出”来定期的,“而后日出之时,便到作……之时”。太阳使时间定期,从这一公共定期中生长出“‘最自然’的时间尺度——日”,而太阳遂成为太阳钟,即成为“自然的”计时器。对海德格尔来说,这个“日”就是此在的“日常流俗的时间领悟”。此在以“日”为尺度计算时间,“直到那时”有多少日,时间就有多少长。此在的演历因而是日复一日的,它与众人的共处演历也因而是日复一日的,而历史也因此是日复一日的。[70]

人造钟表是在自然钟表的基础上发展起来的。这个基础本身就是一种存在的根据,表明人造钟表是以自然钟表为自己存在的条件。此在的“天文时间计算和历法计算的操劳活动”使自然钟表成为可能,而自然钟表则使“制造与使用更趁手的钟表”成为可能,所以人工钟表的调整必须依照自然

---

[69] 海德格尔《存在与时间》,第465页。

[70] 同上书,第466页。

钟表。[71]

通过计时获得的时间并不是作为日常存在状态的时间,但却是来源于后者的,因为它是对后者进行测量和计算的结果,而测量和计算本身属于此在的日常存在。计时实际上是在计算此在日常状态,计时所取得的结果实际上是对这种日常状态的领悟,因此作为计算结果的时间可以无限接近时间本身,但两者毕竟不是同一个。

人们有时把计时所得的时间理解为时间,把确定和发布这个时间称作授时。此类现象在海德格尔那里叫作"日常流俗的时间领悟"。如果把此在的时间性作为源始的时间,那么作为日常状态的时间就是最切近这个源头的,即最接近时间本质的;而计时所得的时间离源头远一些,即离时间的本质远一些。

海德格尔据此提出,仅凭时间的测量和计算是达不到时间本质的,所以他"不想进一步讨论相对论的时间测量问题",理由就是"任何物理测量技术的原理都立足于对测量的存在论基础的研究,而它本身绝不可能铺展开时间之为时间的问题"。[72] 不过,海德格尔的这个观点带有对相对论的一定误解,因为爱因斯坦并不是通过测量或计算得到相对时间的。

---

[71] 海德格尔《存在与时间》,第465页。

[72] 同上书,第471页中的注释①。

四、传统的时间概念只是对时间的不同认识

海德格尔认为,各类传统的时间概念比日常流俗的时间领悟还要远离时间之源,因为日常流俗的时间领悟直接产生于“计时”这个操劳活动,而这些时间概念则是基于日常流俗的时间领悟发展起来的。在海德格尔看来,这些时间概念不是时间本身,它们只是概念,只是人们对时间形成的不同认识,所以要找到时间的本源,就必须远离所有传统认知的时间概念。

在海德格尔看来,计时和授时虽然已经离时间的本质有些远了,但此类领悟“本来曾是以真切的方式从这些源头汲取出来的”,因此是对日常存在状态的原始领悟,自身还带有源头的信息。但传统的时间概念就不同了。这些时间概念不是时间本身,而只是对时间的认识。海德格尔没有具体地分析这些时间概念,但他明确提出,这些时间概念都在形而上学的存在论(Ontology)层面上,都不在基础存在论层面上,因此都不能通达源始时间性。由于它们是从日常流俗的时间领悟中衍生出来的,所以离本源最远,也最为失真。海德格尔由此提出,传统的时间概念在这种偏离和失真中遗忘了自身的渊源,并堵塞了通达源头的道路。

五、时间的本质还原

“本质还原”是一种现象学的方法。“还原”的德文原词

是“Reduktion”,本义为减少、缩小、简化,引申之义则为“还原”。例如化学中的“还原”就是减少氧化物中的氧,使它们成为结构较简单的非氧化物。所以,本质还原就是把遮蔽事物本质的表层剥离,由此让事物简单化,而当非本质的表层被逐次去除后,事物的本质便会显露出来。例如,当将体现身份、地位、财富、职业等的衣服一件件脱去后,最后剩下的东西便是我们的本质——人自身。

海德格尔在探讨时间时用了本质还原法,他的时间说因此分为四个层次:

内层:源始的时间性,它构成此在的存在,所以两者本质上是同一的;

外层一:时间,它是人的日常存在状态。由于它直接从当前化中绽出,所以比较接近源始时间性;

外层二:计时及其所得的时间。这个时间出自对日常存在状态的质朴领悟,所以还留有几分源头的影响;

最外层:各类传统的时间概念,它们建基于形而上学的存在论,因此离源始时间性最远,即离源始的存在最远。

下面海德格尔的话集中反映了他在这方面的思路:

> 如果时间性构成了此在的源始的存在意义,而这一存在者却为它的存在本身而存在,那么操心就需用“时间”,并从而算计到了“时间”。此在的时间性造就了“计时”。在“计时”中所经历的“时间”是时间性的最切近的现象方面,从这一方面生产出日常流俗的时间领悟。这

种时间领悟又发展成传统的时间概念。[73]

我们在这里看见一个时间的衍生序列：

源始时间性→时间→计时所得的时间→各类时间概念。

这个序列表明这样的事实：离内层越远，即离本质越远，因而愈加失真。我们同时也看见了一个时间的本质还原序列：

时间概念→计时及其所得的时间→时间→源始时间性→出离。

这个趋向本真的序列表明这样的事实：随着层次剥离非本质的东西，本质的东西逐渐显露出来。离内层越近，即离本质越近，因而越趋近本真。时间的本质还原序列所以也就是存在的本质还原序列：

形而上学的存在（时间概念）→对日常存在状态的质朴领悟（计时）→日常存在状态（时间）→基础存在论的存在（源始时间性）→出离（源始时间性的本质）。

---

[73] 海德格尔《存在与时间》，第471页中的注释①，第270页。

六、意义与问题

现象学的本质还原法也见之于自然科学,后者便是按照"分子→原子→粒子"这样的次序还原万物本质的。按照这个次序,越是内在的东西,就越是接近存在物的本质。不过到了海德格尔那儿,被还原的东西不再是存在者(无论是物质性的,还是非物质性的),而是存在。当海德格尔把时间的本质揭示至极处时,我们所见到的就是源始的存在状态。

亚里士多德是在"存在"方向寻找时间的先驱,他把时间的本质的可能所在范围缩小到事物的存在方式"运动"上。这个运动在他那里分为四类:空间变化、性质的变化、数量的变化、产生和灭亡。按照亚里士多德的观点,时间本质上是一切运动的数。但由于他把时间笼统地理解为一切运动的数,所以未能讲清楚这个"数"究竟是什么。

黑格尔在"存在"这个方向上缩小了时间的本质的可能所在范围。在他那里,时间成为"纯变易",而这个纯变易就是"产生和灭亡",即是存在者自身否定自身的存在形式。所以黑格尔实际上也在做本质还原。他把空间的变化、性质的变化和数量的变化剥离出去,从而把时间的本质还原为一类变化"产生和消亡",即还原为一切事物的生存形式。

海德格尔在"存在"这个方向上对时间做了第三次本质还原。他按照基础存在论把其他存在者的"产生和灭亡"悉数剥离,由此把时间本质的所在范围缩小到或精确到一个存在者的"产生和灭亡",即把时间的本质还原为人的本源存在状态,因为这种存在既是向生存在,也是向死存在,所以可理解为本真的“生死之间”。

海德格尔进行本质还原的根据在于存在现象的明证性。由于人的存在是就其自身显现自身的,所以人能“看见”自身的操心和泯乎众人的日常状态,因而能“看见”本真的时间和非本真的时间。

依海德格尔之见,本真的时间既不是主观的,也不是客观的,而是前主观和前客观的,因而比一切主观性与客观性“更早”存在。由于它既是主体存在的条件,也是客体存在的条件,所以是前存在的,即是本源的存在。借助这种理解,海德格尔不单逾越了意识层次,而且逾越了存在论的存在层次。由于此在的整体性存在是对存在的本质还原,所以海德格尔已经深入到基础存在,其程度可比之为科学家深入到基本粒子。海德格尔对时间所做的本质还原引领我们真实地走近了时间的本源,我们已经听见来自这个本源的呼唤。

问题讨论:

海德格尔以前的时间研究存在这样的问题:对时间本质的研究或者解释不了通常所用的时间及其本源(如奥古斯丁的“心灵的延长”、柏格森的“纯绵延”、康德的“内直观形式”、辩证唯物论的“运动事物的存在形式”),或者简单采取悬置的方法(如胡塞尔的“内时间意识”、黑格尔的“纯变易”)。而对日常所用时间的研究则或者解释不了时间的本质及本源(如爱因斯坦的“相对时间”、霍金的“时空客体”),

或者简单采取回避的方法(如牛顿的"绝对时间")。

海德格尔尝试通过两类时间解决这个问题:他用本真的时间(源始的时间性)解释时间的原本所是,以此揭示时间的本质,并用非本真的时间解释日常所用的时间,同时用这两类时间之间的渊源关系解释时间的本源。为此,他提出,本真的时间是人的存在状态,包括"先行于自身的存在""已经在……中的存在"和"作为寓于……的存在"三个组成部分。本真的将来、曾在和当前分别是这三个部分的样式;非本真的时间是人的日常存在状态,包括"而后""当时"和"现在"三个组成部分;日常所用的时间(如年月日、时分秒等)又是从非本真的时间中衍生出来的,因为它们产生于人的日常存在状态。由于非本真的时间出自本真的时间,所以本真的时间可谓时间的本源。

在证明两类时间的渊源关系时,海德格尔使用了这样的根据:每一个"而后"都是"而后某事将发生",每一个"当时"都是"当时某事曾发生",每一个"现在"都是"现在某事正发生"。由于这些事情本质上都是人的操劳之事,即是人的日常存在状态,所以非本真的时间其实是人的日常存在状态。由于这个日常存在状态是从人的存在中绽出的,是人的存在的当前化,而人的存在是由源始的时间性构成的,所以本真的时间(源始的时间性)是时间的本源。海德格尔正是据此把非本真的时间理解为"现在式时间",而把源始的时间性理解为"源始时间"。但问题在于,"而后""当时"和"现在"并不能从源始的时间性中绽出,或者说,源始的时间性不是产生"而后""当时"和"现在"的本源。这是因为,按照海德格尔的说法,本真的将来、曾在和当前是源始时间性的三个样式,它们总是一同出场("将来并不晚于曾在状态,而曾在状态并不早于当前"),原本没有先后相继的问题,因此在它们之间没有距离或过程。这样的源始时间性规定了人的整体性存在("先行于自身的－已经在世界中的－作为寓于世内存在者的存在"),所以人的三个基础存在状态也是一同出场的,它们之间没有先后之分,因此没有间距或过程。

在源始的时间性中(或在人的基础存在状态中)没有原始的先后,因此没有原始的距离或过程,也就是说,没有任何时间性的元素。说明这一点很重要,因为它是海德格尔特别强调的。如果在源始时间性中或在人的本源存在中有一丁点原始的先后、原始的距离或原始的过程,那么海德格尔的时间观就需要重写。

我们知道,从水源中可以涌出水来,但从一个没有水的地方如何能涌出水来?如果一个地方无水涌出,那它就不能算作水源。水与其源的关系是这样的,时间与其本源的关系也是这样的:源始的时间性中没有任何时间元素,所以从它那里不可能涌出时间。而如果从它那里没有时间涌出,那么它就不能称作时间的本源。

同样道理,海德格尔提出非本真的时间具有可定期结构,因为"现在正""而后将"和"当时曾"都意指一个时间点,所以起到定期的作用。但本真的将来、曾在和当前没有先后之分,也就没有定期可言。如果非本真的时间确实具有可定期结构,那么它就确实不是出自源始时间性的。

海德格尔提出"而后"包含"现在还不",本身预备了"直到那时”,这个“直到那时”是一种“之间”状态,而“之间”则是一种持续状态,即是有长度或有距离的,所以时间还具有时段性。但源始的时间性是前时间的,本身不是“从此时到彼时”。将来、曾在和当前一同出场,一同离场,它们“之间”没有先后之分,因此没有从当前到将来的过程,也没有从曾在到当前的过程。所以说,源始的时间性不是时段的原始状态,从它那里不可能绽出时段。

海德格尔提出二个“之间”,一个是表示源始时间性的“之间”,另一个是表示时间的“之间”。如果时间是出自源始时间性的,那么这两个“之间”就应当有渊源关系。但这两个“之间”却没有此种关系,因为表示时间的“之间”是在常识层面上的距离或过程,而表示源始时间性的“之间”却与这类距离和过程无关。由于人的存在既是向生存在,也是向死存在,“只要此在生存着,它就实际上死着”,所以人的生死“之间”只是生与死的差异,而不是从生到死的间距或过程。如果在时间层面上的“之间”是一种距离或过程,而在源始时间性层面上的“之间”却不含距离或过程的元素,那就说明这两个“之间”原本没有渊源关系。

就“而后某事将发生”“当时某事曾发生”和“现在某事正发生”而言,这里面所涉及的事都是人同周围事物打交道,所以可认作操劳之事,即“诸事出自操劳”。但诸事出自操劳并不等于时间出自操劳,因为诸事本身并不等同于时间。“而后某事将发生”并不是将来的时间,“当时某事曾发生”并不是过去的时间,“现在某事正发生”也不是现在的时间。要弄清楚时间究竟是什么,还需要先弄清楚什么是时间上的“而后”、什么是时间上的“当时”、什么是时间上的“现在”，而要弄清楚这些问题，又需要先弄清楚什么是时间。当海德格尔把“现在”“而后”和“当时”当作时间理解时，他实际上已经预设了这样的循环论证问题。

海德格尔自己认为，人总是走在途中，所以他的生死之间原本应当是个过程，每一个人都必须从生走到死，所以这个“途中”就应当是原始的“途中”，而这个生死“之间”就应当是原始的距离或过程。如果是这样的话，源始的时间性与时间的渊源关系就可以得到解释，人的本源存在和日常存在状态就可以用来解释本真的时间和非本真的时间。但要做这样修改，那么就要相应地修改“向生存在”和“向死存在”的意义，并且还需要相应地修改“曾在、当前和将来一同在场”的基本观点，而要达到这个目的，就需要深入寻找原始的先后，就需要深入寻找原始的距离和原始的过程。

结语

继亚里士多德和黑格尔之后，海德格尔在存在的方向上对时间做了第三次本质还原，由此把时间的本质还原至基础存在的层次，即还原为人的本源存在状态。但他没有揭示构成这个存在状态的原始而本真的过程。而他之所以没有揭示这个原始而本真的过程，就因为他绝对地肯定了将来、曾在和当前的同在现象，从而绝对地否定了从它们中间绽出过程的可能性，实际上也就切断了本真的时间与非本真的时间的渊源关系，并由此切断了与通常所用的时间的本源关系。

事实上,海德格尔本人还在探索的途中,因此会出现“转向”。他离开了存在者的存在,开始在没有存在者的存在那里寻找时间。由于缺少了直观和自身显现的明证性,所以海德格尔在后期提出的时间观点中多有假说和想象成份。有兴趣者可参阅本章的附录“海德格尔在转向后的时间观”。

附录　海德格尔在转向后的时间观

海德格尔的思想在后期发生了著名的“转向”,此在的存在不再被认作本源的存在,它让位给更为源始的“Ereignis”,海德格尔开始思考没有存在者的存在。这个转向也反映在他对时间的新理解上。按照他的新观点,此在的存在不再被认作时间的本源,海德格尔自己因而放弃了源始的时间性。

海德格尔在时间问题上的转向集中体现在他的演讲《时间与存在》中:

1. 转向:海德格尔不是转回到传统的时间概念,他仍旧坚持在存在的方向上寻找时间,所以仍旧认为“在指给我们时间的钟表那里找不到时间”,并认为本真的时间不是“在这种现在系列中作为前后相继被认识到的时间”。[74]

2. 在场状态:海德格尔将本真的时间由源始时间性改为“在场状态”。所谓在场状态,就是“那种关涉人、通达人、达到人的永恒的栖留”。源始时间性可谓人的本真存在状态,而在

---

[74] 海德格尔《时间与存在》,摘自孙周兴选编《海德格尔选集》,生活·读书·新知三联书店,1996 年版,第 672 页。

场状态则可谓一种单纯的存在状态，因为它不是任何存在者的存在状态，包括不是人的存在状态或其本真的存在状态。(75)

海德格尔把这个在场状态细分为：当前、曾在与将来。这里，"当前"是直接关涉我们的在场，它就叫作"面向我们——人——而停留"；"曾在"是一种不再当前的在场状态，但它"并不像纯粹的过去那样从以往的现象中消逝"，它还存在并活动着，并以这种方式始终关涉我们，因此"在场在曾在中被达到"；"将来"是尚未当前的在场，它按照"走向我们"这个意义上的在场方式与我们相关涉，因而也像曾在那样直接地存在并活动着。曾在不是已终结，将来不会才开始，所以"在将－来中，在'走向我们'中，在场被达到了"。(76)

3. 当前、曾在与将来的存在与活动：海德格尔提出，当前、曾在与将来的直接存在与活动表现在二个方面：

一方面，它们总在做"相互传送"的游戏。在游戏中被来回传递的东西不是别的，而是它们自身。这就像来回传送的不是足球，而是球员自身一样。当前、曾在与将来相互传送自身而相互达到彼身，其中：a. 将来"作为尚未当前，同时达到和产生不再当前，即曾在"；b. 曾在"又把自己递给将来"；c. 曾在与将来二者的交替关系不仅"达到同时"，而且"也产生了当前"。我们说，如果疾病传送自身而达到我身，那就表明：我身得病或显现有病。如果将来、曾在和当前相互传送

(75) 海德格尔《时间与存在》，摘自孙周兴选编《海德格尔选集》，生活·读书·新知三联书店，1996 年版，第 674 页。

(76) 同上书，第 674—675 页。

自身而相互达到彼身，那就表明：将来也显现自身为曾在与当前，曾在也显现自身为将来与当前，而当前同样显现自身为将来与曾在。海德格尔因此把这种“相互达到”认作当前、曾在与将来的“本己的统一性”，并把“同时”认作“相互达到”所具有的时间特征。[77]

另一方面，海德格尔认为，将来、曾在和当前是三维的，它们各在一维上关涉人与通达人，而当它们通达人时，我们人才得到将来、曾在与当前，并因自身具有这种整体在场状态而存在。人能如此存在，“人才能是人”。对海德格尔来说，这种关涉与通达只是给出，而不是创造。本真的时间给出了使人所以为人的在场，但“时间不是人的制作品，人也不是时间的制作品”。[78]

4. 四维时间：将来、曾在和当前各在一维上关涉与通达人，但要它们相互传送自身和相互达到，“产生出它们当下所有的在场”，则必须通过另外一维。这样在本真时间的游戏场中便有称作“相互传送”的第四维。这个第四维使当前、曾在与将来“澄明着分开”，因而保持着自身性，但又使它们“相互接近”，因而相互达到，所以海德格尔断言：“本真的时间就是四维的。”[79]

依照常识，“维”是指在某个方向上的延伸。一维空间是线，二维空间是面，三维空间则是体，因此三维就是在长、宽、

---

[77] 海德格尔《时间与存在》，摘自孙周兴选编《海德格尔选集》，生活·读书·新知三联书店，1996年版，第675页。

[78] 同上书，第678页。

[79] 同上书，第677页。

高三个方向的延伸。海德格尔认为，传统认知的时间之维是从"三维空间的观念中移植来的"，作为现在系列的时间因此是一维的，即是可以计算的"现在的两个点之间的距离"，例如当我们说在50年的时间中发生了这样和那样的事情时，我们指的就是这样的距离。但在所有时间计算之前，"本真时间的时－空的本性就已在澄明着的将来之中了，处在曾在和当前的相互达到之中了"，所以本真的时间之维虽有方向，却没有可计算的距离，因而不同于常识之维。海德格尔由此将本真之维规定为"通达"或"澄明着的到达"。(80)

四维的时间显现自身为一种"敞开"，这种敞开是前时间－空间的，即它"能够安置空间，也就是说，它给出空间"。这里，海德格尔不但提出了本真时间与传统认知的时间的区别，而且提出了它们的渊源关系。(81)

5. 时间与存在的关联：基于上说，海德格尔提出："时间与存在交互规定。"(82)对此可作二个方面的理解：

一方面，时间不是存在者，而是存在，所以只能说"有时间"，而不能说"时间存在"，就如同不能说"存在存在"；

另一方面，存在是在场，本真的时间也是在场，用存在规定时间其实就是用在场规定时间，而用时间规定存在其实也是用在场规定存在，时间与存在因而是相互归属的，它们统一于在场状态。

---

(80) 海德格尔《时间与存在》，摘自孙周兴选编《海德格尔选集》，生活·读书·新知三联书店，1996年版，第676—677页。

(81) 同上书，第676页。

(82) 同上书，第674页。

6. Ereignis:非本真的时间源自本真的时间,这个本真的时间和存在统一于在场状态。那么,这个在场状态又源自何处呢?

海德格尔提出,"Ereignis"比在场状态还要源始。[83] Ereignis是"一种不在场的在场"[84]。如果"在场"是敞开和无蔽状态,那么"Ereignis"就是"自行遮蔽"。按照海德格尔的说法,时间和存在是由 Ereignis 给出的,具体而言,Ereignis 把时间和存在"带进它们的本性中",并且"使它们持留和保持在相互归属中",亦即让它们"居有"在场状态,从而"成其自身"。[85]

海德格尔从德国人的语言智慧中得到关于"Ereignis"的启示:在德文里,"Es gibt..."表示"有……"(例如"Es gibt Zeit"就是"有时间")。"Es"在这里只是形式主语,并无实际意义。海德格尔现在提出,"Es gibt"的原意是"它给出",如果这个它(Es)给出的不是普通存在者,而是存在和时间,那么它就应该是存在和时间的本源,因为存在和时间是它给出的,即是它的"赠礼"(Gabe)。就形式而言,这个它是隐秘的、不出场的,但就"给出"活动而言,这个它又是在场的,所以这

---

[83] "Ereignis"在德文中的原意是"事件"。海德格尔在这里"旧瓶装新酒",赋予了该词新的意义,就像他处理"此在"一样。"Ereignis"在国内有多种译法,并无定论,如有"成己""本成""本有""本是""自身的缘构成""大道""本然""发生"等等。译名的并存说明一个现实问题:在汉语中找不到一个现成的字或词可以匹配"Ereignis",也无法简单地通过几个字的组合表达"Ereignis"的新意。出于这个原因,我们还是以袭用德文原词为宜。

[84] 海德格尔《时间与存在》,转摘自孙周兴选编《海德格尔选集》,生活·读书·新知三联书店,1996 年版,第 680 页。

[85] 同上书,第 679—680 页。

个它意指一种不在场的在场。[86]

这个不在场的在场状态给出在场状态，即给出时间与存在，所以可作为时间与存在的本源。海德格尔把这个本源称作"Ereignis"。

7. 关于海德格尔在转向后的时间观讨论：

海德格尔的基础存在论是以现象学为基础的，所以他会提出"现象学是存在者的存在的科学，即存在论"。以此为背景，海德格尔在前期的《存在与时间》里把此在的存在视为本源的存在，同时把源始的时间性认作这个存在的基本构成。

在转向后，海德格尔试图找到一个更为源始的存在，这个存在不再是"此在"的存在，即不再是存在者的存在，而是一种没有存在者的存在，即"Ereignis"。这个 Ereignis 作为源始的存在，它给出"在场状态"，即给出本真的时间和存在。由于这个在场状态通达人，所以我们人能够在场而成其为人。

问题是：在海德格尔的话语中，我们遇到的都是简单的判定，却看不见充分支持这些判定的根据或理由。

例如，海德格尔简单断言，当前、曾在与将来在相互传递自身。但是，他如何知道确实有这三种在场状态？如何能证明这三种在场状态确实在做相互传递的游戏？如何能证实此类游戏所沿循的第四维的存在？又如何能证实它们始终在相互传递自身？海德格尔对此只做了肯定性的判定，并没

---

[86] 海德格尔《时间与存在》，转摘自孙周兴选编《海德格尔选集》，生活·读书·新知三联书店，1996 年版，第 679 页。

有相应地提出使这些判定能够成立的根据或理由。

又如，海德格尔简单断言，在场状态关涉和通达人，人才成其为人。那么，当在场状态尚未涉及和通达人时，人是什么呢？在场状态又在何时开始涉及和通达人？它又为何选在那时涉及和通达人？海德格尔对此也只做了简单的判定，并没有提出使这些判定足以成立的根据或理由。

再如，Ereignis 是前时间和前存在的。但如何证实有这个 Ereignis？如何证实它的确是前时间和前存在的？又如何证实这个 Ereignis 固有给出之能？海德格尔对此依旧只下判定，并未提出使这些判定足以成立的理由或根据。

转向后的海德格尔开始思考一个前时间和前存在的新本源，他相信在没有存在者的存在那里可以找到答案。这就意味着，海德格尔的时间观不再以"现象学是存在者的存在的科学"为背景了，之前作为基础的"存在现象"也就不再作为基础了。我们知道，没有现象，就不会有直观和显现，而在缺少直观和显现的情况下，海德格尔的新时间观自然会缺乏明见性或明证性。他的转向或可使人联想到莎士比亚。这位大戏剧家的作品在早期以历史剧和喜剧为主，充满人文主义理想和乐观主义，在中期主要是悲剧，而在晚期则主要是传奇剧，充满了浪漫和幻想。

直观或显现与假说或想象之间是成反比的，直观或显现的成份越多，假说和想象的成份就越少，反之亦然。因此直观或显现的成份减少必然导致假说和想象的成份增加。不言而喻，最天才和最智慧的假说和想象也只是假说和想象，它们还需要证实自己。

第十二章

逐时之路

当我们深思熟虑地考察自然界或人类历史或我们自己的精神活动的时候，首先呈现在我们眼前的，是一幅由种种联系和相互作用无穷无尽地交织起来的画面，其中没有任何东西是不动的和不变的，而是一切都在运动、变化，不断产生和消失。

——恩格斯

俄国化学家门捷列夫提出一个化学元素周期表，该表按照原子量的大小排列元素，并留下了一些空位。门捷列夫预言，每个空位上都应有一个未知的元素。周期表的重要意义由于镓、钪、锗等元素的发现而得到公认。在寻找时间方面也存在相类似的情况，只是结果恰好相反，不是最后填满所有的空位，而是在穷尽所有可能藏有时间的地方后，最终找到时间的真实所在。

在原始的时间意识中，时间已经与循环不已的运动相关。古人在自身生命和周围事物的周而复始的变化过程中发现了时间和计算时间的尺度。但原始的时间意识停滞在直观的“观象授时”高度上，时间研究的重点转向计时和授时技术的改良。

追问原因和根据是划分原始时间意识和现代时间意识的界限。古希腊人以观象授时为起点，开始探索时间的本质与起源，他们为此在两个方向上开辟了逐时之路，一条路朝向存在者，另一条路朝向存在。

古希腊之后的逐时之路基本上沿循这两个方向，因为时间从根本上讲只有两种可能性：如果不是存在者，便应是存在；如果不是存在，便应是存在者。纵览前人寻找时间的历程，在“存在者”的方向上先后出现了两条路，一条朝向客观存在者，另一条朝向主观存在者；在“存在”的方向上先后出现了三条路，一条朝向客观存在，另一条朝向主观存在，还有一条朝向基础存在。

一、当作客观存在者理解的时间

柏拉图把时间理解为“依数运行的永恒影像”,即为一个按照“由一到二,由二到三……”这样的顺序无限止朝一个方向移动的存在者。柏拉图认为时间是有开端的,因为它本身是造物主的制成品。

牛顿提出“绝对的时间”概念,依他之见,时间是一个自在自为的存在者,这个存在者与其他存在者相互外在,所以它自身的流逝与其他所有事物无关而绝对均匀。牛顿对时间的匀速性和数学性的描述具体化了柏拉图的“依数运行”,而他关于上帝的永恒存在构成时间的观点也是柏拉图思想的延续。

霍金用“时空客体”解释时间,对他而言,世界是由事件组成的,而所有的事件都在这个四维客体中。霍金是科学家,自然时间的倾向常在他那里冒出头来,所以他虽然按照爱因斯坦的相对论否定绝对的时间,但在把时间认作客观存在者的问题上却与牛顿并无二致。

柏拉图、牛顿和霍金一脉相承,是在客观存在者方向上寻找时间的代表性人物。他们提出的时间概念具有直观明了的特点,能解释一般物理现象,又能合乎人们在日常生活中对时间的实际体验,所以不仅能被科学家接受,而且还能被大众接受。他们在寻找时间方面的主要贡献是找到了时间的特性,如连续性、不可逆性、匀速性、数学性等,并开始追问时间的有限性和无限性问题。但他们面临一个共同的问题,即不能有效证明时间是一个自在的客体。

二、当作主观存在者理解的时间

有人在较直观的客观存在者那里寻找时间,就会有人尝试在较抽象的主观存在者那里寻找时间。

奥古斯丁把时间理解为"心灵的延长"。他认为,过去已经过去,但它还留在记忆中;将来尚未到来,但它却在等待中,现在刚来就过去,但它总是在注意中。因此时间不能外在,却能内在。在心灵中形成关于过去的、现在的和将来的事实的意识,同时也就形成关于过去、现在和将来的意识,所以过去、现在和将来其实是作为意识存在的,它们构成一个总在延长自身的时间意识统一体。奥古斯丁由此把逐时之路引向主观的存在者。

马赫把时间当作一种感觉。他提出,世界仅仅由人们的感觉构成的,物体不过是颜色、声音、温度、压力、空间和时间等各种感觉相互结合的复合体。由于感觉是低级阶段的意识,所以马赫所说的时间也可归入主观的存在者。

胡塞尔在承认自然时间和主观时间的基础上建立起一个"内在时间"概念。现象学的意识直观和意识现象是这个时间的根据,对事物变化的感知所形成的原印象是这个时间的源头。当下的原印象被意识把握为现在,而诸多"现在"意识的相继产生和滞留构造起一个内在的时间。这个内在时间因为它的意识构成而称作"内时间意识"。与奥古斯丁所说的主观时间有所不同,内在时间具有主客同体的特征:就其自身为意识而言,它具有主体性;就其自身为意识直观的对象,且为内在于意识的客体而言,它又具有客体性。亚里士多德讲了狭义的现在,它刚来就过去,因此不是时间的部分,而是划分过去和将来的界限。胡塞尔用广义的现在填补了亚里士多德预留的位置,这个现在是有宽度的,因此是时间的基本部分。

奥古斯丁是在主观存在者的方向上寻找时间的代表性人物,他的主要贡献在于从理论上否定了时间是客观存在者的可能性,而这也是以后在该方向上寻找时间者的共同贡献。奥古斯丁首先提出他们做此否定的合理根据:时间是由过去的时间、现在的时间和将来的时间组成的,但过去的时间已经过去而不存在,将来的时间尚未到来而不存在,现在的时间刚来就过去,也不能存在,所以时间不能是一个外在的客体。

就本质而言,奥古斯丁的主观时间、胡塞尔的内在时间和马赫的时间感觉无非是我们人的关于时间的意识和对时间的感觉。这些作为主观存在者的时间有一个共同的问题:它们中间没有一个被实际应用于人们的生活和工作,因为这些时间概念不能有效解释一般物理现象,也不能符合人们在日常生活中对时间的体验。事实表明,本真的时间不在意识本身或感觉本身那里。

三、当作主观存在理解的时间

我们每个人的意识和感觉是千差万别的,并且会随着个人的死亡而终止,作为意识或感觉的时间也一样,它们也是千差万别的,不可能统一,并且会随着人的死亡而终止。但是,每个人的意识形式和感觉形式却一定是相同的,并且不会随着某个人的死亡而终止。当人们注意到这个特点时,便把寻觅时间的眼光转向意识和感觉的形式,即由主观的存在者转向主观的存在。

莱布尼茨把时间理解为一种关于事物延续秩序的观念。他认为,时间各个部分不是现实的客体,它的整体因而也不是现实的客体,因此时间只能是一种主观的存在方式,即是事物在意识中前后相继的秩序。

康德进一步把时间理解为“内直观的形式”。他认为,时间是杂多表象在直观中结合起来的方式或关系。这个时间不是直观的质料,因此不是主观的存在者,它只是纯粹的感性形式,因此是主体的存在形式。由于这个缘故,时间在康德那里不包含过去、现在和将来,也没有可测度的距离或时间空间,即不具有数学性。

柏格森把“纯绵延”当作真正的时间来理解。这个纯绵延不含任何意识的具体内容,它只是意识状态在心灵中彼此结合而形成的相互渗透和陆续出现过程。作为意识的存在状态,绵延不具有自然时间的数学性,即没有可测度的时间空间。

康德、柏格森和莱布尼茨是在“主观存在”的方向上寻找时间的代表性人物，他们的主要贡献在于否定了时间是一个存在者的可能，因为他们不仅强化了“时间不是一个外在客体”的观点，而且排除了“时间是一个内在客体”的观点，同时还启发后人校正时间与人相关的认知。

作为主观存在的时间（无论是主观的形式，还是主观的状态）遇到一个共同的问题，即不能有效解释一般物理现象，也不能符合人们在日常生活中对时间的实际体验，因此无人能够，也无人愿意把它们应用于实际的生活和工作，工厂不会按照康德的内直观形式组织生产，科学家也不会依据柏格森的纯绵延安排航天飞行。事实表明，本真的时间也不在主观的存在那里。

四、当作客观存在理解的时间

如果时间不在客观的和主观的存在者那里，也不在主观的存在那里，那么余下的可能便只有在客观的存在那里。

亚里士多德把时间理解为“就先后而言的运动的数目”。他认为，时间不是运动，但与运动相关，因为时间总是通过运动体现出来的，它不能脱离运动而单独存在。亚里士多德把运动分为产生和灭亡、性质的变化、数量的变化和空间的变化四大类，其中性质、数量、空间的变化属于非实体的变化，产生和灭亡属于实体的变化。他在这里所说的运动是指一切运动。由于这些运动无非是事物的存在方式，所以在亚里士多德看来，时间本质上是一种客观的存在。

亚里士多德建立了第一个时间体系,这个体系包括:时间的本质(事物的运动的数目)、时间的来源(运动和为运动计数的意识)、时间的结构(过去和将来是时间的组成部分,现在是划分过去和将来的界限)、时间的现象(时间显现为"现在"的前后相继)、时间的特性(连续性、不可逆性、匀速性、同一性、有开端而无终端)、时间的单位(用以计数的数。年、月、日是天然的尺度)、时间的作用(时间不过是运动的一种影响)、永恒与时间的关系(事物在时间中,其实是在用时间计量事物。但永恒不能用时间不能计量,所以永恒的东西不在时间里)。

亚里士多德的时间体系涉及时间的各个方面,为后人留下极为丰富和充满启迪的思想财富。可以说,不了解亚里士多德的时间体系,就进不了时间之门,所以要找到时间,首先要学习亚里士多德的时间体系。

亚里士多德在时间方面的主要问题是未能讲清楚运动的数目究竟是什么,因此未能真正揭示时间的本质。而他之所以未能讲清楚运动的数目是什么,就因为他笼统地把所有的运动或变化都认作时间的发源。

休谟认为,时间与存在物的接续或变化相关,不可能想象一段没有任何存在物的接续或变化的时间,所以时间总与可变对象的接续现象结合着。休谟没有直接谈"时间是什么",但他的阐说支持了时间是一种客观存在现象的观点,所以与亚里士多德在同一个方向。

黑格尔把时间理解为"被直观的、单纯的变易"。这个变易可解释为变易的形式。一切事物都在变易中,变易的内容可以千差万别,但变易的形式却是相同的,具体而言,就是“产生和消亡”。任何事物都处于产生和消亡的过程中,即处于自身扬弃自身的过程中,所以时间本质上是一种自否定的存在形式。天地万物、芸芸众生都是以这种否定性的变易形式存在的。

黑格尔由此引入一个非常重要的观点:时间是无所不能的,又是一无所能的。就时间是否定性的潜能而言,这种潜能会毁掉一切,又会产生一切,所以是无所不能的;就时间仅为事物自身的存在形式而言,它不能独立存在,不能独立地毁掉一个事物,也不能独自让任何事物得到新生,所以时间又可以说是一无所能的。据此而言,时间的否定性不过是事物的自身规定性,催人衰老的罪魁祸首因而不是时间,而是人自身的存在形式,人自身在否定自身中走向衰老,并会在这种自否定的过程得到新生。

康德将时间理解为主观的存在形式,黑格尔则将时间修正为客观的存在形式。亚里士多德笼统地把一切运动认作时间的本源,黑格尔则把时间的本源由多种运动还原为一种运动,即还原为事物的产生和消亡。黑格尔支持了时间是客观存在的观点,因此与亚里士多德是一脉相承的。

辩证唯物论把时间理解为“运动着的物质的存在形式”,这个存在形式可以通过物质的伸张性和顺序性得到解释。辩证唯物论相信在客观的存在那里可以找到时间,所以与亚里士多德是同向的。但辩证唯物论没有具体解释述这个存在形式本身的内容,并且没有把时间的伸张性和顺序性同空间的伸张性和顺序性区分开来,所以未能深入时间的本质所在。

爱因斯坦以“同时”的相对性为根据得出“时间与参照物相关”的观点,并以运动总显示为物体的相对运动为根据把这个观点一般化为“时间与物质相关”,最后以每个参考物体都有特殊时间为根据将这个认识深化为“时间不是可以脱离物质而独立存在的东西”。作为科学家的爱因斯坦终于把对时间的思考指向了时间的本质。不过,爱因斯坦只谈了时间不是什么,却没有谈时间是什么,所以他的相对论虽则终结了牛顿的绝对时间,并支持在客观存在的方向上寻找时间,但未能完全揭示时间的本质。

海德格尔提出,本真的时间在前存在的基础存在那里,显现为“先行于自身的-已经在……中的-为寓于……的存在”。这是一个由三个部分存在状态构成的整体存在状态,而这个整体存在状态也就是人的存在状态。本真的将来、曾在和当前分别是三个部分存在状态的样式,因此无先无后,始终同在。与此相应,非本真的时间显现为人的日常存在状态,包括“而后”“当时”和“现在”三个组成部分。年、月、日等日常所用的时间是从非本真的时间中衍生的,因为它们产生于人的日常存在状态。由于人的日常存在状态出自人的存在状态,所以本真的时间就是时间的本源,可称作“源始的时间性”。

海德格尔用本真的时间解释时间的原本所是,用非本真的时间解释日常所用的时间,并用这两类时间之间的渊源关系解释时间的本源,由此真实地走近了时间。但他忽略了原始的过程,因为人的日常存在状态是个过程(生于“当时”,死于“而后”)，但人的存在状态却不是原始的过程，即不是过程的本源(人总是曾在的，总是当前的，也总是将来的)，所以源始的时间性还不能认作源始的。

亚里士多德、休谟、黑格尔、辩证唯物论、爱因斯坦、海德格尔等都是在客观存在的方向上寻找时间的代表。他们提出的时间可以解释一般的物理现象，也可以符合人们在日常生活中对时间的实际体验。他们对时间的理解不仅广及时间的各个方面，而且深及时间的各个层次，足以引导后人真实地走近时间。

五、时间的三次本质还原

在寻找时间的历程中，亚里士多德、黑格尔和海德格尔对时间所做的三次本质还原具有里程碑的重要意义。

亚里士多德在“存在”的方向上开辟了时间之路，他把时间的本质所在范围缩小到万物的存在方式“运动”上。按照他的观点，运动分为空间的变化、数量的变化、性质的变化、产生和灭亡等四类，而时间本质上是一切运动的数目。但由于他把时间笼统地理解为一切运动的数目，所以未能讲清楚这个数目究竟是什么。

黑格尔在亚里士多德的方向上进一步缩小了时间的本质所在范围。他把时间理解为纯变易，而这个纯变易就是“产生和灭亡”，即是存在者自身否定自身的存在形式。黑格尔从运动中去除了空间的变化、数量的变化和性质的变化，由此把时间还原为一类运动“产生和消亡”，即把时间的本质还原为存在者的否定性存在形式。黑格尔已经发现,时间可以在没有空间的变化、数量的变化、性质的变化或者其他变化的情况下持续流淌,但在没有"产生与灭亡"的情况下,时间会立刻断流。因为没有了"产生与灭亡",宇宙万物便都成为乌有的或者永恒的,而如果宇宙万物都不存在,时间自然不存在,如果宇宙万物都是永恒的,时间自然也不存在。据此可言,在宇宙万物的运动或变化中,唯独"产生与灭亡"与时间有着不可分离的内在关系。

海德格尔在"存在"的方向上继续缩小时间的本质所在范围。他把其他存在者悉数去除,由此把时间的本质还原为一个存在者的"产生和灭亡",即还原为人的存在状态。由于这个存在状态是前主观和前客观的,它比一切主观性与客观性"更早"存在,因此本真的时间可谓本源的存在状态。借助这种理解,海德格尔逾越了意识的层面,也逾越了存在的层面,从而深入到基础存在的层面,其程度可比之为科学家深入到基本粒子。海德格尔对时间进行本质还原的根据在于存在现象的明见性。由于人自身的存在就其自身显现自身,所以我们能"看见"自身的存在状态和泯乎常人的日常存在状态,因而能"看见"本真的时间和非本真的时间。

以往的时间研究存在两方面的问题:一方面,有关时间本质的研究或者解释不了日常所用的时间(如奥古斯丁的"心灵的延长"、柏格森的"纯绵延"、康德的"内直观形式"等),或者对之存而不论(如胡塞尔的"内时间意识"、黑格尔的"纯变易"等);另一方面,有关日常所用时间的研究或者解释不了时间的本质(如爱因斯坦的"相对时间"、霍金的"时空客体”等),或者对之避而不谈(如牛顿的“绝对时间”)。海德格尔尝试用本真的时间解释时间的本质,用非本真的时间解释日常所用的时间,并用这两类时间的渊源关系解释时间的本源。他的这个方法使上述问题有了获得解决的可能。

在寻找时间方面,亚里士多德、黑格尔和海德格尔实际上是一脉相承的:亚里士多德把时间的本质范围缩小到万物的存在方式“运动”上;黑格尔进一步把时间的本质范围缩小到万物的一类运动“产生与灭亡”上;海德格尔再进一步把时间的本质范围缩小到一个存在者的“生死之间”上。经过这三次本质还原,遮蔽时间的外层被逐次剥离,可以说,时间的真面目已经临近揭示,或者说,我们已接近了本真的时间。

六、科学对时间的探索

牛顿把时间认作外在于一切事物(包括意识)的存在者,由此建立了绝对时间的概念。爱因斯坦通过对时间不能脱离物质而存在的认识,建立起相对时间的概念,并开始叩问时间的本质。但霍金倒退回去,因为他所说的时空客体又成为外在于一切事物(包括意识)的存在者。从牛顿到爱因斯坦,再从爱因斯坦到霍金,自然科学的逐时之路耐人寻味地走了个“之”字。

哲学曾经包含自然科学,哲学家曾经也是自然科学家,以后自然科学逐渐从哲学中分离出来,但时间和空间还是它们的共同基础。牛顿的经典力学植根于对绝对时间的认识,爱因斯坦的相对论植根于对相对时间的领悟,霍金的宇宙论植根于对时空客体的理解。自然科学上的划时代进步离不开逐时之路的延展,而对时间奥秘的探究也在支持和推动自然科学的发展。但是,仅凭测度、计算和公式产生不了牛顿、爱因斯坦和霍金的时间概念,因为这些时间概念也是对时间的本源及本质进行思索的结果,而这种思索恰恰是"哲学的"。自然科学并没有摒弃哲学,发展的趋势也在证实这一点,越是前沿的科学就越是需要哲学的思维。

另一方面,自然科学在探索天地万物(包括时间)方面取得的成就也给我们一个启示:哲学不能闭关自守,它也需要借助自然科学的研究成果揭示存在的奥秘,包括揭示时间的奥秘,可以说,越是前沿的哲学之思就越应当是"科学的"。所以要找到本真的时间,有必要借助自然科学的前沿成就,单凭"哲学的"冥思苦想是不够的,无根据的想象只会造出空中楼阁。古人云:"泰山不让土壤,故能成其大;河海不择细流,故能就其深。"哲学和自然科学本属一家,向来是互补的,科学在探索时间,哲学也在探索时间,而两者的结合自能生出令人振奋的果实。

科学不会停滞前进的步伐,在探索时间方面也一样,"我们正越来越多地觉察到这样的事实,即在所有的层次上,从基本粒子到宇宙学,随机性和不可逆性起着越来越大的作用。科学正在重新发现时间"。①

---

① 普里戈金、斯唐热《从混沌到有序》,上海译文出版社,1987 年版,第 27 页。

七、欲穷千里目，更上一层楼

如果把上述各个方向上的时间概念或者对时间的认知中的合理部分择取出来,并有序整理,那么我们便会发现,这些合理部分其实俱为构成一个时间链的环节,即如黑格尔所言:"每一个哲学系统即是一个范畴,但它并不因此就与别的范畴互相排斥。这些范畴有不可逃避的命运,这就是它们必然要被结合在一起,并被降为一个整体中的诸环节。"②亚里士多德、黑格尔和海德格尔在"存在"的方向上对时间的三次本质还原引领我们走向时间,下一步便是沿循这个方向继续前行,找到本真的时间,同时发现非本真的时间,由此在完整化时间链的过程中让时间的真面目显现出来。

② 黑格尔《哲学史讲演录》,商务印书馆,贺麟、王太庆译,1959年版,第38页。

第十三章

时　间

遂古之初，谁传道之？上下未形，何由考之？冥昭瞢暗，谁能极之？冯翼惟象，何以识之？明明暗暗，惟时何为？阴阳三合，何本何化？

——屈原

一、时间的本源

1. 康德的“二律背反”的启示

“有始也者，有未始有始也者，有未始有夫未始有始也者。”这是庄子在《齐物论》中的一句话，他通过这句话表述了世界在时间上没有开端的观念。世界在时间上究竟有没有开端？依照常理，这个问题只能有两种答案：一种是否定性的，即无开端；另一种是肯定性的，即有开端。这两个答案相互对立、相互排斥，如果一个为真理，那么另一个就应为谬误。但是，康德以充足的理由证明世界在时间上有开端，并且以同样充足的理由证明世界在时间上没有开端。于是，两种相互对立、相互排斥的，但却可以同为定律，这便是二律背反。

康德证明“世界在时间上有一个开端”：

让我们假定世界在时间上没有开端：那么直到每个被给予的时间点为止都有一个永恒流过了，因而有一个在世界中诸事物前后相继状态的无限序列流逝了。但既然一个序列的无限性正好在于它永远不能通过相继的综合来完成，所以一个无限流逝的世界序列是不可能的，因而世界的一个开端是它的存有的一个必要条件。[①]

依康德之见,我们可以任意指定一个时间点(例如2012年),如果世界在时间上没有开端,那么在该时间点之前就应有一个永恒流过了。这个永恒是一个由事物的前后相继所组成的无限序列,而这个序列的无限性就在于它没有位居第一项的事物,即没有开端。但正因为没有第一项,就不会有第二项,没有原初的开始,就不会有原初的相继,而没有原初的相继,也就不会有后来的相继和相继的综合,因而不会有一个能够延伸到指定时间点的事物相继序列。反过来讲,如果有相继的综合,就必然有原初的相继,而有原初的相继,就必然有原初的开始,即必然有开端。相继的综合只能构造有限的序列,因此一个序列的无限性就在于它不能通过相继的综合来完成。由于到任一指定时间点为止,总有一个在世界中诸事物前后相继的序列流逝了,并且这个序列不能是无限的,而只能是有限的,即是有开端的,所以世界不可能没有开端。就是说,世界在时间上的一个开端是其自身存在的必要条件。

康德证明"世界在时间上没有一个开端":

让我们设它有一个开端。既然开端就是一个存有,在它之前先行有一个无物存在于其中的时间,那么就必然有一个不曾有世界存在于其中的时间,即一个空的时间过去了。但现在,在一个空的时间中是不可能有任何事物产生的;因为这样一个时间的任何部分本身都不先于另一部分而在非有

---

① 康德《纯粹理性批判》,邓晓芒译,人民出版社,2004年版,第361页。

的条件之前就具有某种做出区分的存有条件(不论我们假定该条件是由自己产生,还是由别的原因产生)。所以,虽然在世界中有可能开始一些事物序列,但世界本身却不可能有什么开端,因此它在过去的时间方面是无限的。[②]

依康德之见,如果世界在时间中有一个开端,那么在这个开端之前就应有一个绝对无物的,因而绝无变化的时间。但在这样一个空的时间中不可能有任何事物产生,因为"绝对没有变化的,而且从来就处于这种状态的东西,不能由它自己去摆脱这种状态而转入运动和变化"。[③] 如果曾经有过一个绝对空的时间,那么就不可能有任何事物产生,因而世界不可能存在。反过来讲,如果有事物现实存在,因而世界现实存在,那么就一定不曾有过绝对无物和绝无变化的时间。但如果不曾有过绝对无物和绝无变化的时间,那么就没有世界的"开端之前",因此世界一定没有开端。就是说,世界在时间上没有开端是其存在的必要条件。

"世界有开端"和"世界没有开端"是相互否定和相互排斥的,因而一个是真理,另一个就必然是谬误。但现在它们却可以同为真理,又同为谬论!康德的二律背反逼迫我们寻找合理的解释,否则就必须既承认"世界有开端",又承认"世界没有开端"。但这样做显然悖理,是行不通的。

世界在时间上有没有开端?对这个问题其实还存在第三种可能的答案,并非只能在"有"和"没有"之间进行选择。

---

② 康德《纯粹理性批判》,邓晓芒译,人民出版社,2004 年版,第 362 页。

③ 恩格斯《反杜林论》,人民出版社,1970 年版,第 50 页。

这第三种答案可以表述为:世界既不是在时间上有开端的,也不是在时间上没有开端的。

出路或许就在这里!倘若世界既不是有开端的,也不是无开端的,那么我们就可以不再受二律背反的诘难和困扰了,因为在世界有无开端的问题上原本不存在二律背反现象。

哲学家和科学家习惯性地从因果论出发,总认为有果必有因,总想找到世界形成的终极原因,所以柏拉图会把终极原因推给造物主、亚里士多德会把终极原因推给第一推动者,牛顿会把终极原因推给上帝。但如果这个世界既不是有开端的,也不是没有开端的,那么有关终极原因的问题便会自然解消。

2. 宇宙既不被创生,也不被消灭

自然科学在探索宇宙方面所取得的新成就为第三种答案提供了根据和支持。美国天文学家哈勃于20世纪20年代发现,不管你从哪个方面看,远处的星系正急速地远离我们而去,这就表明,宇宙正在膨胀。霍金认为:"宇宙膨胀的发现是20世纪最伟大的智慧革命之一。"[④]根据宇宙在膨胀这个事实,科学家反推出,在早先星体相互之间更加靠近,"事实上,似乎在大约100亿至200亿年之前的某一时刻,它们刚好在同一地方,所以那时候宇宙的密度无限大。这个发现最

---

④ 霍金《时间简史》,许明贤、吴忠超译,湖南科学出版社,2002年版,第39页。

终将宇宙开端的问题带进了科学的王国。"[5]按照这个认识，宇宙体积在大爆炸前被认为是零，大爆炸释放出大量的粒子（在我们能观察到的宇宙里大约有1亿亿亿亿亿亿亿亿亿亿[1后面跟80个0]个粒子[6]），宇宙于是开始膨胀。随着宇宙的不断膨胀，大爆炸时辐射的温度逐渐降低，这些粒子相互结合成原子，再由原子的运动构成星体。我们所在的太阳星系只是用现代望远镜可以看到的几千亿星系的一个，而每个星系本身都包含有几千亿颗恒星。[7]

霍金认为，在大爆炸前，"宇宙的尺度无穷小，而且非常紧密。在这种条件下，所有科学定律并因此所有预见将来的能力都失效了。如果在此时刻之前有过些事件，它们将不可能影响现在所发生的一切。所以我们可以不理它们，因为它们并没有可观测的后果"。霍金由此推断："由于更早的时间根本没有定义，所以在这个意义上人们可以说，时间在大爆炸时有一开端。"[8]这个开端被称作"奇点"，宇宙和时空的存在都发源于这个奇点。

不过，科学家随之发现宇宙中还存在着与膨胀运动相反的收缩运动：恒星会发生坍缩并形成黑洞，这个黑洞会因辐射而越变越小，但它的表面有极强的引力场，任何东西都会被它拉进去，连运动速度最快的光线都逃逸不出来，所以黑洞的尺度越来越小，而密度则越来越大，这个发展过程的终

⑤⑧　霍金《时间简史》，许明贤、吴忠超译，湖南科学出版社，2002年版，第9页。

⑥　同上书，第119页。

⑦　同上书，第36页。

端便是奇点。这样便出现了另一个奇点:与大爆炸相关的是“宇宙开端的奇点”,而与大挤压相关的则是“宇宙终结的奇点”。[9] 霍金据此提出:“时空在大爆炸奇点处开始,并会在大挤压奇点处(如果整个宇宙坍缩的话)或在黑洞中的一个奇点处(如果一个局部区域,譬如恒星坍缩的话)结束。任何抛进黑洞的东西都会在奇点处被毁灭,在外面继续被感觉得到的只有它质量的引力效应。”[10]

霍金是有史以来最杰出的科学家之一,他自己认为他一生的贡献是“在经典物理的框架里,证明了黑洞和大爆炸奇点的不可避免性”[11]。为表述宇宙从大爆炸走向黑洞的发展趋势,霍金特意用“从大爆炸到黑洞”作为自己那部风靡世界的著作《时间简史》的副标题。

奇点的大爆炸为黑洞的形成提供了可能,而黑洞的发现反过来也为大爆炸的形成提供了可能:恒星越是坍缩,被黑洞吸进的东西越多,挤压越大,黑洞的密度越大,尺寸越小。如果整个宇宙坍缩,那么会在演变为大挤压奇点时达到极限,于是这个奇点便有可能成为大爆炸的奇点,宇宙的膨胀和收缩由此形成循环。这个大循环没有绝对的开端,也没有绝对的终端。

由此可以推出,在宇宙自身的大循环中没有哪一个时间点可称为“现在”,因此宇宙原本没有“现在”,也因此没有“过

---

⑨ 霍金《时间简史》,第 179 页。

⑩ 同上书,第 107 页。

⑪ 霍金《时间简史》,“译者序”。

去”和“将来”。但时间无非是现在、过去和将来的组合,所以宇宙原本没有时间。

倘若宇宙真的处于这种大循环状态,那么它就会显得简单有序,但宇宙实际上并非如此简单有序。如果在科学家的研究成果中加入些许哲学思维成份的话,那就不难得出这样的观点:

首先,人们现在只观察到少数恒星有变为黑洞的可能,而我们用望远镜可以看到几千亿个星系,每个星系包含有几千亿颗恒星。不能想象有一个黑洞可把如此庞大数量的天体全部吸进去,所以整个宇宙不可能塌陷成一个大挤压奇点。黑洞充其量只能在宇宙的一个局部演绎塌陷和挤压。

一个恒星形成的黑洞如果真如科学家所言会辐射其质量,并在最后灭亡的瞬间发生爆炸和产生一个膨胀的星系,那么这个新星系将加入宇宙而成为它的一个部分,所以这样的黑洞不能演变为大挤压奇点。

如果不曾有过大挤压奇点,那么就不可能有出自这个奇点的大爆炸奇点。而如果真有一个大爆炸奇点,那么这个奇点就应是独立自在的,在它之外空无一物,而它本身则是永恒的和没有变化的。但是,一个绝对没有变化的东西不可能由它自己摆脱这种状态而转入变化,所以奇点自身在没有任何外物或外力的影响下是不可能爆炸的。如果真有奇点发生大爆炸,那只能说明有外物或外力影响了奇点。而如果奇点之外还有外物或外力,那么这个奇点就不能是创造整个宇宙的奇点,而只能是在宇宙的局部演绎爆炸和膨胀的奇点。所以,奇点的存在本来以它为宇宙一个部分为条件的。由此而言,奇点的大爆炸不是宇宙的开端。

宇宙不可能起始于大爆炸的奇点,也不可能终结于大挤压的奇点,时间因而不可能起始于大爆炸的奇点,也不可能终结于大挤压的奇点。就连霍金本人也认为把奇点当作宇宙界端的观点有问题,所以他后来明确提出:"现在几乎每个人都假定宇宙是从一个大爆炸奇点开始的。颇具讽刺意味的是,现在我改变了想法,试图去说服其他物理学家,事实上在宇宙的开端并没有奇点。"⑫

倘若宇宙不起始于奇点,那么它也不终结于奇点,霍金为此提出一个非常"哲学的"观点:"宇宙完全是自足的,而不被任何外在于它的东西所影响。它既不被创生,也不被消灭。它就是存在。"⑬科学家对宇宙的认识已经是非常"哲学的"了,并且达到了令人惊讶的高水平。

如果按照因果论追究宇宙的终极原因,那么势必会遇到"二律背反"的诘难。不管我们坚持"世界在时间上有开端",还是坚持"世界在时间上没有开端",只要我们纠缠于这二个相互排斥的观念,便会掉入一个无底的陷阱里而没有自拔的可能。人类不会停止探索宇宙奥秘的步伐,将来兴许还会有新的粒子或者基础物质被发现,但只要不把因果论认作绝对的或普适性的,道路便会变得明朗起来,因为我们迟早会意识到,物质本身不生不灭、无前无后,所以宇宙既不是有开端的,也不是没有开端的;既不是有终端的,也不是没有终端

⑫ 霍金《时间简史》,第 51 页。
⑬ 同上书,第 127 页。

的:它就在那儿!或许这样理解,才有可能走出“二律背反”的怪圈,发现宇宙的原本所是。

3. 宇宙原本没有时间,也无所谓时间

现代科学从物体的形状、颜色、不可入性、味道、气味等表象出发,深入到物体的内部结构,即深入到分子层次、原子层次、粒子层次,宏观宇宙的本质及变化问题于是被还原为微观粒子的本质及变化问题。

海森堡是最卓越的理论物理学家之一,也是主张科学与哲学相结合的代表性人物。在他看来,“一个人没有希腊自然哲学的知识,就很难在现代原子物理中做出进展”。[14] 所以海森堡的思想不仅是科学的,而且是哲学的。按照爱因斯坦的相对论,质量和能量是相同的概念[15]。以此为基点,海森堡提出:“所有基本粒子都由能量组成”,因此可“把能量定义为世界的原始实体”,而这个原始实体“事实上就是运动之物,它可以称为一切变化的原始原因,并且能够转化为物质、热或光”。[16] 依照海森堡之见,能量是构成万物的原始实体,所以可称作“普遍物质”(universalmatter),而“所有的基本粒子正是这种物质所能呈现的不同形式”。[17] 这样一来,“物质和力之间的这种区别完全消失,因为每个力场包含了能量,因

⑭ 海森堡《物理学家的自然观》,转自海森堡《物理学和哲学》,“译后记”,第221页。

⑮ 参见爱因斯坦的质能互变公式:$E = mc^2$(E = 能量,m = 质量,c = 光速)。

⑯ 海森堡《物理学和哲学》,范岱年译,商务印书馆,1981年版,第34页。

⑰ 同上书,第103页。

而也就构成了物质。对于每一种力场,都有一种特殊的基本粒子隶属于它,这种基本粒子在本质上和物质的一切其他原子单位具有相同的性质”。[18] 海森堡认为,这种对物质本原的理解在某些方面非常接近古希腊哲人赫拉克利特的学说,如果用“能量”来替换“火”,那么就能用现在的观点来重述赫拉克利特的命题,即“能量实际上是构成所有基本粒子、所有原子,从而也是万物的实体,而能量就是运动之物”。[19]

古人云:“一尺之棰,日取其半,万世不竭。”(《庄子·天下篇》)物体能否无限止地分割下去?这个古老的问题涉及物体的本质,历来不乏问津者。现代科学告诉我们,基本粒子在高能碰撞时会发生分裂,分成的碎片仍然是基本粒子,而不是它们的任何更小的部分,换句话说,“能量转换成为物质,使得基本粒子的碎片仍然能够是同样的基本粒子”。[20] 微观粒子的这个特性改变了传统的观念。以往人们认为,分割就是把一个较大的整体分成若干个较小的部分。这样的分割在能量的层面上失去了原有的意义,因为基本粒子可以分裂,但分裂的结果不是产生更小的部分,而是产生数个大小相同的粒子,并且这些粒子还能再分裂为大小相同的粒子。就粒子不能分割成更小的部分而言,它们不是无限可分的,但就粒子能分裂为更多的粒子而言,它们又是无限可分的。

能量本质上是运动的,它总处于运动状态而不会停歇,

⑱ 海森堡《物理学和哲学》,范岱年译,商务印书馆,1981年版,第95页。

⑲ 同上书,第28页。

⑳ 海森堡《物理学和哲学》,第36页。

所以是一切变化的能源。按照海森堡的观点，能量是实体，基本粒子是这个实体的存在形式。能量的运动会使形式发生变易，就是说，基本粒子会因为能量的运动而发生变易，转化为物质、热或光，因此以不同粒子为形式的能量可被认作宇宙的本源。就此而言，万物的差异只是形式上的，它们在本质上却是相同的，因为它们都由一种实体制成，即都由能量这个普遍物质制成。

能量本身不生不灭，是一切变化的原动者，可称为宇宙的原始实体。能量的这种不生不灭和原动状态在哲学上叫作"自在自为"。宇宙的本质构成是能量，所以宇宙原本是自在自为的，因而是不生不灭的。

根据能量的不生不灭的状态可以推出：能量既不是在时间上有开端和终端的，也不是在时间上没有开端和终端的。由于宇宙的本质构成是能量，所以可以接着推出：宇宙既不是在时间上有开端和终端的，也不是在时间上没有开端和终端的。换句话说，宇宙在时间上既不是无限的，也不是有限的。

能量是原始的运动之物，而宇宙由能量构成，所以宇宙总处于运动或变化状态。但是，在能量的运动或粒子的变化过程中没有哪一个时间点是"现在"，因此没有哪一段时间是"过去"或"将来"。如果时间是由现在、过去和将来组成的，那么能量原本没有时间。这就意味着，能量原本不在时间中，时间也不在能量中。宇宙由能量构成，所以宇宙也没有现在、过去和将来，即没有时间。而这就意味着，宇宙不在时间中，时间也不在宇宙中。

换个角度讲,如果时间对能量及其运动没有意义,或者说,如果时间对宇宙及其演变没有意义,那么这个时间原本是无意义的。这就表明,时间原本是无,而不是有。将来,人们或许还能发现比能量和粒子更为基本的存在者及其存在状态,因而会改变对宇宙的认识。但不管是什么存在者,都改变不了这样的本质认识:物质不生不灭,既不被创造,也不被毁灭,它们只有变化,且总处于变化中。若无外来的影响,在绝对的"无"中不可能生出"有"。存在者总是存在的,它可以否定自身,可以改变自身的形式,但却改变不了自在自为的存在状态。

4. 宇宙的混沌与有序

经典科学描绘出这样一个世界,其中每个事件都由初始条件决定,这些初始条件至少在原则上可以精确给出。在这样的世界中,偶然性不起任何作用。所有在世界中的细部聚到一起,就像在宇宙机器中的一些齿轮那样,因此只要给出充分的事实,我们就不仅能够预言未来,甚至可以追溯过去。

海森堡根据量子力学提出一个"不确定原理"(Heisenberg Uncertainty Principle),他本人曾因之获得诺贝尔物理学奖。正是这个原理不支持宇宙有序循环的假说,不支持宇宙中有统一原则或规律,并因此不支持"有果必有因,有因则有果"这个被传统观念视为基础的因果论。

按照不确定原理,微观粒子都没有很好定义的,能被同时观测的力学量(如坐标、动量等),因此我们的一次观测不能预言一个单独的结果,而只能预言一组不同的可能发生的结果和出现每个结果的几率(霍金语)。这些粒子由于能量的运动而处于变化中,也就是说,它们发生变化是必然的,但变成什么,又为什么会如此变化,则没有规律或原则可循。一切变化的结果都是按照某种几率(概率)偶然发生的,并没有确定的原因和必然性。海森堡为此指出:一方面,微观粒子的存在都是不确定的,只有几率是确定的。如果人们希望"对基本粒子做准确的描述",那么"唯一能写下作为描述的东西是一个几率函数";另一方面,几率函数是包含了可能性或者较大倾向的陈述,所以"甚至存在的性质(如果那可以称为'性质'的话)也不属于被描述的东西。它是存在的一种可能性,或者存在的一种倾向"。[21] 为了描述粒子的这种存在性质,海森堡借用了亚里士多德有关"潜能"的思想,他提出:"原子或基本粒子本身却不像是真实的;与其说它们构成一个物与事实的世界,不如说它们构成一个潜能或可能性的世界。"[22]

由于宇宙的变化可以归之于微观粒子的变化,所以不确定原理就为宇宙的演变引入了不可避免的非预见性或偶然性。这种非预见性或偶然性规定了宇宙原本没有统一的秩序和演变规律。

爱因斯坦从不接受宇宙受机遇控制的观点,他的意见可以用他著名的断言来表述:上帝不玩骰子。爱因斯坦努力寻求一个"大统一理论"(Grand Unified Theory),但整整三十年,

---

㉑　海森堡《物理学和哲学》,第 34 页。

㉒　同上书,第 123 页。

直到他去世为止,仍然没能获得任何进展。

霍金为此提出这样一个观点:那些粒子所以能构成满足人类生存条件的地球,乃是由于纯粹的偶然性,就像一大群猴子敲打打字机,它们所写的大部分是废话,但“纯粹由于偶然,它们可能碰巧打出莎士比亚的一首短诗”。依照霍金之见,在宇宙的情形下,我们可能刚好生活在“一个光滑和均匀的区域里”。[23]

到目前为止,人类还没有发现在其他星系中有智慧生物。如果宇宙的发展有其必由的和统一的法则,那么我们为什么仅能看到自己的存在,却看不到其他高等智慧生物在其他星系的出现。我们已经能确定几千亿个星系,但能确定的智慧生物还仅有我们自己。这个事实也表明,满足人类生存的环境出自一种或然性。我们的生存需要许多必要的条件,例如太阳的光和热,地球的大气层、空气、水、食物等等。所有这些条件都是人类生存不可或缺的,它们能以恰当的比例和数量聚合在一起是非常不容易的,所以只有极小的几率。星系越多,这个几率就越小。能量和基本粒子的变化受几率(概率)支配,原本是混沌无序的,由它们组成的宇宙因此原本是混沌无序的,并不存在由混沌向有序发展的必然趋势,当然也不存在由有序向混沌发展的必然趋势。只是在宇宙中的某个区域由于粒子的偶然聚合形成了有序环境,偶然产生了统一的法则或规律,由此形成一个适合人类生存的光滑和均匀区域。所以人类在宇宙中的诞生不是必然的,而是偶

㉓ 霍金《时间简史》,第115页。

然的。

根据上述观点可以得出这样一个认识:宇宙只在相对意义上可以说是有结构的,这个相对意义就是相对于人类的存在而言的。宇宙的某个区域偶然形成符合人类生存的有序环境,因此在宇宙中只有某个或某些局部偶然成为有结构的,而在这个或这些区域之外却是无序的和无结构的。由此而言,宇宙没有整体的结构,它远不是一台精巧的机器,但在宇宙中的某个区域却有可能形成结构,所以宇宙是无序与有序的统一,混沌与结构的统一。我们不能够,也不应当绝对解构之。

从这个角度看,后现代的"解构"也只具有相对的积极意义,因为一味地要求解构或者绝对解构的观点与宇宙的存在本质不相符合。尤其是在时间问题上,解构者,如后期的海德格尔、列维纳斯(Levinas)等,要在"没有存在者的存在"那里找到时间,他们希望在剥离了一切存在者后还能有"存在"留下来。但是,如果连存在者也去除了,那么就什么也不会留下来了,更不要说时间了。此类做法如同剥洋葱,剥到后来什么也没有。宇宙由庞大数量的粒子构成,存在和存在者的问题归根结底与这些粒子的存在相关,即与存在者的存在相关,因此不可能通过没有存在者的存在找到最终的答案。我们在时间问题上不采信绝对解构观念的原因即在这里。

宇宙混沌无序,无前无后,无始无终,因此没有终极原因和结果,也无所谓终极原因和结果。只是在某个区域偶然形成了适合人类生存的有序环境,能满足人类生存的条件奇迹般聚合在一处。由于这个有序环境是产生人类的原因,并且是所有在其中的事物(包括人)有序演变的原因,所以因果论适用于,且只适用于这个局部区域。我们知道,这个局部区域恢恢寥寥,对人而言是无比巨大的,但对宇宙本身而言却犹如沧海一粟,所以"有果必有因,有因则有果"的现象只能是一个特例。如此看来,穷究存在的终极原因和结果其实是徒劳无益的,那是一个真正的误区,除了回头外恐怕没有别的路可寻。

5. 本源的存在

由于宇宙系粒子构成,不生不灭,只在变化中,且总在变化中,所以原本没有时间,也无所谓时间。但当人类因为机缘而从无到有时,情况发生了根本的变化。与其他存在者相比,人的存在是与众不同的,这个与众不同之处就在于人这个存在者的存在乃是本源的存在。

一方面,在没有人时,宇宙的存在没有意义,因此可以说它既不是存在的,也不是不存在的。这种状态可用一个"寂"来解释。这个"寂"蕴含着东方民族的大智慧。王阳明是明代思想家,有一次他的朋友指着山岩下面一棵开满花的树问他:"天下无心外之物,如此花树在深山中自开自落,于我心亦何相关?"王阳明答道:"你未看此花时,此花与汝同归于寂;你来看此花时,则此花颜色一时明白起来;便知此花不在你的心外。"㉔王阳明在这里所用的"寂"十分精妙,意味深

㉔ 王阳明《传习录》,转自《中国文化精华全集》,中国国际广播出版社,1992年版,第975页,第976页。

长。“寂”的本义是无声无息而不为人知,以此喻物没有意义,并因为没有意义而处于“寂灭”状态。因寂而灭,这是一种特殊的状态,一种既非存在,又非不存在的状态。宇宙不生不灭、自在自为,在人诞生之前,自然处于“寂灭”状态,因此可以说它既不是存在的,也不是不存在的。举个例子:俗话说“这山望着那山高”,如果没有人去看,它们之间还会有高低之分吗?我们可以说,高和低是客观存在,这与有没有人看无关。但这种说法恰好与柏拉图的“理念”是合拍的,柏拉图就认为“高”和“低”是客观存在,它们作为理念而存在,所以是非物质性的存在者。人们批评柏拉图的理念,但不能换了一种场合又去肯定它们。在人诞生之前,山和宇宙一样处于“寂灭”状态,原本没有高,也无所谓低。

另一方面,人能在存在中对自身的存在和他物的存在有所领会而有所作为。人的这种存在状态是任何其他存在者所不具有的。古希腊智者普罗塔哥拉(Protagoras)说:“人是万物的尺度,存在时事物存在,不存在时事物不存在。”这句话的合理性应在于:有了人的存在,万物不再处于“寂灭”状态,它们被人领会到了,它们的存在有了意义,因而可被称作“存在的”。从这个角度看,宇宙万物的存在都不是本源的,唯独人的存在才具有本源的意义。

6. 时间自本源的存在中涌出

宇宙自在自为,无始无终,原本无先无后,也无所谓先与后。任何一个瞬间都可以认作“在先”的,又都可以认作“在后”的,永恒的宇宙中没有绝对的先,也没有绝对的后,因为没有一个划分先与后的绝对中点或绝对界限。这就像宇宙的空间原本没有绝对的中心,因而没有绝对的上下、左右和前后一样。

由于先与后是构成一个延伸方向的条件,所以宇宙自身原本没有延伸方向,也无所谓延伸方向。这就像宇宙的空间没有绝对的上与下、左与右、前与后,因而没有绝对的运动方向一样。

但是,随着人的从无到有,情况发生了变化。

宇宙的存在由寂灭状态转变为显现状态,寂灭状态在先,显现状态在后,宇宙从此有了先与后。这个先与后可称作"原始的先与后",一则因为它们是初始的先与后,二则因为它们是其他任何场合中的先与后的发源。

这个原始的先与后之间的中点或者划分界限不是别的,正是人的诞生,因为人的诞生是宇宙的存在由寂灭到显现的转折点。由于这个中点改变了宇宙原本没有中点的状态,所以可称为"原始的中点"。

人的诞生开始了人的存在过程,这是一个有始有终的运动过程。人总在从生到死的途中,生是人的存在可能性,死亦是人的存在可能性,并且是不可逾越的极端可能性。这条必由之路显现出一个方向性,即人总是先生而后死,先少年而后青年,先青年而后壮年,先壮年而后老年,先老年而后死亡。人的这个生命发展方向是固定不变的,绝不会颠倒过来,即不会先老年而后青年,先青年而后少年。由此而言,人的存在不仅有开端和终端,而且必然是沿循一个方向的延伸的,即是一维性的。鉴于人本身的生命发展过程中的先与后全然不同于空间性的先与后，由它们构成的维度也全然不同于空间三维，所以此种先与后及其所建立的维度是自成一体的。当人对此有所领会时，这个维度便脱离原先的"寂灭"状态而显现出来，人们为它取名，以能分门别类，在中文里叫作"时间"，在英文里叫作"time"，在德文里叫作"Zeit"，如此等等，不一而足。名称虽相异，所指却是同一的。宇宙原本无先无后，因此原本没有时间性和时间维度。人的存在使宇宙中有了先与后，因此有了从这个原始的先后中绽出的时间性。所以这个时间性可称作"原始的时间性"，而由它们构成的延伸方向则可称为"原始的时间维度"。

原始的先后和原始的时间性是时间的原始状态，即是本真的时间的发源：如果按照"先……后……"的基本结构把人的出生、幼年、青年、壮年、老年、死亡等排列起来，那么就会出现一个"出生→幼年→青年→壮年→老年→死亡"的连续发展过程，即人的从生到死的延续过程。这个过程不是别的，正是在时间性维度上的初始延伸。当人对此种延伸状态有所领会时，时间的本源便显现出来，因为人的"从生到死"的过程显现为一个原始的时间段或者时间－空间。这个原始的时间段或者时间－空间可表象为一个线段。我们知道，直线不是由点构成的，而是由线段构成的，一个线段的反复叠加能构成一条直线。同样道理，一个时间段的反复叠加能构成一条时间长河。由于直线起始于线段，时间起始于时间段，所以人的从生到死的过程，即人的生死"之间"可以称作"时间的本源"或"时间的原始状态"。

"生存还是毁灭？"这是莎士比亚名剧《哈姆雷特》中的经

典台词,内含在生与死之间做出抉择的意思。但作为人的存在状态的生死“之间”却不是生与死的差别,而是从生到死的延续过程。这个“之间”呈现出来的持续状态可以形象地解释为“绵延”(Dauer)。由于时间的本源无非是人的从生到死的延续过程,而这个生死“之间”其实是人的存在状态,所以从根本上讲,时间的本源就在人的存在状态那里。

人的能生和能死是一种潜能,是内在于人自身的否定性动力,所以人这个存在者总处于从生到死的自否定过程。当我们把人的从生到死的过程理解为原始的时间性空间时,实际上也就把时间的本源规定为人的自身否定自身、自身扬弃自身的存在过程。

宇宙中并非只有人处于从生到死的变化过程中,动物和植物也有从生到死的变化过程,展开点说,天地万物都有从生到死的变化过程,那么为什么单单人的从生到死的变化过程可被认作时间的本源?对于此类问题,可做这样的解释:在一切存在者中,唯有人的存在与众不同,因为人能对自身的存在有所领会和有所作为,而其他存在者都不能如此存在。可以设想,如果没有人(或者没有像人这样有智慧的存在者),那么天地万物便都处于“寂灭”状态。无论是有机体,还是无机物,时间对它们都没有意义,因此都处于“寂灭”状态。从这个角度看,天地万物原本没有时间,它们不在时间中,时间也不在它们那儿。但是有了人后,情况发生了决定性的变化:由于人能对自身的存在有所领会,所以人自身不再处于“寂灭”状态。而当人对自身生命的延续过程有所领会,即对自身的生死“之间”有所意识时,人也就对原始的时间性和时间的本源有所领会,并因此有了淳朴的时间意识。时间于是不再处于“寂灭”状态,而这表明,时间已经有了始端,并已开始最初的涌出。

人的存在有两个本真状态,一个是领会(即人对自身及对他物的领会),另一个是原始的过程(即人的从生到死的延续过程或生死“之间”)。亚里士多德发现时间有两个源头,一个是运动,一个是意识。依他之见,没有意识去计数,就不会有运动的数目,所以仅有运动一个源头还不足以生成时间。沿循他的这个重要思想,我们现在可以补充道:倘若没有人对自身与他物的存在的领会,那么所有的运动或变化就都处于“寂灭”状态,而时间自然一并处于“寂灭”状态。

宇宙原本没有绝对的中点或界限,没有绝对的先与后,因此没有绝对的时间维度和时间河流。人的从无到有造就了原始的中点或界限,由此生出原始的先与后,并由此生出原始的时间维度和时间流,所以这个原始的中点或界限不是绝对的,而是相对的,这个原始的先与后也不是绝对的,而是相对的,这个原始的时间维度和时间流因而不是绝对的,而是相对的。它们的存在都与人的存在相关。倘若人在将来从有回到无,那么它们必将随之消逝,自在自为的宇宙会复归于“寂灭”,无始而无终,无先而无后。

这里也可发现在主观世界中寻找时间者(如奥古斯丁、康德、柏格森、胡塞尔等)的合理之处,因为坚持时间与意识或心灵相关的认识有一个共同的出发点,即相信时间与人的存在相关。问题在于:这些主观的或内在的时间概念都无例外地远离本源的存在,所以虽则越来越深奥,却越来越不淳朴,也就越来越失真。

二、本真的时间

1. 原始而本真的时间

人的从生到死的过程是一个自否定的发展过程。倘若这个过程仅仅是"一次性的",即人的存在终结于死亡而不再延续,那么时间之源便不成其为源了,因为它会随之干涸。此中的原理也简单:没有了能领会时间的人,时间也就失去意义而复归"寂灭"。幸运的是人的存在还有一个至关重要的潜能,就是人能以繁衍后代的方式不断复制自身,不断重复从生到死的过程,周而复始,生生不息。死是对生的否定,而再生则是对死的否定,因此内在于人自身的否定性动力实际上成就了一种否定之否定的存在状态。人类在这种存在状态中连续不断地复制自身和叠加从生到死的过程,代代相续,循环不已。从这个角度讲,人又是不死的,这个存在者的存在因而还有一个可能性,即无限延续自身的可能性。

人的从生到死的过程的先后相继显现为原始时间段的不断叠加,所以可看作时间本源的不断涌出。这种时间本源的不断涌出形成一条真实的时间河流,我们把这条河流称作"本真的时间"。如此而言,本真的时间可表象为一条由线段的不断叠加而构成的、具有无限延伸可能的直线。

如果把人的从生到死的过程中的生命内容(如出生、幼小、壮大、衰老、死亡等)悉数去除,那么余下来的便只有一个生命的纯延续状态。人的生存过程的前后相继和不断延伸其实就是这个纯延续状态的前后相继和不断延伸,所以我们可把本真的时间恰当地理解为:人的生命的纯延续状态。

当把时间的本质还原至极时,即还原到基础存在或本源存在的层级上时,我们看见的东西便是人的从生到死的纯延续状态。

孔子云:"逝者如斯夫,不舍昼夜。"时间就像东去之水连续不断地流淌,它的这种连续性,从根本上讲,不过是人的生命过程的连续性。

人的生命延续过程借助人自身的否定性潜能而有无限延续的可能,但这并不意味着人能绝对无限地延续其生命,因为人赖以生存的环境原本具有耗散消逝的几率,例如太阳就有能源耗散而不再发热发光的可能,地球的大气层也有被破坏而消逝的可能。所以严格说来,人的生命过程的持续循环只有相对意义上的无限性。但正因为有这种相对的无限性,时间才能成其为时间。在本质的层面上,时间就是人自身的这种不间断的否定之否定过程。

假如科学的发展有朝一日能消除内在于人自身的否定性动力,假如科学的发展有朝一日能使人长生不老而超越生死"之间",那么彼时彼刻起便可能不再有时间了,因为永恒的本质就是长生不死,所以永恒没有时间。根据这个命题也可以反推出,人的从生到死的过程是产生时间的本源,而这个过程的循环发生和前后相继则构成本真的时间。

由上所述,时间便不是催人衰老的罪魁祸首了。人所以会衰老,乃是因为人自身在扬弃自身,自身在否定自身。我们在时间中,无非是在自身的从生到死的过程中。所以时间的否定性归根结底不过是人的自身存在的否定性。在这里，我们可以体悟到亚里士多德关于时间只是运动的影响的天才观点，也可以体悟到黑格尔关于时间可以是一无所能的卓越思想。

人的从生到死的过程是连续性的，在这个过程中不会有任何停滞或中断，无论人处于运动状态（如行走、跑步、劳动等），还是处于相对静止状态（如睡眠、病卧在床、看电视等），人总在持续不断地走向死亡。人的这个生存延续状态可以表象为在生与死两个端点之间的直线。我们知道，人的存在原有两类持续性和顺序性，一类是人的躯体沿循三维展开的持续性和顺序性，显现为人的躯体的位移过程；另一类是人的生命沿循一维展开的持续性和顺序性，显现为人的生命的延续过程。这两类持续性和顺序性之间有着明显的差异：人的躯体的持续性和顺序性同位置的变化相关，即与空间相关，所以此类持续性和顺序性可统称为“广延性”。人的生命的持续性和顺序性迥然不同，人由婴儿长到少年，由少年长到青年，由青年长到壮年，由壮年长到老年，再由老年长到死亡。这个有单一方向性的发展过程显然不同于可以多向移动的空间变化，并且可以与空间变化无关，因为人的躯体即使完全静止不动，他的生命也必然在持续的变化中，必然在走向死亡的途中。人的生命过程的这种延伸不在空间三维上，而是在另一个维上的延伸。这另一个维度如果不是空间的，那么就应当是时间的。在人的从生到死的过程中显现出来的持续性和单向性特征恰好与时间的持续性和单向性特点完全重合，因此可被认作“时间的”。

辩证唯物论把时间理解为运动着的物质的持续性和顺序性,但这种持续性和顺序性同样也可被理解为空间的,所以辩证唯物论没有讲清楚什么是时间的持续性和顺序性,也就未能讲清楚时间是什么。但如果用人的从生到死的过程充实时间的内容,那么这种持续性和顺序性便有了质的规定性,并由此与时间联系起来,而与空间区别开来。

亚里士多德认为时间是运动的数目,但他笼统地把这个运动理解为一切运动,所以没有讲清楚这个运动的数目究竟是什么,也就没有讲清楚时间究竟是什么。如果去除不同个人的从生到死的具体内容,只把人的从生到死的纯过程规定为时间的本质,那么亚里士多德所说的数目就有了确定的内容,因为它们原本是人的生死"之间"所包含的等同阶段的数目。具体而言,人的从生到死的过程可以划分为若干个等同的阶段。这些等同阶段可取任意长度。划分得越细,阶段的数目就越多,单个阶段则越短促;而过程划分得越粗,阶段的数目就越少,单个阶段就越长久。例如,人的生存延续过程可粗分为若干年,也可细分为若干天。由于一年长于一天,所以人的生存过程所包含的年数就要少于所包含的天数。

古时把琴棋书画中的棋称作"烂柯",这个美妙的别名出自一个闻名遐迩的故事:相传晋代有个叫王质的樵夫到石室山砍柴,见山中二童子下围棋,便近前观看。童子给他一个像枣核的东西,他吃后便不觉得饥饿。过了一会儿,童子问他:"你为何还不走?"樵夫于是起身,这时他发现自家斧子的木柄已经完全腐烂。等他回到村里,与他同时代的人都已经不在了。这便是"山中方一日,世上已千年"。烂柯的故事反映了古人对时间与人的生命延续过程相关的理解,因为时间在凡夫俗子那里走得较快,在沾点灵气相对长寿的人那里走得较慢,而在长生不老的神仙那里则停止不动,因为永恒者没有时间,时间不能计量永恒。我们的先辈最初应当是从生命的有限中领会到时间的。只是后人在计时授时的发展中渐渐偏离了时间的本源,并在时间概念的发展中渐渐远离了时间的本源,久而久之反而淡忘了古人对时间的原始而本真的领会。

人们如何生存,如何死亡,此间千差万别,鲜有雷同,可他们"出生入死"(老子语)的存在状态却是一致的。但凡是人,无论男女贵贱,无论古今中外,都必然在同一个从生到死的过程中。如果把时间理解为人的生命的纯延续状态,那么就可以合理地解释为什么我们必须在"在时间中",又为什么不可能"超越时间"。

时间看不见,摸不着,但我们每个人都真切地感受到它的存在。这是为什么呢?如果我们把本真的时间理解为人的从生到死的过程的前后相继和持续延伸,那么这种长期令人迷惑不解的问题便可以得到合理的解释。因为我们任何人都可以真真切切感受到自身从生到死的延续,所以这个过程对我们来说完全是直观的、明见的。

2. 本真时间的公共化

人的一个基本存在状态是能对自身与他物的存在有所领会而有所作为。这里所说的"有所作为"就是以"身为度",即以自身从生到死的过程作为尺度去比较和丈量周围的事物。这样周围的事物便不再“寂灭”,它们自身也显现出从生到灭的过程。由于这些存在者的从生到死的过程要么显现为原始尺度的倍数,要么显现为原始尺度的分数,所以都被给予了时间。这个让其他存在者都“有时间”或“在时间中”的过程就是本真时间的公共化。例如,人的生存过程为100年,松树的生存延续过程为人的数十倍,因此其自身便有了数千年的时间;地球的生存过程为人的4000万倍,因此其自身有了40多亿年的时间;“蟪蛄不知春秋”中的蟪蛄,其生存过程只有人的百分之一,因而其自身只有一年的时间。诚然,有不少存在者的生死“之间”要长于,甚至远远长于人的生死“之间”,以致后者相对于前者仅仅是个瞬态,但这些存在者本身并没有时间。在人诞生之前,它们无不处于“寂灭”状态,所以不能“存在”于人之前,也就是说,它们的开端与人的开端是同时的,即与本真时间的开端是同时的。

本真的时间有始端,这个始端是人的存在的始端,并且也是其他一切存在者的始端,所以这个始端可称为“本真的始端”,以此区别于传统的“始端”概念。

人的生命的纯延续过程有着先后相继、无限延续的可能,所以由它构成的本真时间可表象为一条无限延伸的直线。任何其他存在者的开端与这条直线上的某一点是同时的,它的终端与这条直线的另一点是同时的,而其生命过程则与这两点间的线段是同时的,该存在者的生存过程因此获得了在这条直线上占据某个线段的意义。推而言之,任何存在者的开端均与本真的时间中的某个瞬间是同时的,其终端则与该延续过程的另一个瞬间是同时的,而其生存过程则与两个瞬间构成的阶段是同时的,因此无非是对人的生命的纯延续过程的有限占据,即是占据了本真的时间中的某个阶段(例如,一只小昆虫的生存过程与人的无限生存过程的某个阶段是同时的,因此获得了时间的意义而在时间中;一株参天古树的生存过程也与人的无限生存过程的某个阶段是同时的,因此同样被给予了时间而在时间中)。由于各个存在者的生存过程无非是对人的生命延续过程的有限占据,即是对本真的时间的有限占据,所以无例外地都是被给予时间者(这里可以回顾一下康德关于经验直观的时间部分是对纯直观时间所做限制的观点)。

在本源存在的层面上,任何存在者所以“有时间”或“在时间中”,就因为该存在者的产生和消亡的过程与人的生命延续过程的某个阶段是同时的:它的产生与人的生命延续过程的某个阶段的开端是同时的,它的消亡则与该阶段的末端是同时的。这个存在者的产生和消亡过程由此可被认作“在人的有着无限延伸可能的生命过程中”和“占据了这个过程的某个阶段”,并由此被给予时间。我们把本真时间的这种传递过程称作本真时间的“公共化”(这里可回顾一下爱因斯坦有关“同时”的观点和海德格尔有关“公共化”的观点)。

本真时间的“公共化”也发生在事物(包括人在内)的其他运动或变化中,如发生在空间的、数量的、性质的运动或变化中,因为这些运动或变化也与人的生命延续过程中的某个阶段具有同时关系:某个运动或变化的开始与这个生命延续过程的某个阶段的开端是同时的,该运动或变化的结束则与该阶段的末端是同时的。正因为这种同时关系的存在,所以事物的各类运动或变化也都被给予时间,从而有了"在时间中"的可能。

不仅如此,本真时间的"公共化"还发生在存在者的相对静止过程中,如发生在空间的、数量的、性质的静止过程中,因为这些相对的静止状态与人的生命延续过程中的某个阶段具有同时关系:某个相对静止状态的开始与这个生命延续过程的某个阶段的开端是同时的,该静止状态的结束则与该阶段的末端是同时的。正因为这种同时关系的存在,所以事物的相对静止过程也被给予时间,从而有了在时间中的可能。

人的存在与其他存在者的存在之间所以能有"同时"的关系,归根结底还在于人的存在具有源始的时间性。宇宙万物的这种被给予时间的状态将一直保持到适合人类生存的环境消逝,因为到那时它们的存在将重归"寂灭"状态。从这个意义上讲,所有存在者的生存过程都在人的周而复始的生死"之间",即都在本真的时间中。本真的时间由此公共化为所有存在者的时间。

"人是万物的尺度",我们在古人的"身为度"那里可以找到对这句话的最直观和最纯朴的解释,而在"丈量的基本尺度"那里则可找到对这句话的最本真的解释。这样也就同时扬弃了另一类解释,按照该类解释,人是万物的标准。由于宇宙中原本没有标准,万物的存在原本不以人的存在为标准,所以万物的运动原本也不以人的运动为标准。

在所有的运动或变化过程中,唯独人的从生到死的延续过程可以称为"原始的过程"。这是因为,其他一切运动或变化过程原本都处于“寂灭”状态,既不是有时间性的,也不是无时间性的。只在人领会了自身从生到死的延续过程,然后把这个延续过程作为尺度比较和丈量其他运动或变化过程,这些过程才被给予时间性。由于其他所有的运动或变化过程都是被给予时间者,而人的从生到死的过程却是时间的本源,即时间的给予者,所以可称之为“原始的过程”。

亚里士多德把时间本质的所在范围缩小到事物的存在方式“运动”;黑格尔接着把时间本质的所在范围缩小到事物的一种运动“产生和灭亡”(变易);海德格尔进而把时间本质的所在范围缩小到人的生死“之间”。但他未能把这个“之间”理解为一个原始的过程,时间本身因此还处于被遮蔽的状态。

3. 本真的现在、过去和将来

本真的现在、过去和将来是人的生死“之间”的三个环节,即是人的从生到死的过程的三个组成部分。

人总在不停息地向死走去,总在赴死的途中。当人对自身的这种存在状态有所领会时,便会把生命的所到之处理解为“现在”,由此把生命已经经历的阶段理解为“过去”,同时把生命尚未经历的阶段理解为“将来”。现在、过去和将来因而原本与人的从生到死的过程相关,并且与人能领会这种存在状态相关。

由于人的生命总在连续不断地前行,所以“现在”不是固定不变的。生命的步伐到达某处,该处便是现在;这个现在“之前”便是过去或过去的现在;这个现在“之后”便是将来或将来的现在。生命的步伐总不停息,不断生成新的现在,而先行的现在便成为过去的现在。生命的步伐不停息地前行,当下的现在便不停息地把先行的现在推向过去。人的从死到生的存在状态因而是一个处于动态的现在结构:

过去的现在－当下的现在－将来的现在。

亚里士多德认为,现在刚来就过去,所以只是划分过去和将来的界限。他把这类现在正确地称为“狭义的现在”,从本质上讲,这类现在无非是人在向死存在的过程中所经历的各个位置。

现实生活中我们还会遇到另一类现在,例如,学校现在放暑假、中国现在进行四个现代化建设、球队现在遇到了麻烦、黑熊现在处于冬眠期等等。这类现在属于广义的现在,因为它并不刚来就过去,它是有宽度的,即是有距离的,所以是一个时间段,将过去和将来区别开来的中间阶段。广义的现在同样源自人的生存过程或生死“之间”,因为这个原始的过程或原始的“之间”可以划分为若干个阶段,生命达到哪一个阶段,哪一个阶段就是现在(即当前的现在时段);先行到达的阶段就是过去(即过去的现在时段);而尚未到达的阶段则是将来(即“将来的现在时段)。人的从死到生的过程因而是一个处于动态的现在时段结构:

过去的现在时段－当前的现在时段－将来的现在时段。

假设人可以中途停止生命的步伐，就是说，假设人自身可以栖留于某个现在点或现在阶段而永葆青春，那么便会出现一个永恒的现在。这样就不会再有过去和将来，而这也就意味着不会再有时间。人的能生和能死因此是“有现在”的必要条件。

宇宙万物本来没有现在，也就没有过去和将来。当人用自身的现在、过去和将来为尺度去比较和丈量宇宙万物时，宇宙万物才有了现在、过去和将来：人的现在是一个时间点（狭义的现在）或一个时段（广义的现在），这个时间点或时段总会与宇宙万物所在的一个时间点或时段是同时的，而这样的时间点或时段便被给予了“现在”的意义。例如：“日食现在结束。”这其实是日食结束与观察者的现在恰好同时，所以才有了现在的意义。

我的生存过程延伸到某处，我把该处称作“现在”。同时我清楚地知道，这个某处也是他人生存的所到之处，并且是其他所有存在者的生存所到之处，所以该处便是一切存在者的现在。人把自身的现在认作宇宙万物的现在，由此也就把自身的过去认作宇宙万物的过去，并把自身的将来认作宇宙万物的将来。例如：“学校在过去三年招收了 900 名学生。”这其实是学校招收学生与人的过去三年恰好同时，所以被赋予了过去的意义。又如：“太阳将来会熄灭。”这其实是太阳的熄灭与人自身的将来恰好同时，所以才被赋予了将来的意义。

三、非本真的时间

1. 日常所用的时间出自本真的时间，所以是非本真的时间

人的从生到死的纯延续过程（或人的生死“之间”）是一个具有原始时间维度或时间坐标的原始过程，所以可称为时间的本源。本真的时间从这个本源中涌出。由于它不过是这个原始过程的先后相继和无限延续，所以可表象为一根一端有起点而向另一端持续延伸的直线。这意味着，本真的时间可以按照任意尺度划分阶段，尺度越大，划分的阶段越长，数量则越少；尺度越小，划分的阶段越短，数量则越多。

人们在实际与周围事物打交道的过程中逐渐认识到，有些物体的循环运动过程具有相对的稳定性和均匀性（如日、月、星辰的旋转周期、石英晶体的振荡周期、原子的共振频率等），可以用来把人的生命的纯延续过程精确划分为若干均等部分，因此具有作为时间单位或尺度的可能。当他们有意识地把这种可能变为现实，并用这些天然的时间单位或尺度测量和计算自身的和周围事物的运动和变化时，得到的结果便是长短不一的时间段或时间－空间（如100年、30日、8小时等）和先后不一的时间点（如北京奥运会于2008年8月8日开幕、伦敦奥运会于2008年7月28日开幕）。

地球围绕太阳旋转，显现自身处于春夏秋冬四季的循环过程中。这个四季变化过程就是一个天然的时间尺度，我们称之为“年”。在本源的存在层次上，一个四季变化过程就因为占据了本真时间中的一个部分才有了时间的意义，或者

说,这个四季变化过程就因为与人的生存的纯延续过程中的某个阶段是同时的,所以才被给予了时间。这里,本真的时间是时间的给予者,而四季变化的过程则是时间的获得者,并因此定名为“年”。由于本真时间的原始状态是人的从生到死的过程,所以这个生死“之间”可谓时间的真正本源。四季本身因为获得了时间才成其为时间,所以“年”不是本真的时间,而是非本真的时间。

以“年”为尺度测度人自身,从表面看,得到的结果是人的生存的总年数,但从本质上看,得到的结果却是人的生死“之间”所包含的阶段的数量(这个阶段与一个四季变化过程是同时的)。这个结果也可看作人自身的生存过程在本真时间中占据的部分。如果再以“年”为尺度测度其他存在者的运动过程,其结果无非是这些运动过程与多少人的生死“之间”的阶段是同时的,即是这些运动过程各自在本真时间中所占据的部分。

“月”是另一个天然尺度,比“年”精细一点的天然尺度。月亮围绕地球旋转,所以显现自身处于圆缺变化的循环过程中。人们把一次圆缺变化的过程称作“月”。在本源存在的层面上,月亮的圆缺变化过程就因为与人的生命的纯延续过程中的较短阶段是同时的,才被给予了时间。或者说,这个圆缺交替过程因为占据了本真时间中的较短部分而有了时间意义。这里,本真的时间(人的生存的纯延续过程)是时间的给予者,月亮的圆缺变化过程是时间的获得者,并因此被冠名为“月”。我们用“月”这个时间尺度测度其他存在者的运动,其结果从本质上讲不过是这些运动过程在本真时间中所占据的部分，即是这些运动过程所占有的人的生死“之间”的阶段数。由此而言，“月”与“年”相同，它出自本真的时间，因此也是非本真的时间。

“日”是一个比“月”还要精细的天然尺度。地球自转不歇，昼夜循环不止，人们于是把一个昼夜交替的过程称作“日”。在本源存在的层面上，一次昼夜交替的过程因为与人的生存过程中的更短一点的阶段是同时的，所以才被给予时间，或者说，这个昼夜交替过程就因为占据了本真时间的更短一点的部分而有了时间的意义。这里，本真的时间（人的生死“之间”）是时间的给予者，月亮的圆缺变化过程是时间的获得者，并因此冠名为“月”。我们用“日”这个尺度测度其他存在者的运动或变化，所得的结果实质上是这些运动或变化过程所包含的人的生死“之间”的阶段数目，也就是这些运动或变化过程在本真时间中所占据的部分。由此而言，“日”也不是本真的时间，而是非本真的时间。

年、月、日是比较粗疏的时间尺度。随着人与人、人与物的打交道活动日益广泛和频繁，这些天然的尺度就不够用了。更为精确的授时系统需要借助人工制造才能实现，于是便有了“立表测影”和“滴漏”，并由此得到了“小时”。以后人们继续改善计时工具，于是便有了机械的或石英的钟表，并相继得到了“分”和“秒”这样更为精确的时间和尺度。在本源存在的层面上，时、分、秒等都是因为物质的循环运动过程（如机械的旋转周期、晶体的振荡周期等）与人的生命延续过程中的某个阶段具有同时关系而产生的，或者说，这类物体循环运动因为占据了本真时间的某个部分而有了时间的意义。这里,本真的时间(人的生存的纯延续过程)是时间的给予者,物体的循环运动是时间的获得者。

年、月、日、时、分、秒得到公认后,这些非本真的时间便作为统一的时间尺度测量与计算所有人与事物的活动和变化过程,同时也被用来测度所有人与事物的相对的静止过程,因为这些相对的静止过程与运动过程之间存在同时现象。这样便有了“世界时间”。

在世界时间的基础上,为了协调人与人之间日益广泛和频繁的交往和交换活动,人们规定了“元年”,作为纪年的起点,并依序排列“之前”的岁月和“之后”的岁月。当这些人为的规定得到世界的公认和遵守时,在世界范围内便形成了统一的纪时系统(公历)。

年、月、日、时、分、秒等,这些物理学和天文学所处理的时间通常也被称作自然的时间,但它们本质上却不是“自然的”,而是“人为的”。日月星辰的循环运动是自然的,但把它们作为计时工具却是人为的,而借助它们得到的时间也是人为的。这类时间因此本质上不是天时,而是人时。

就本真的时间是人的从生到死的过程而言,这个时间可认作自然的时间,即可如其所是地称作“天时”;就非本真的时间只是被人赋予了时间意义的特定运动过程而言,这个时间可恰如其分地称作“人时”。

相对而言,本真的时间是人的从生到死的纯延续过程。如果这个原始的过程可看作自然的,那么本真的时间可以说是源始层面上的自然时间。日月星辰的循环运动本身不是时间,这些运动的过程在与人的生存延续过程进行比较时才被给予时间，所以只可理解为“非本真的时间”。

2. 相对的、表象的、数学的时间

作为非本真的时间，年、月、日等原本与人的存在的延续状态相关，它们依赖人的存在的延续状态而在，所以也可称为“相对的时间”。

本真的时间是年、月、日的内在状态，这个内在状态就是在“本源存在”层次上的人的生死“之间”；年、月、日是本真时间的外部表象，这个外部表象就是在“存在”层次上的物体循环运动过程。所以年、月、日等也可称作“表象的时间”或“时间的表象”。

人的生死“之间”是一个原始的过程或距离，这个原始的过程或距离是可测度和计算的。年、月、日等是人的生死“之间”的特定阶段，因此也一定是可测度和计算的，所以还可称作“数学的”时间。

牛顿曾经提到了两类时间概念，他把年、月、日等称作相对的、表象的和数学的时间，以此区别于绝对的时间。我们现在通过本真的与非本真的时间的划分可以知道这个相对的、表象的和数学的时间究竟是什么，同时也可以发现牛顿时间观中的合理之处及其对后人的启迪作用。

3. 前时间的事物如何在时间中

宇宙万物原本无前无后、无始无终，因此原本没有时间，也不在时间中。人类的诞生造就了一个划分先后的“原始中点”或“原始界限”，而人的生命的纯延续状态则显现为本真的时间流淌。一些特定物体(如日、月、星辰等)的循环运动过程因为与这个本真的时间的相应部分具有同时关系而被给予时间,由此形成非本真的时间。当人们用年、月、日等非本真的时间测度在他们诞生之前的宇宙万物时,这些被探索和考证的对象便有了时间的内容而在时间中。例如,太阳被测得形成于 50 亿年前;恐龙被测得在地球上统治了几千万年,并于 6500 万年前灭亡。

依上所述,人的存在应当是前时间的宇宙万物具有时间性的先决条件。

可以设想,倘若我们人在未来某时从有回到无,那么彼时存在的一切自然将回归"寂灭"状态,本真的时间将自然消逝,非本真的时间将随之消逝。而在没有了非本真的时间的情况下,全部前时间的事物亦将因为时间源的枯竭而不再有时间或不再在时间中,它们将无例外地回归无前无后、无始无终的状态。从这个意义上讲,宇宙万物的时间性不是绝对的,而是相对的,它们的"在时间中"不是绝对的,而是相对的,它们的发展过程或方向因此也不是绝对的,而是相对的。

四、时间中的时间

1. 不同层次上的时间

某种存在物(如日、月、星辰等)的稳定循环运动过程因为与人的生命延续过程的某个等长阶段是同时的而被给予特定的时间意义。此种时间现象也可以表述为:某种存在物的循环运动过程因为与本真时间的某个部分是同时的而获得特定的时间意义。非本真的时间就是这样形成的。所以说,时间可分为两类,一类是本真的时间,另一类是非本真的时间。这两类时间不在一个层次:本真的时间在内层,即在“本源的存在”层次,这个时间本质上是人的从生到死的过程或人的生死“之间”,因为它无非是这个原始过程的先后相继和无限延续;非本真的时间是人们日常所用的时间,即物理学或天文学所处理的时间。这类时间在外层,即在“存在”层次,它们原本是特定事物的循环运动过程,由于与人的从生到死的过程的某个或某些部分是同时的而被人给予了时间的意义,并被冠名为“年”“月”“日”等。

对非本真的时间的认知,即对时间的表象的认知让我们想到了在同一个层次上进行横向连接的链环。对本真的时间的认知,即对时间的内在状态的认知让我们想到了在不同层次上进行纵向连接的链环(内在状态与表象的连接)。由于完整的时间链是一个由横向链环和纵向链环构成的整体,所以时间原本具有立体结构。

2. 时间中的时间与时间外的时间

本真的时间表象为“年”“月”“日”的累积,即表象为非本真的时间,因此非本真的时间原本是本真时间的表面现象,而本真的时间则是非本真时间的内在状态。从这个意义上讲,本真的时间可称作“时间中的时间”,而非本真的时间则可相应地称作“时间外的时间”。

现在有些人在科学领域(包括艺术领域、科幻领域等)寻找时间中的时间,他们相信这个时间的实际存在。但由于方向问题,他们能够告诉世人的多半是有可能节约或减少运行时间的特异空间(如时间隧道等),而不是时间,更不是时间中的时间。这或许应了“远在天边,近在眼前”的老话,真正的时间中的时间其实不在别处,就在本真的时间和非本真的时间的关系中。倘若能把目光换个方向,那么在源始的存在层次上就有可能发现时间中的时间,因为我们可以透过外在的表面现象“看见”内在的本质现象。

作为非本真时间的内在状态,本真的时间内在于非本真时间,所以把它称作“时间中的时间”应当是名至实归的。

五、时间的特性

本真的时间是人的从生到死的延续过程。在这个原始而本真的过程中,我们可以找到时间的本源和本质,就是说,本真的时间和非本真的时间不仅有渊源关系,而且有规定和被规定的关系。这个关系也反映在:非本真时间的特性是由本真的时间的规定的,所以两者具有基本相同的特性。

1. 连续性

李白《将进酒》诗云:“君不见黄河之水天上来,奔流到海不复回。君不见高堂明镜悲白发,朝如青丝暮成雪。”时间就像河水一样连续不断地流逝,并且始终朝一个方向而不会倒转,所以是一维的。但时间为什么具有连续性和不可逆性?如果我们找到了时间的本质,就不难发现其中的缘故。

人出于生而入于死,这个从生到死的过程总是连续不断的,决不会有须臾停息。人总走在向死的途中,不管他处于动态,还是处于静态。人的生存的这种连续性可以称作“原始的连续性”。这种连续性决定了非本真时间也具有连续性,因为后者是与前者同时而成就自身的。如果本真的时间是连续不断的,而非本真时间是断断续续的,那么它们之间就会失去同时的关系,这样非本真的时间便会失去时间的意义而不成其为时间。

2. 不可逆性

人的从生到死的过程总是单向的、不可逆的,因为人总是从小长到大,从大长到老,再从老长到死,他绝不可能从死长到老,从老长到大,再从大长到小。人的存在状态的这种方向性便是原始的时间维度。这个原始的时间维度决定了非本真时间(即通常所说的时间)也是不可逆的,即是一维的,因为后者是与前者之间有同时关系而成就自身的。如果本真的时间是不可逆的,而非本真的时间是可以倒转逆行的,那么它们之间就会失去同时性,而非本真时间也就会失去时间的意义而不成其为时间。

现代科幻小说常有通过“时间隧道”回到过去的故事。这类观点其实是在不了解时间的本源和本质的情况下产生的。由于本真时间的不可逆性决定非本真时间的不可逆转,所以不可能存在能够回到过去的时间隧道。任何运动或变化都必定在时间中,归根结底,都必定与人的生命过程中的某个阶段是同时的,所以任何运动都必然伴随时间的向前延伸,不管这个过程有多短暂,也不管这个运动有多快捷。时间不是空间。我们可以在空间中找到从一点到达另一点的捷径,从而节约一些时间,但绝不可能把从一点到达另一点所需的时间降低为零或负值,除非这两点是同一个。

通过超光速回到其他星球的过去的问题与时间隧道的问题是一样的:假设我们在地球的某个瞬间向某个遥远的星体(或在太阳系,或在银河系,或在银河系以外)发射一个超光速飞行器;再假设于同一个瞬间自该星体向地球发射一束光。那么这个飞行器会在某个时间点与这束光相遇,而该时间点必定在发射瞬间之后。这个飞行器还会继续飞行,并在下一个时间点到达该星体,而这第二个时间点必定在第一个时间点之后。据此可言,无论我们的飞行器有多快,它到达该星体的时间必定在发射瞬间之后,它不可能在发射瞬间就到达该星体,更不可能在发射瞬间之前就抵达该星体。所以我们现在发射的超光速飞行器不可能到达和看见该星体的过去。这个结果与速度其实是没有关系的,就算飞行器可以超过光速的二倍、二十倍、二百倍,其结果都是一样的。

如果真要让时间倒流,那或许只有一个方法,就是让人的生命延续过程换个方向,即让人从老年长到青年,再从青年长到幼年,再从婴儿回归母胎。但目前看来,这只能是一个不切实际的幻想。

3. 有限性与相对的无限性

老子曰:"有无之相生也,难易之相成也。"对立的东西总是以对方的存在作为自身存在的条件。无限和有限也是这样的,两者要么同在,要么同不在。宇宙原本既不是有开端的,也不是没有开端的,所以既不是无限的,也不是有限的。

只是由于机缘,在宇宙中的一个区域形成了适合人类生存的环境而产生了人,因此人的存在是有开端的,即是有限的。由于本真的时间是人的从生到死的纯延续过程,而这个过程无非是人的一种存在状态,所以本真的时间归根结底是有开端的,即是有限的。非本真的时间源自本真的时间,这就决定了非本真的时间也是有开端的,即是有限的。

另一方面,由于人的存在有着代代相继、无限延伸的可能,所以本真的时间具有单向延伸的无限性,就像一根有始端而无终端的直线。非本真的时间因为与本真的时间有同时的关系而成为时间,这就决定了非本真的时间也具有单向的无限延伸可能。如果以人的存在作为衡量宇宙万物的尺度,那么就会得出"时间具有相对的无限性"这样的判断。理由在于:人可以因为几率而存在,也可以因为几率而终结,如果有朝一日没有了人,也就不再有时间的基点,那么宇宙就会恢复"寂灭"状态,回到既不是存在的,也不是不存在的,既不是有时间的,也不是没有时间的状态。

可供人类生存的区域因为几率而偶然构成,也会因为几率而偶然解构。相应地,人的从生到死的过程原本存在无限延伸的可能性,也原本存在终止延伸的可能性,所以时间(包括本真的和非本真的时间)只有相对的无限性,而没有绝对的无限性。

4. 可测度性和数学性

人的从生到死的过程或生死"之间"是有宽度的,即是一个距离。这个宽度或距离是可测度的,而这个可测度性规定了本真的时间是可测度的,因为本真的时间无非是这个原始过程的延续。本真时间的可测度性规定了非本真时间是可测度的,因为非本真时间不过是对本真时间的有限占据。

时间的数学性可以从两个方面来讲:一方面,时间的测度是建基于计数的;另一方面,时间具有连续性,这个连续性可表述为一个数学上的连续序列。据此而言,本真的时间的数学性是由人的存在状态规定的,即是由人的生命的纯延续过程规定的,因为这个过程是连续性的和可测度的。非本真的时间不过是本真时间的表象,它的数学性是由本真时间给予的,所以归根结底是由人的存在状态规定的。

5. 不均匀性

柏拉图认为时间是依数运行的,亚里士多德认为时间是运动的数目,按照他们的观点,时间就是匀速流逝的。牛顿认为时间的流逝与万物无关,所以没有快慢之分而绝对均匀。但爱因斯坦却认为,时间不是可以脱离物质而独立存在的东西,所以时间的流逝与参照物的运动状态相关而快慢不等。

如果把时间的本源理解为人的从生到死的纯延续过程,而把本真的时间理解为这个过程的相继和延伸,那么时间会以什么状态流逝呢?

人的从生到死的过程本身也是时快时慢的,身体状态良好时,向死的步伐就缓慢些;身体状态不好时,向死的步伐就快些;身体状态特别差时,向死的步伐就特别快。展开来说,人与人的从生到死的过程也是长短不一的,并不绝对等同。生死“之间”越短,向死的步伐越快;生死“之间”越长,向死的步伐越慢。如果某个人的生命能无限延续而达到长生不老,那么他的向死的步伐就会无限减慢,直至静止不动。本真的时间只是人的从生到死的过程的无限相继和延续,所以原本具有不均匀性,它的流逝原本不是绝对等速的。此种状态就如同河流:一方面,不同的河流以不同的速度流淌,不可能是绝对等同的;另一方面,每一条河的水流在其各个河段也是快慢不一的,河道宽时水流慢,河道窄时水流快;落差大时水流湍急,落差小时水流缓慢。

当人能用天然的或人为的运动过程作为基本单位(尺度)测量和计算本真的时间时,这个时间就显现为一个单位接续一个单位地均匀流逝(如年复一年、日复一日地均匀移动)。但这只是表象,本真时间的表象或表象的时间说到底不过是特定事物本身的循环运动过程,如地球一圈接续一圈的公转和自转过程等。本真的时间就像一条无限长的时间河流,地球公转一圈的开端与这条河的某个河段的开端是同时的,地球公转一圈的终端则与该河段的终端是同时的。由于这种“同时”关系的存在,地球的公转过程被给予了时间,即获得了时间的意义。当我们把这个过程称作“年”时,本真的时间就表现为“年”的累积,但从本质上讲,本真的时间并不是“年”的累积,所以它的流速不会是绝对均匀的。如果用地球的自转过程替换它的公转过程,那么本真的时间就会表现为“日”的累积,但从本质上讲,本真的时间也不是“日”的累积,所以它的流速不会是绝对均匀的。

另一方面,非本真的时间也不可能是绝对均匀的,因为它们原本是一些特定事物的循环运动过程,而这些过程本身是不可能是绝对等速的。只是与人的快慢不一的生命延续过程相比较,这些循环运动过程具有相对匀速的特征和优点,其中的差异可以小到被人忽略不计。

六、时间的作用

1. 时间并非摧毁一切的消极因素

以往人们认为,时间是一个否定性的消极因素,会摧毁一切,它就像一条大河,所有的东西都被置于其中,并被席卷而去。此类认识其实是在未能领会本真的时间和非本真的时间,以及两者的区别与关联的情况下产生的误解。

通常所说的时间(即物理学上的或天文学方面的时间)不是本真的时间,而是非本真的时间。这个非本真的时间原本是某些特定事物自身的运动过程,所以不可能成为这样的毁灭力量,也不可能有这样的毁灭行为。我们人的存在原本不依赖这样的时间,反倒是这样的时间依赖我们人而存在。如此而言,唯有弄清楚两类不同时间的作用,才能完整地和真实地了解时间的作用。

2. 本真的时间的作用

本真的时间是人的一种存在状态,即是人的生死“之间”。人的这个存在状态出自人自身的否定性潜能,所以归根结底是这种潜能的作用结果。据此而言,毁灭人自身的不是本真的时间,而是人自身的否定性潜能。这个潜能不仅在毁灭人生,同时还在造就新的人生,从而让人类代代相传、生生不息,而本真的时间不过是这个生生不息的过程显现出来的一种生命的纯延续状态。进一步讲,由于本真的时间只是一种存在状态,而不是独立的存在者,所以它不能独立地毁灭一个事物,也不能独立地创造一个事物。从这个角度看,本真的时间可以说是一无所能的(这里可回顾一下亚里士多德关于时间是运动的影响和黑格尔关于时间一无所能的天才思想)。

从另一个角度看,本真的时间是时间的本源,也是时间的内在状态。作为本源,它是时间的给予者,因此是产生非本真的时间的条件;作为内在状态,它是时间的本质,因此是规定非本真的时间的根据。

本真的时间可以用于比较和丈量其他存在者的产生和消亡过程,而且可以用于比较和丈量所有存在者(包括人自身)的各类运动或变化过程(如空间的、数量的、性质的和思维的运动或变化等)。但由于它本身没有基本单位而不能做等量分割,并且它本身具有不均匀性而无法给出准确的和统一的时间,所以本真的时间在作为比较和丈量的尺度使用时不仅十分不便,而且不具有时间的实用性。这样,人在与他物打交道和彼此间打交道的过程中就需要一个使用方便的、准确的和统一的时间。

3. 非本真的时间的作用

自然界有些物体始终处于循环运动中,且其循环运动具有相对稳定的均匀性(如日月星辰的旋转周期、石英晶体的振荡周期、原子的共振频率等),可以用来把人的生命延续过程精确划分为若干均等部分,因此具有作为时间单位或尺度的可能。当人有意识地从这些物体的循环运动中获得时间单位或尺度,并用它们测量和计算自身的和周围事物的运动和变化时,得到的结果便是长短不一的时间段(时间-空间)和先后不一的时间点。

人们在这些非本真的时间的基础上建立起一个统一的时间体系。由于这个人为规定的时间体系具有较直观和较易用的优点,能够满足人们对秩序的实际需要,所以逐渐在人们的日常生活中扮演主要的角色,成为人们所依赖的、须臾不可离的工具。在这类非本真的时间的实用光芒下,本真的时间反倒因为人们崇尚效益而黯然失色:原始的过程被衍生的过程遮蔽,时间的内在状态被时间的外在表象掩盖。

所以,我们在揭示本真的时间时不应当否定非本真的时间,而应当肯定非本真的时间的存在及其实际效用。反过来,我们在实际利用非本真的时间时,也不应当遗忘本真的时间,因为有了它,才有非本真的时间及其效用。

第十四章

末了之言

我们现在所处的认识阶段和先
前的一切阶段一样都不是最后的。
——黑格尔

混沌宇宙，无始无终，无先无后，因此原本没有时间，也无所谓时间。随着人的从无到有，情况发生了变化。人的诞生造就了一个原始的中点或原始的界限，由此生出原始的先与后，并从这个原始的先后中生出原始的时间之维，人的存在所以原本具有时间性。

人的从生到死的过程，即人的生死“之间”显现为原始的时间－空间或时间段，这个原始的过程段因此是时间的真实本源。

人总在从生到死的途中，又总在复制这个从生到死的过程，而这个过程的前后相继和无限延续显现为原始时间段的不断叠加，由此生成一条真正的时间河流。这条河流便是本真的时间，可定义为“人的生命的纯延续状态”。

人以本真的时间为尺度来比较与衡量周围存在者的运动或变化过程，由此使这些过程获得了时间的意义而在时间中，同时也使周围存在者的相对静止过程获得了有了时间的意义而在时间中。这种让其他存在者的存在过程都“有时间”而“在时间中”的过程便是本真的时间的公共化。由于本真的时间是给予时间者，其他存在者的运动和静止过程是被给予时间者，所以就时间而言，人的生存的纯延续过程要先于其他一切运动的和相对静止的过程，因而是原始的过程。

人们日常所用的时间（即自然的或物理学上的时间）可称作“非本真时间”。这类时间原为特定事物（如日月星辰）

的循环运动过程,只是因为它们与本真的时间的相应部分具有同时关系而获得了时间的意义。

本真的时间是非本真的时间的内在状态,所以可当作时间中的时间理解;非本真的时间是本真的时间的表象,所以可当作时间外的时间理解。

当人用非本真的时间(如年、月、日等)测度在他诞生之前,即在时间之前的宇宙万物时,这些被探索和考证的对象便被给予了时间,所以人的存在是一切前时间之物也能"在时间中"的前提。

本真的过去、现在和将来与人的从生到死的过程相关,生命步伐所到之处就是本真的现在,这个现在的"之前"和"之后"就是本真的过去和将来。宇宙万物的现在、过去和将来出自本真的现在、过去和将来,因为宇宙的现在是由本真的现在决定的。

人的从生到死的过程具有连续性和不可逆性,它有开端而是有限的,并因为有不断复制自身的可能而有相对的无限性(以人类生存环境不因为几率而解构为条件)。作为时间的本质,这个原始过程规定了本真的时间和非本真的时间都是连续性的、不可逆的和有开端的,并且都具有相对的无限性。由于人的从生到死的进程不是绝对匀速的,所以本真时间的流逝就不是绝对均匀的。用非本真的时间为尺度测度它时,它就显现为年复一年、日复一日地均匀移动,但这只是表面现象,"年"或"日"等的累积说到底不过是特定事物的循环运动过程。由于这些过程不是绝对匀速的,所以非本真的时间也不是绝对均匀的。

本真的时间(人的生命的纯延续状态)是人的一种存在状态。由于此种存在状态是人自身的否定性潜能的作用结果,所以本真的时间原非摧毁一切的消极因素。

非本真的时间原本是特定事物自身的运动过程,因此也不可能成为这样的毁灭力量。但由于它具有直观、易用和准确的优点,能够满足人们有序生活的需要,所以成为人们须臾不可离的工具。

这样,整个时间问题便可通过时间的本源(原始的过程)、本真的时间、非本真的时间、以及它们的实际关系和作用得到解释。

时间果真是这样吗?一旦揭开面纱,其实并没有太多玄奥。"本质还原"是一个化简过程,在这个过程中,时间的非本质外衣被层层剥离,复杂的表象去除了,简单的本质由此显现出来。从这个角度看,"时间是什么"的问题原本简单,并不玄奥;但从另一个角度看,这个问题又不简单,从亚里士多德到黑格尔,再到海德格尔,对时间的本质还原竟然走了2000余年。如果从原始的时间意识算起,人类的逐时之路就更加漫长曲折,毫不逊色于夸父逐日。

对现代的人来说,地球绕着太阳转,这很简单,妇孺皆知。但希腊人托勒密的地心说却曾流行1000多年,即使波兰天文学家哥白尼建立了日心说体系,他的体系也还是在几百年后才得到公认,其间更有支持日心说的布鲁诺遭受火刑遇难。新思想或新概念的成功所以如此艰辛,一则因为发现不易,二则因为被认同更难。一个事实或一个真理往往在得到认同后便显得简单明了,以致人们反而会疏忽寻找过程的艰辛。1896 年法国物理学家贝克勒发现了元素放射线,但是他只是发现了这种光线的存在,并不知道它的真面目。这引起了居里夫妇的极大兴趣,他们经过艰苦卓绝的研究工作终于发现和证实“放射线”和“放射性元素”的存在。1931 年德国人博脱和贝克尔在一次国际会议上宣布发现了一种中性射线,但约里奥·居里夫妇,也就是居里夫妇的女儿和女婿却不以为然,等到他们得知物理学家恰德威克依据这个射线发现了中子后,约里奥·居里不禁连拍脑袋说:“我这么笨！我这么笨！”[①]约里奥·居里夫妇也是成绩斐然的物理学家,但在中子问题上却没有像他们的父母发现钋和镭一样敏锐。

新的发现或认识往往产生于“再想一想”和“转念一想”中。在时间研究方面,我们可否进一步想想有无继续还原的可能？我们可否转念一想前人尚未想到的东西？现有的路虽则如此接近时间的本源,但毕竟没有通达,所以需要再继续探源,以求发觉本真的时间。

霍金提出:“任何物理理论总是临时性的:你永远不可能将它证明。不管多少回实验的结果和某一理论相一致,你永远不可能断定下一次结果不会和它矛盾。另一方面,哪怕你只要找到一个和理论预言不一致的观测事实,即可证伪之。正如哲学家卡尔·波普所强调的,一个好理论的特征是,它能给出许多原则上可以被观测所否定或证伪的预言。”[②]海森堡也曾提出:“现代物理学使我们想起一句古老的格言:一个

① 张瑞琨《教育生涯录》,华东师范大学出版社,2008 年版,第 108 页。

② 霍金《时间简史》,第 10 页。

人坚持要不讲一句错话,那就得永远默不作声。”[③]时间的问题是过去的,也是现在的,而且还是将来的。人类的逐时之路在一定程度上体现了人类文明的诞生和发展的脉络。随着自然科学和哲学逐步扩展其前沿,我们对宇宙和我们自身的认识会相应深化,而这也就意味着时间本身有着被继续还原的可能。爱因斯坦曾引用数学家闽可夫斯基的一句话:“孤立的空间和孤立的时间注定要消失为影子,只有两者的统一才能保持独立的存在。”[④]或许在完成对空间的本质还原后,人们还能加深对时间的领会。另一方面,倘若未来的人能决定性地延长自身从生到死的过程,那么现有的时间概念就有可能发生决定性的转变;而如果未来的人们能将这个过程延长到可以忽略死的程度,也就是延长到自身不再“向死存在”,从而超越自否定性,那么时间也就有可能随之扬弃自身。但假使有一天人类失去了生存的环境结构而消亡,那么时间就可能从此消逝,但宇宙还是在那儿,不生不灭,无前无后。

庄子曰:“吾生也有涯,而知也无涯。”[⑤]我们现时的知识太多、太深了,而我们的生命太短暂、太渺小了。爱因斯坦也在他的《自述》中说道:“我看到数学分成许多专门领域,每一个领域都能费去我们所有的短暂的一生。因此我觉得自己

---

③ 海森堡《物理学和哲学》,第 45 页。

④ 爱因斯坦《狭义与广义相对论浅说》的“导言”,第 130—131 页。

⑤ 《庄子·养生主》。

的处境像布里丹的驴子一样，它不能决定究竟该吃哪一捆草。"⑥尽管如此，人类从未停下探索宇宙与自身奥秘的步伐，这里面也包括寻找时间，而他们的求知意愿则为所有的努力提供正当的理由：

吾令羲和弭节兮，
望崦嵫而勿迫。
路漫漫其修远兮，
吾将上下而求索。

⑥ 爱因斯坦《狭义与广义相对论浅说》，北京大学出版社，2006年版，第130—131页。

参 考 书 目

《柏拉图全集》第三卷
《柏拉图对话集》
亚里士多德《物理学》
亚里士多德《形而上学》
苗力田主编《古希腊哲学》
奥古斯丁《忏悔录》
康德《纯粹理性批判》
康德《任何一种能够作为科学出现的未来形而上学导论》
黑格尔《自然哲学》
黑格尔《小逻辑》
黑格尔《精神现象学》
黑格尔《哲学史讲演录》
科耶夫《黑格尔导读》
恩格斯《反杜林论》
《马克思恩格斯全集》第42卷、第47卷
列宁《唯物主义和经验批判主义》
休谟《人性论》
马赫《感觉的分析》
柏格森《时间与自由意志》
胡塞尔《逻辑研究》
胡塞尔《内时间意识现象学》
胡塞尔《纯粹现象学通论》
胡塞尔《先验现象学引论》
海德格尔《存在与时间》
海德格尔《时间与存在》

海德格尔《现象学的基本问题》
海德格尔《时间概念史导论》
文德尔班《哲学史教程》
罗素《西方哲学史》
维特根斯坦《哲学研究》
德里达《解构与思想的未来》,夏可君编校
列维纳斯 *Time and the Other*(《时间与它者》)
马克·诺图洛(Mark Notturno)《波普》
雷立柏(Leopolt Leeb)《古希腊罗马与基督宗教》
奥斯本(Peter Osborne)《时间的政治》
刘放桐等编著《新编现代西方哲学》
北京大学哲学系编译《西方哲学原著选读》

牛顿《自然哲学之数学原理》
爱因斯坦《狭义与广义相对论浅说》
孙秀民、马仁惠译注《爱因斯坦》
陈修斋译《莱布尼茨与克拉克论战书信集》
海森堡《物理学和哲学》
海森堡《物理学家的自然观》
霍金《时间简史》
普里戈金、斯唐热《从混沌到有序》
吴锡珑主编《大学物理教程》
耿素云、张立昂《概率统计》
张瑞琨《教育生涯录》
吴国盛《走向时间研究》

林成滔《科学简史》
知识就是力量丛书:《神奇的物质世界》
知识就是力量丛书:《宇宙与太阳系》
冯时《中国古代的天文与人文》
张闻玉《古代天文历法讲座》
丘光明《计量史》
屈宝坤《中国古代著名科学典籍》
丘光明《中国古代度量衡》
马如森《殷墟甲骨学》
熊国英《释古汉字》
何华珍《日本汉字和汉字词研究》

《尚书》
《楚辞》
《老子》
《论语》
《庄子》
《周易》
《山海经》
《左传》
《吕氏春秋》
《淮南子》
《史记》
许慎《说文解字》
王阳明《传习录》